천 년을 이어 온 유럽의 상도

유럽 명품 기업의 정신

홍하상 지음

LEADING BRAND

GLOBAL COMPANY

LEADING BRAND

GLOBAL COMPANY

을유문화사

유럽 **명품 기업**의 정신

발행일
2013년   7월 20일 초판 1쇄
2018년 12월 10일 초판 4쇄

지은이 | 홍하상
펴낸이 | 정무영
펴낸곳 | (주)을유문화사

창립일 | 1945년 12월 1일
주   소 | 서울시 마포구 월드컵로16길 52-7
전   화 | 02-733-8153
팩   스 | 02-732-9154
홈페이지 | www.eulyoo.co.kr
ISBN 978-89-324-7212-6 03320

차례

유럽 일류 기업의 명품 정신

2012년 기준으로 세계 500대 기업이 많은 나라를 국가별로 보면, 미국이 132개로 가장 많고, 중국이 73개로 2위이며, 일본이 68개, 프랑스 32개, 독일 32개, 영국 26개, 스위스 15개, 네덜란드 12개, 캐나다 11개, 이탈리아 9개의 순이다. 한국은 13개로 세계 8위이다. 이중 유럽 각국의 세계 500대 기업은 스페인, 스칸디나비아 3국 등을 모두 합치면 145개 사로 미국보다 많다. 유럽을 아직도 주목해 보아야 할 이유이다.

유럽에는 관록 있는 명품 기업이 많다. 독일, 스위스, 오스트리아, 네덜란드, 이탈리아, 프랑스, 영국 등은 각각 100년 이상 된 기업이 300개 사가 넘는 것으로 알려져 있다. 스위스에서는 바쉐론 콘스탄틴이나, 피아제 같은 300년 넘는 시계 회사들이 초정밀 산업을 주도하고 있고, 오스트리아의 잘츠부르크에 있는 세인트 피터 식당은 서기 803년에 개업, 지금까지 영업을 하고 있다.

네덜란드도 1340년 '네덜란드맥주'라는 회사가 창업한 이후 하이네켄 맥주를 탄생시켰고, 오늘날 가전의 필립스, NXP 세미컨덕트 반도체, 세계에서 가장 큰 기업인 로열 더치 셸 같은 최강의 기업을 보유한 국가이다.

디자인의 나라, 이탈리아는 1040년에 창업한 마리넬리라는 종을 만드는 주물 가게가 지금도 영업 중이다. 이탈리아는 페라가모, 구찌, 니나리찌, 아 테스토니 구두 등 초일류 명품 기업을 만들었고, 수백 년 전통의 스트라디바리우스와 같은 바이올린 명기를 제조하고 있다.

프랑스도 서기 1000년에 개업한 굴랭 와인을 필두로 에르메스, 까르띠에, 크리스티앙 디오르 같은 제품으로 패션 업계를 주도하고 있다. 금융, 패션, 위스키, 석유, 디자인의 강국인 영국도 서기 811년에 창업한 에버딘 항구 회사가 현재 영업 중에 있다.

유럽에서 전통 기업이 가장 많은 나라인 독일은 100년 이상 된 기업이 837개 사가 넘으며 서기 1040년에 개업한 바이헨스테판이라는 맥주 회사도 그중 하나이다. 맥주를 발효시킨 화학 기술이 베링거 잉겔하임, 바이엘 약품 같은 세계적인 제약 회사를 탄생시켰고, 한편으로는 티센 철강 등 철강 산업을 발전시켜 벤츠, BMW 같은 세계 최고의 자동차를 만들어 냈다.

특이한 것은 노포가 많은 국가일수록 선진국이라는 것이다. 즉, 전통과 역사가 있는 기업이 많은 국가가 기술의 발전을 빨리 이룩

했으며, 경영 기법도 발전해 있다. 이 책『유럽 명품 기업의 정신』에서는 유럽에서 각기 100년 이상의 역사를 가진 명품 기업과 명품 브랜드가 탄생하는 과정을 살펴보고, 명품 브랜드가 지니는 진정한 가치와 경영 철학을 비롯해 유럽 8개국의 상도와 일류 기업의 정신을 알아본다.

빈국에서
유럽의 은행으로
– 스위스의 상도

면적	4만 1천 평방킬로미터, 세계 133위
인구	799만 명
평균 수명	남자 79.3세, 여자 84.1세, 세계 3위
취업자 수	471만 명
실업률	2.84퍼센트
실질 성장률	1.93퍼센트, 세계 134위(2011)
국민 총생산	6,607억 달러
1인당 실질 소득	8만 3,072 달러, 세계 4위(2011, IMF)
환경 배려국	세계 1위, 76.69점(2012, EPI)
국제 경쟁력 지수	세계 1위(2012)
달러 보유고	3,305억 달러(2012, 세계 은행)
경상수지	695억 달러 흑자, 세계 9위(2011, 세계은행)
자살률	10만 명당 남자 23.5명, 여자 11.7명, 세계 17위(2009, WHO)
금 보유량	1,040톤, 세계 7위(2010, 세계 금 위원회)
국가 예산 규모	2,127억 달러, 세계 20위(2012)
경제 자유 지수	세계 5위(2012, 미국 해리티지 재단)
남녀 평등 지수	0.76, 세계 10위
국제 특허 출원	3,999건, 세계 8위(2011, WIPO)
노벨상 수상자	1명(물리학), 세계 12위
법인세율	21.17퍼센트, 세계 23위(국세 6.7퍼센트, 지방세 14.47퍼센트)
국가 이미지 조사	세계 4위(2012, BBC 방송)

1. 용병에서 시계, 제약 산업으로

1) 스위스의 용병

지금부터 150년 전 스위스는 유럽 전체에서 가장 가난한 나라였다. 전 국토가 알프스 산맥에 빙 둘러싸여 있는 고립된 분지 국가인데다가 알프스 산맥 위로 만년설이 늘 쌓여 있어 한여름에도 냉해가 심해 농작물이 잘 자라지 못했다. 의지할 곳이라곤 농사밖에 없었던 국가에서 그나마 작물 재배조차 시원치 않았던 것이다. 농사가 잘 안 되자 그들은 목축에 의지했다. 치즈를 만들어 겨우내 저장한 썩은 감자 수프와 함께 먹으면서 6개월이나 되는 긴 겨울의 허기를 달래야 했다. 그렇게 해도 결국 먹고사는 것이 해결되지 않자, 그들은 용병 수출이라는 최악의 선택을 하게 된다. 즉, 피를 팔아 먹고살게 된 것이다. 당시의 용병 수출을 가리켜 오늘날 '피의 수출'이라고 하는데 스위스인들은 이처럼 외국의 국가들이 전쟁을 할 때마다 자신들의 용병을 파견해서 그 월급을 본국의 가족들에게 송금했다.

1315년 오스트리아가 스위스를 침공했을 때 스위스 청년들은 오스트리아군을 격퇴했다. 인구라야 겨우 80만 명밖에 안 되는 작은 국가가 당시 유럽 최강의 합스부르크 왕조의 오스트리아군에 맞서 싸운 것이다. 산악 국가 출신답게 그들은 지형을 효과적으로 이용해서 전술을 구사했다. 그들은 험난한 자연 지세에 적응하여 살다 보니 인간성 자체가 강인했다. 스위스가 유럽에서 가장 강력한 오스트리아의 대군을 격파했다는 것이 유럽 사회에 알려지면서 스위스인들은 유럽 최고의 전사로 인정받기 시작했다.

1505년 교황 율리우스 2세는 교황청을 지키기 위해 스위스에 용병 파견을 요청했다. 그때 스위스는 189명에 달하는 용병을 바티칸 공화국으로 수출했다. 당시 교황 율리우스 2세는 신성로마제국에 의해 죽느냐, 마느냐 하는 위기감을 느끼고 있었다. 역시 그의 예상대로 1527년 신성로마제국이 바티칸 교황청을 공격했다. 이때 막강한 신성로마제국군을 맞이해서 싸운 것이 바로 스위스 용병이었다. 스위스 용병은 물밀 듯이 밀려오는 신성로마제국의 기갑군단에 맞서 용맹하게 싸웠다. 그러나 중과부적으로 결국 스위스 용병 전원이 현장에서 전사했다. 당시 그들은 도망치면 목숨을 건질 수도 있었다. 그러나 자신들이 도망칠 경우 앞으로 어떠한 국가도 스위스인을 용병으로 채용하지 않을 것이고 이것은 곧 고향에 있는 처자식들에게 송금이 끊기며, 가족들이 굶주림과 추위에 신음한다는 것을 뜻했다. 그래서 그들은 전쟁터에서 기꺼이 산화했다.

스위스 용병의 용맹함은 유럽 국가들에 널리 알려졌다. 유럽의 왕가들은 스위스 용병을 앞다투어 고용했다. 18세기 말 스위스 인구가 205만 명이었는데 그중 30만 명이 용병이었다. 부르봉 왕가의 마지막 왕이었던 루이 16세를 지키던 것도 스위스 용병이었다. 그들은 왕정을 타도하려는 수십만 명의 시민혁명군에 맞서 용맹하게 싸우다가 전원 죽음을 택했다.

스페인 왕위 계승 전쟁(1701~1714년, 스페인의 왕위 계승을 둘러싸고 프랑스, 스페인, 영국, 오스트리아, 네덜란드 사이에 벌어진 국제 전쟁) 때도 스위스 용병이 동원되었다. 당시 왕위를 찬탈하기 위해 프랑스와 네덜란드가 전쟁을 벌였는데 두 나라의 용병은 공교롭게도 모두 스위스인이었다. 프랑스 용병군 대장은 스위스 베른 주 출신의 마이라는 사람이었고 네덜란드 용병 대장은 같은 고향인 베른 주의 슈출러였다. 즉, 한 고향 사람끼리 다른 나라의 용병이 되어 서로 칼을 빼어 든 것이다. 서로가 서로를 잘 아는 이웃 동네의 친구이자 친척이었으나 각기 다른 나라의 용병으로 팔려 갔기 때문에 어쩔 수 없이 이웃 형제를 죽이고 죽임을 당해야 하는 비참한 처지로 싸우다가 전원 전사하고 말았다. 이처럼 유럽의 크고 작은 전쟁에서 스위스 용병은 돈을 벌기 위해 싸웠다. 오늘날 바티칸

150년 전 스위스는 유럽 전체에서 가장 가난한 나라였다. 전 국토가 알프스 산맥으로 빙 둘러싸여 있고 냉해가 심해 농작물이 잘 자라지도 못했던 탓에 스위스인들은 용병 수출이라는 최악의 선택을 하게 된다. 루체른에 있는 '빈사의 사자상'은 이 시기 불우했던 스위스의 용병을 상징한다.

교황청을 지키는 102명의 경호대도 여전히 스위스 용병이다. 만 18세에서 32세 사이의 미혼 남자로 고용된 스위스 용병은 600년 전부터 바티칸 교황을 경호하고 있는 상징이다.

스위스의 루체른에 가 보면 '빈사의 사자상'이라는 석상이 있다. 바위의 벽면에 죽어 가는 사자의 모습을 형상화시킨 것인데 사자의 등과 배에 부러진 창이 꽂혀 있다. 이것은 바로 고향의 처자를 그리며, 숨을 헐떡거리면서 죽어 가던 스위스 용병을 상징한다.

이러한 스위스의 용병 수출은 1800년대 초까지 계속되었다. 즉, 중세에서 근대에 이르는 긴 세월 동안 스위스인은 용병 수출로 먹고살았던 것이다. 그러나 더 이상 그들은 아버지와 형제들의 목숨을 팔아 먹고사는 것을 용인할 수 없었다. 그리고 절치부심 고민한 끝에 새로운 산업을 찾기 시작한다. 그것이 바로 시계와 의약이다.

16세기 후반에 종교 박해를 피해 프랑스의 위그노교도들이 스위스로 넘어왔다. 그들이 정착한 곳은 샤프하우젠과 쥐라 지방. 그들은 그곳에서 시계를 만들었다. 시계 제작 기술을 가진 위그노들은 스위스인들에게 구세주였다. 스위스인들은 위그노들이 가지고 있던 시계 제작 기술을 배우기 시작했다. 17세기가 되자 쥐네브에 시계를 거래하는 조합이 탄생했고, 1845년부터는 시계 산업이 기계화되면서 생산량이 대폭 늘어났다. 이때부터 그들은 자신들이 만든 시계를 유럽의 각국에 수출하기 시작했다.

스위스인들은 배낭 가득 시계를 넣고, 해발 5천 미터가 넘는 알프스 산맥을 넘어 프랑스, 독일, 이탈리아, 네덜란드, 벨기에, 영국에 내다 팔았다. 작고, 가벼우며 고부가가치를 지닌 시계는 한 배낭만 내다 팔아도 큰돈이 되었다. 드디어 먹고살 수 있는 새로운 산업이 생긴 것이다.

여기에 더해서 알약도 만들기 시작했다. 제약 산업은 약초가 많은 스위스의 자연 환경과 맞아떨어졌다. 그들은 거기에 또 한 번 목숨을 걸어 제약 산업을 발전시켰다. 이것이 오늘날 세계 최고의 스위스 시계와 제약 산업의 출발점이다.

시계나 알약을 배낭에 가득 넣은 스위스 상인들이 알프스를 넘어 유럽 국가에 다녀오면 그들의 배낭 속에는 금과 은이 넘쳐났다. 바쉐론 콘스탄틴 같은 시계가 요즘도 개당 1, 2억 원을 호가하듯이 배낭 가득 시계를 메고 알프스를 넘어 갔다 오면 장사꾼 한 사람이 적어도 1, 2백억 원의 매상을 올릴 수 있었던 것이다.

이것이 스위스가 가장 부가가치가 높은 시계와 제약을 선택하게
된 배경이다.

2) 산업혁명

영국에서 산업혁명이 시작되던 무렵, 스위스 또한 농기계의 도
입으로 농업이 기계화되기 시작한다. 농지를 갖지 못한 소작인들
은 직업을 잃기 시작했고 먹고살기 위해 또 다른 직업을 찾지 않
으면 안 되었다. 그들은 농촌을 떠나 대도시의 공장으로 모여들었
다. 1850년경 스위스 국민의 60퍼센트가 농업에 종사하고 있었는
데 그로부터 38년이 경과한 1888년이 되면 농업 인구는 36퍼센
트로 24퍼센트나 감소하고, 1914년이 되면 25퍼센트가 되어 과거
60년 전의 절반 이하 수준으로 떨어진다.

당시 대도시에서는 섬유 제품 공장, 시계를 만드는 가내공업이
시작되고 있었다. 또한 18세기 말부터 스위스는 유럽의 중심이라
는 입지를 살려 유럽 경제권에 적극적으로 참여하기 시작했다. 특
히 은행업이 발달하기 시작했는데 해외의 무역 회사와 공동 출자
하여 섬유 제품의 중개상으로 활약하기 시작했다. 즉, 삼각 무역
의 시작이다.

스위스의 섬유 제품은 유럽의 큰 항구로부터 운반선에 실려 아프

리카로 수출되었고 이 대금으로 아프리카의 노예를 실어 왔다. 이 노예는 다시 미국으로 팔려 나갔는데 이러한 삼각무역을 스위스가 부분적으로 담당했던 것이다. 그렇게 해서 남은 이익으로 18세기 스위스는 공업의 전성기로 접어들기 시작한다. 하지만 당시 스위스는 중공업 등 대규모 공장을 건설할 만한 자금의 여력이 없어 주로 가내공업 위주로 발전하기 시작했다.

면사 공업은 스위스가 세계 최초로 오토메이션화한 분야이다. 1801년 스위스의 생트칼렌에서 스위스 최초의 방직공장이 조업을 시작했고, 1814년까지 거의 모든 방직공장에 자동화가 도입되었다. 이때 산업 구조가 지역별로 재편되었는데 섬유 제품은 스위스의 북부와 동부를 중심으로 발전했고 시계 산업은 프랑스어권인 쥬라 지방에서 발전했다. 그러나 이때도 대규모 공장은 아니었고 주로 소규모 공장 시스템이었다. 섬유 제품의 공업화와 시계 산업의 노하우는 기계공업의 발전을 촉진시켰다. 또한 섬유 염료의 수요가 확대되면서 화학공업도 활기를 띠게 된다. 화학공업은 제지공업의 발전에 결정적인 영향을 주면서 스위스 전체 산업이 확장되기 시작했다.

이렇게 공업화가 진행되는 와중에 식품 산업 또한 발전했다. 공업화가 되면서 많은 스위스의 여성들이 섬유공장에 취직하여 일하게 되었는데, 가족을 위해 식사 준비를 할 시간이 없자 가공식품이 발전하기 시작한 것이다. 가공식품업은 독일로부터 망명해 온 앙리 네슬레가 그 대표적인 선구자였다. 1860년 앙리 네슬레는 밀가루, 우유 등을 판매하여 네슬레를 급성장시켰다.

그러나 이처럼 급속한 공업화에 따른 스위스의 경제 발전은 더 많은 인력을 필요로 했고 어린아이들까지 공장에 취직해서 힘든 노동을 하게 되었다. 1877년 스위스 정부는 연방 차원에서 노동법을 만들어 어린아이와 여자들의 노동 시간을 주당 65시간 이하로 제한했다. 그러자 이웃 국가인 독일에서도 1890년부터 어린아이와 여자들이 탄광에서 일하거나 야근을 하지 못하도록 하는 법안을 제정했다. 이후 1899년부터는 거의 전 유럽의 국가가 하루 8시간 이상 노동을 할 수 없도록 규정하게 된다. 그러던 것이 점차 발달하여 오늘날에는 주당 42.4시간으로 근무 시간이 줄어들었다. 또한 이때부터 종업원들에게 주택이 제공되었고 사원식당이 구비되는가 하면 의료보험이 탄생했다. 이때 탄생된 의료보험이 오늘날 스위스를 보험 강국으로 만든 출발점이다. 또한 소규모 섬유 직조 업자와 시계 제조 공장들이 번 돈을 맡길 곳이 없자 협동조합은행과 저축은행이 탄생되었고 은행업이 발달하게 되었다. 1907년에는 스위스 국립은행이 설립되었다.

이처럼 방직, 식품, 섬유, 화학 산업에 이어 은행업까지 자리를 잡기 시작하자 스위스는 탄탄대로의 경제 발전을 이룩하기 시작했고, 결국 오늘날 세계에서 가장 잘사는 나라가 된 것이다.

2. 작지만 강한 스위스의 저력

1) 세계 최고의 명품, 스위스 시계

　스위스는 세계 최대의 시계 생산국이다. 고급 시계뿐만 아니라 스와치와 같은 저가의 시계도 만든다. 현재 스위스에는 수백 개의 시계 제조 메이커가 쥬라산맥을 중심으로 시계를 생산하고 있다. 또한 독립시계사(獨立時計師)라는 장인들이 혼자서 전 세계에 단 하나밖에 없는 시계를 만들기도 한다.

　현재 스위스에는 약 40여 명에 달하는 독립시계사가 있다. 본래 독립시계사들은 농부였다. 농부들은 봄부터 가을까지 농사를 짓다가 추수가 끝나면 6개월이나 되는 긴 겨울을 보내야 했다. 그 길고 추운 겨울, 실내에서 할 수 있는 일이 바로 시계 제작이었다. 그들은 겨우 내내 한 개의 시계를 만들어 냈다. 농사꾼과 시계 제작은 잘 맞지 않지만 손재주가 좋고 6개월의 긴 겨울을 보내야 하는 스위스 사람들로서는 새로운 부가가치를 창출해 낼 수 있는 일이었던 것이다.

예컨대 필립 듀포 독립시계사의 경우도 그러하다. 그는 스위스 북서부에 있는 쥬(joux) 계곡에 사는 농부 집안의 자식이었는데 긴 겨울 동네 사람들이 시계를 만들면서 고부가가치가 발생하는 것을 보고 자신도 대를 이어 그 길에 나선 사람이다. 그는 스위스의 르쌍티에에서 태어나 20세 되던 해에 '예거 르쿨트르(jaeger-lecoultre)'라는 고급 시계 메이커에 들어가 일하다가 1978년 그의 나이 31세 때 독립시계사로서 자립했다. 현재도 그는 쥬 계곡에 있는 마을의 폐교에서 혼자 한 개의 시계를 겨우 내내 만들어 낸다. 300여 개에 달하는 전 공정을 혼자서 하는 것이다.

이러한 시계 장인들이 쥬라산맥의 쥬 계곡을 중심으로 마을 여기저기에서 홀로 작업을 하고 있다. 오늘날 쥬 계곡은 이러한 독립시계사들 때문에 시계의 고향으로 불린다. 겨우 내내 많게는 3~4개, 적게는 단 한 개의 시계를 만드는 데 독립시계사들이 만든 시계의 평균 가격은 최하 3천만 원이 넘으며 개중에는 1~3억 원을 호가하는 시계도 많다. 그들이 만든 시계는 해마다 4월 둘째 주에 열리는 시계 전시회인 바젤 페어에 출품되어 판매된다. 세계에 단 하나밖에 없는 디자인의 시계를 만들기 때문에 희소성이 있고, 기계로 대량 생산하는 시계와 달리 예술성이 뛰어나서 콜렉터들이 주로 사 간다.

필립 듀포 씨의 경우도 바젤 페어에 출품하여 금상을 수상한 적이 있을 정도로 디자인과 기능 면에서 세계 최고의 실력을 인정받고 있으며 금상을 수상한 시계가 3억 원의 가격으로 팔려 나가기도 했다. 이러한 독립시계사를 가리켜 '캐비 노티에'라고 부른다. 현재 스위스에는 캐비 노티에들이 만든 독립시계사 아카데미가 있다. 여기서 장차 독립시계사가 되고자 하는 젊은이들에게 기술 지도를 하는 것이다.

스위스의 시계 생산

스위스의 시계 생산은 전 세계 시계 생산의 50퍼센트 정도로 스위스 시계의 개당 평균 수출 가격은 362스위스프랑이다. 스위스가 이처럼 세계 최고의 시계 산업 국가가 된 것은 정밀한 손재주 때문이다. 개당 3천만 원을 호가하는 고급 시계는 300개 이상의 부품으로 만들어지는데 이중 상당수가 전부 수작업으로 이루어진다. 고급 시계 하나를 만들기 위해서는 뛰어난 손재주뿐만 아니라 집요한 인내력이 있어야 한다. 근면과 정확성, 고품질의 시계를 향한 끊임없는 도전이 스위스 시계를 유명하게 만드는 이유이다. 기계식 고급 시계 한 개를 만드는 데 드는 수작업 시간은 150시간으로 스위스를 대표하는 시계 장인들이 만드는 명품 시계는 개당 약 2천 시간이 소요된다. 스위스 명품 시계의 경우 개당 판매 가격에서 부품 가격이 차지하는 것은 극히 일부이고 거의 대부분이 인건비이다. 이처럼 스위스의 시계 산업은 고부가가치가 높은 산업이다.

또한 스위스 시계는 완벽주의를 추구한다. 명품 시계를 제조하기 위해서는 100분의 1밀리미터 이하의 오차도 허용하지 않아야 하는데 기계가 아닌 손으로 그 오차의 범위를 줄여야 하므로 상당한 정밀도가 요구된다. 스위스인이 인내심을 가지고 이처럼 고급 시계를 생산할 수 있는 것은 보수적인 생활 태도 때문이다. 1년에 6개월이나 되는 긴 겨울 동안 공방이나 시계 회사에서 인내심을 가지고 명품 시계를 탄생시키기 위해 불필요한 사회생활을 줄이면서 검소하고 근면한 생활 태도가 몸에 배어 있는 것이다.

2011년 스위스 시계 협회의 자료에 따르면 스위스의 시계 판매액은 180억 스위스프랑으로 약 20조 원에 달하며, 스위스 시계 산업은 2012년에도 19.1퍼센트 성장했다. 해마다 매년 1월이 되면 스위스에는 두 개의 커다란 시계 페어가 열린다. '쥬네브 타임 익스비션(쥬네브 시계 전시회)'과 '국제 고급 시계 견본전(SIHH)'이 그것이다. 이때 스위스를 대표하는 각 메이커들이 새해에 출고되는 자신들의 신상품을 선보이기도 한다. 또한 4월에는 바젤에서 시계 페어가 열리며 이때 최고급 브랜드의 시계 회사 및 40여 곳에 달하는 독립시계사가 자신의 작품을 선보이고 있다.

2011년 시장 통계에 따르면 스위스가 수출한 시계의 양은 총 2,610만 개이며 수출 총액은 214억 스위스프랑(약 17조 원)이다. 이

중 금속으로 만든 스틸 시계가 61억 스위스프랑, 귀금속으로 디자인 된 시계가 53억 스위스프랑, 바이메탈 시계(금속판 접착 시계)가 25억 스위스프랑인데, 최근에는 중국을 비롯한 아시아로의 수출이 눈에 띄게 증가하고 있다. 현재 스위스 시계는 전체 생산량의 47퍼센트를 한국, 일본, 중국 등 아시아 국가와 호주, 뉴질랜드에 판매하고 있고 유럽에 33퍼센트, 미국에 19퍼센트를 수출하고 있다. 한국은 스위스 시계 수출 대상국 중 11위로 2009년 대비 2010년에는 스위스 시계 수입량이 32퍼센트 증가했다. 현재 스위스 시계를 가장 많이 수입하는 나라로는 1위가 홍콩, 2위 미국, 3위 중국, 4위 프랑스, 5위 싱가포르, 6위 이탈리아 등이다. 2011년의 경우 전 세계에서 스위스가 시계를 가장 많이 팔았는데 15억 5천만 달러 2,610만 개이고, 2위는 홍콩으로 7억 4천만 달러에 4억 1,900만 개, 3위는 중국으로 3억 1천만 달러이며, 4위는 프랑스로 1억 5천만 달러, 5위는 독일로 1억 3천만 달러이다. 전 세계적으로 사치품 시장의 규모가 커지고 있는 추세여서 시계 산업은 불황을 타지 않는 산업이다.

가장 비싼 시계들

2010년 조사에 따르면 세계에서 가장 비싼 시계는 프랑스 루이 모네 사에서 만든 매토리스(Meteoris) 모델로 개당 가격이 459만

9,487달러이다. 두 번째로 비싼 시계는 스위스의 피아제 사가 만든 엠페라도르 템플로(The Emperador Temple)로 개당 330만 달러이다. 3위는 프랑스의 까르띠에가 만든 시크릿 워치 위드 피닉스 데코(Secret watch with phoenix decor)로서 개당 275만 5천 달러이다. 그러나 이러한 시계들은 한 개 내지 열 개 미만의 극소수 한정판 시계이고 대량 생산 시계로서는 단연 스위스의 브레게, 오메가, 바쉐론 콘스탄틴 등이 꼽힌다. 즉, 최고급 시계의 60퍼센트 이상이 스위스에서 생산되고 있다.

오늘날 전 세계 고급 시계 시장의 규모 추이를 보면 2007년 1,700억 유로, 2008년 1,660억 유로, 2009년 1,530억 유로, 2010년 1,080억 유로로 과거 10년 전에 비해 줄어들었지만, 여전히 큰 시장이다. 이러한 고급 시계 시장의 소비 지형으로는 유럽이 38퍼센트, 남북 아메리카 29퍼센트, 일본 12퍼센트의 순이다. 또한 세계 고급품 시장의 제품별 판매 동향을 보면(2009년 통계) 패션 27퍼센트, 향수·화장품 24퍼센트, 목걸이·팔찌 등의 액세서리류가 24퍼센트, 시계·보석류가 19퍼센트를 차지하고 있다. 즉, 고급 시계 산업이 전 세계 명품 산업의 5분의 1 규모인 것이다. 또한 고급 브랜드를 생산하는 세계 각국의 그룹사별 매상 규모를 비교해 보면 1위는 프랑스의 루이뷔통 그룹으로 전 세계 고급 브랜드 매상의 17.05퍼센트를 차지하는데 그 구체적인 내역은 루이뷔통 1.98퍼센트, 샴페인 모엣샹동 0.57퍼센트, 펜뒤 0.37퍼센트, 로에베 0.1퍼센트로 나뉜다. 2위도 프랑스의 PPR 그룹으로 전 세계 시장의 16.53퍼센트를 차지하고 있다. 3위는 스위스의 리치몬드 그룹(5.18퍼센트), 4위도 스위스의 스와치 그룹(3.81퍼센트), 5위는 폴로 랄프로렌 그룹으로 3.71퍼센트이다. 즉, 전 세계 고급 브랜드 판매 상위 5개 사 중 2개 사가 스위스 국적의 기업이다.

2) 제약과 바이오산업

스위스는 제약 산업의 강국이다. 1389년 엔젤 제약 회사(En-gel Switzerland Pharmacy), 1833년 스위터쉐 아포텍 제약 회사(Suidter'sche Apotheke Switzerland Pharmacy) 등 오래된 제약 회사가 많다. 그중 대표적인 제약 회사로는 2010년 기준으로 세계 2위의 노바티스 제약(매출 420억 달러)을 필두로 5위 기업인 로슈(394억 달러), 아스트라 제네카(astra zeneca), 사노피(sanofi), 엘리릴리(eli lilly) 등이 있다.

과거 스위스의 제약업계는 전통적인 의약품 생산에 주력했으나 2000년대에 들어서는 항암치료제 부문과 바이오산업에 치중하고 있다. 오늘날 스위스는 의약품, 바이오 기술, 비타민 등을 수출하여 2010년 602억 스위스프랑을 기록, 스위스 전체 수출의 30퍼센트를 차지하고 있다. 특히 항암치료제의 매출이 전 세계적으로 날로 증가하고 있는데 인간의 사망 원인으로 혈액 순환 장애 다음으로 암이 많기 때문이다. 2010년 기준으로 스위스 제약 산업의 매출 중에서 항암치료제는 37.5퍼센트로 가장 많다. 그러나 항암치료제의 개발은 부분별로 수천 억 원에서 수조 원에 달하는 막대한 연구 개발비가 들어가는데 비해 실적을 내기 아주 어려운 분야여서 세계적인 제약 국가인 스위스도 상당한 애를 먹고 있다. 그러나 항암치료제나 당뇨병 치료제 개발에 성공할 경우 그 부가가치는 수백조 원에 달할 것으로 전망된다.

이러한 제약 산업 외에 스위스에는 의학 기술과 관련된 기업이 약 1,600개 사가 있으며 이중 480개 사는 의학기기의 부품 제조 및 시스템을 공급하는 회사이고, 약 400개 사는 의학과 관련된 금속 제조 기업이며, 340개 사는 의료기기 판매 공급사, 400개 사는 의료 특화 기계 및 자동기기 서비스 공급을 하는 기업이다. 그중 대표적인 산업이 바로 임플란트 분야이다. 의학기기 제조 업체 중 약 25퍼센트가 임플란트와 관련된 기업들이며, 의학 기술 산업 종사자는 5만 1천 명 수준이다.

스위스의 의학 기술 분야도 여타의 분야와 마찬가지로 산학 연계가 잘되어 있다. 의학기기 제조 업체의 59퍼센트가 스위스의 공과대학 열두 곳과 산학 협력 및 연구 개발을 함께하고 있다. 그 결과 현재 생산되고 있는 의학기기 제품의 50퍼센트는 개발된 지 3년도 안 된 신제품들이다. 즉, 대학에서 끊임없이 기기 개발을 위한 서포트를 해 주고 있어 끊임없는 이노베이션이 이루어지고 있는 것이다. 또한 스위스 정부 내에 설치된 기술 혁신 위원회에서도 아이디어가 상품화될 수 있도록 연구 개발비 지원을 해 주고 있는데, 최근 15년간 약 340개의 신제품이 그 지원을 받아 이루어졌고, 지금도 해마다 평균 20개의 의학기기 전문 생산 업체가 창업할 수 있도록 도와주고 있다.

스위스의 의학기기 산업에서 주목해야 할 점은 유럽 각국의 국민 총생산 대비 R&D 지출 비용이 가장 높다는 데 있다. 스위스 정부가 기업에 투자하는 연구 개발비는 국민 총생산의 2.2퍼센트로 독일의 1.9퍼센트보다 많으며 영국의 1.08퍼센트보다는 월등히 높다. 유럽의 27개국의 평균 R&D 개발비가 국민 총생산액의 1.23퍼센트임을 감안해 볼 때 거의 배 수준이다. 이처럼 끊임없는 R&D 개발 투자와 혁신이 오늘날의 스위스를 세계 최강의 기술 강국으로 만들어 주었다. 프랑스의 인시아드가 2012년에 발표한 「글로벌 이노베이션 인덱스」에 따르면 세계에서 가장 이노베이션이 강한 나라 1위가 스위스이다. 2위는 스웨덴이며, 5위가 영국, 6위 네덜란드, 7위 덴마크, 10위 미국 그리고 한국은 21위에 랭크되어 있다.

3) 스위스의 혁신 산업들

스위스는 유럽 내 최고의 혁신 국가, 즉 이노베이션 국가로 손꼽히고 있다. EU가 발간한 혁신 보고서에 따르면 스위스는 30~40대 인구 중 고학력 비율이 가장 높으며 1인당 국제 특허 수, 수출 상품 중 고부가가치 상품의 비중, R&D 1인당 투자비 등이 모두 유럽 1위를 차지했다. 특허의 경우 스위스는 매년 약 2천 건의 특허를 내고 있는데, 특허의 3분의 2는 대기업, 3분의 1은 중소기업이 내고 있어 대기업과 중소기업의 균형 또한 잘 갖춘 국가이다. 스위스의 취업 대상 인원의 3분의 2가 중소기업에 고용된다는 사실은 이 사실을 뒷받침해 준다.

스위스의 대기업 중 가장 특허를 많이 낸 기업은 제약의 노바티스와 로슈이며 식품의 네슬레, 철도의 ABB 등이 두드러진다. 또한 스위스는 치과의 임플란트 기술을 세계에서 가장 먼저 개발했고 세계 시장을 선도하고 있다. 그 대표적인 기업이 스트라우만과 노벨 바이오케어이다. 현재 세계의 치아 임플란트 시장은 연평균 6~10퍼센트 정도의 성장률을 보이고 있는 유망한 소비 시장이다. 지금은 유럽, 미국, 한국, 일본 등 선진국에서 시술이 많이 행해지고 있으나 향후 브릭스(BRICS) 혹은 중국 등 이머징 마켓(신흥개도국 시장)에서 폭발적인 성장세가 예상되는 분야이기도 하다. 이처럼 스위스는 강소기업이 많은 나라이다.

또 다른 강소기업으로는 란탈 텍사일스(Lantal Texiles AG) 사를 들 수 있다. 1886년에 설립된 이 기업은 초기에는 치즈 저장 용구 등을 만들었으나 1951년 이후 가구, 커튼용 리넨 제품을 만들면서 인테리어 사업에 뛰어들었고 가구와 섬유 제품 분야에서 자신만의 고유한 영역을 개척하기 시작했다. 1954년에는 네덜란드 최고의 항공사인 KLM 항공기의 인테리어 디자인 부분을 따냄으로써 항공 비즈니스 분야에 진출하기 시작했다. 이후 철도, 버스 등의 실내 장식에 필요한 특수 섬유 제품을 생산, 그 분야에 독보적인 영역을 구축했다. 그들은 이러한 노하우를 바탕으로 자가용 개인 비행기, 요트 등의 인테리어 사업에도 진출해서 새로운 고객층을 확보하고 있다. 현재 이 회사는 항공·철도·선박 분야에 사용되는 인테리어용 섬유 시장에서 세계 최강의 기업으로 손꼽히고 있다.

또한 스위스는 기계 강국이다. 기계 용구, 펌프, 직물 제조기, 인쇄기, 광학기, 초음파기기를 비롯한 의학기기 분야에서도 세계적인 명성을 얻고 있다. 예컨대 직물 기계를 생산하는 슐저(Sulzer), 리에터(Rieter) 등이 대표적이다.

태양열 비행기

스위스는 장차 에너지 위기에 대비하여 기름이 한 방울도 필요 없는 비행기를 만들었다. 즉, 비행기 날개에 태양열 집열판을 설

치하여 1만 2천 개의 태양전
지를 활용해 그것을 전기 에
너지로 바꾸는 기술을 개발
한 것이다. 2009년 처음 개
발된 이 비행기는 순전히 태
양열로만 24시간을 비행했
다. 2010년 6월에는 벨기에
의 브뤼셀에서 프랑스의 파
리까지 1,600킬로미터 비행
에 성공하기도 했다. 이어 '솔

스위스는 유럽 내 최고의 혁신 국가로 손꼽
힌다. 30~40대 인구 중 고학력 비율이 가
장 높으며 1인당 국제 특허 수, 수출 상품
중 고부가가치 상품의 비중 등이 모두 유럽
1위이다. 1만 2천 개의 태양전지를 활용해
개발된 태양열 비행기는 이러한 스위스의
기술력을 잘 보여 주는 사례이다.

라 임펄스'라고 명명된 태양열 비행기가 스페인의 마드리드 국제 공
항을 이륙, 시속 45킬로미터로 19시간 동안 비행하여 아프리카 모
로코의 수도 라바트에 있는 살레 국제 공항에 착륙하는 데 성공
했다. 향후 태양열 비행기가 상용화되면 항공 산업 분야에서 새로
운 돌풍이 예고된다. 항공 산업은 유류비가 차지하는 비중이 매
우 높기 때문이다.

기계 산업의 강자들

스위스의 기계 산업은 스위스 전체 산업의 약 40퍼센트를 차지
하는 제1위의 산업이며 종사 인원만 35만 명에 연간 800억 스위

스프랑을 수출, 전체 수출의 40퍼센트를 차지하고 있다. 오늘날 스위스의 기계 분야는 기계, 정밀기기, 전자, 금속 가공 등 크게 4개 분야로 나누어지며 그중 일반 기계가 가장 비중이 높고 나머지 분야는 비슷한 수준이다. 현재 스위스 기계 산업의 경쟁력은 제지 가공 분야에서 독일에 이어 세계 2위, 기계 부품 분야에서는 일본, 독일, 대만에 이어 세계 4위이며, 인쇄 기계 부문 세계 5위, 섬유 기계 세계 5위, 터빈 계량기·포장 기계 등의 분야에선 세계 6위, 정밀 부품 분야 세계 8위 등으로 거의 전 기계 산업이 세계 10위권 내에 랭크되어 있다.

산악 국가인 스위스에 기계 산업이 발달한 이유는 독일, 이탈리아, 동유럽의 기술 인력을 받아들이는 적극적인 이민 정책 때문이다. 스위스의 기계 산업 중 대표적인 기업은 철도 및 플랜트를 수출하는 ABB 사로 2012년에 393억 달러의 매출을 올렸다. ABB 사는 전력 관련 중공업으로서 스위스에 본사를 두고 100개국 이상에 진출한 다국적 기업으로 1988년 스웨덴 기업인 아세아(ASEA)와 스위스의 브라운 보베리(Brown Boveri)가 합병되면서 탄생한 회사이다. 아세아 사와 브라운 보베리 사는 각각 1883년, 1891년에 설립된 회사이다.

ABB는 크게 두 가지 사업 분야를 가지고 있는데 하나는 전력 기술 부분이고 또 하나는 송전 및 배전 발전소에 들어가는 각종 제품과 시스템 서비스를 제공하는 것이다. "좋은 리더는 숙련도,

열정, 진실성으로 결정된다"가 ABB 사의 경영 철학이다.

기타 기계 분야의 대기업으로 종업원 4만 5천 명에 140억 스위스프랑의 매출을 올리는 승강기 제조 회사인 쉰들러 또한 세계적인 명성을 가지고 있다. "쉰들러는 단순한 엘리베이터 제조 회사가 아닌, 전 세계 5개 대륙에서 매일 9억 명의 열정과 감정까지 수송하는 회사이다." 이것이 쉰들러의 슬로건이다. 건설 기자재 제조 회사인 리브헤어 사도 연 매출 133억 스위스프랑에 이른다. 펌프의 슐저가 37억 스위스프랑, 섬유기기의 리에터 31억 스위스프랑, 유압 부품의 부커 27억 스위스프랑, 항공 군수 산업의 루아그 15억 스위스프랑, 레이저 가공의 트럼프 8억 5천만 스위스프랑, 터빈 컴프레셔의 만터보 6억 7천만 스위스프랑 등 강중기업이 많다.

이 외에 항공의 필라투스, 인쇄기기의 발터 라이스트, 솔라 시스템의 메이어 버거, 밀링머신의 스트라그 해커트, 용접 플랜트의 슐라터 산업, 건물 자동화의 헤르그, 선박용 엔진의 베르트 실레 등의 기업들이 세계적인 기술을 가지고 있다.

스위스는 철도 보수를 전문적으로 하는 차량에 관해서도 세계적인데, 스페노가 그러하다. 한국의 코레일, 서울 메트로, 서울 도시철도공사, 부산 교통공사 등에서 레일 연마용 차량, 레일 탐사용 차량 등을 스페노로부터 납품받고 있으며, 네덜란드, 일본, 덴마크 등의 철도 운영 기관도 철도 보수 차량을 납품받고 있다. 베어링으로 유명한 바르질라 또한 세계적인 업체이다. 바르질라는

1898년에 설립되어 한국의 부산에도 1970년대에 진출한 베어링 전문 생산 업체이다. RKB 베어링 그룹 또한 스위스를 대표하는 기업으로 세계적인 기업이다.

다보스포럼은 지식 관광 산업

매년 1월에 개최되는 다보스포럼은 세계 최고의 경영자들이 모이는 국제 행사이다. 다보스 시에서 주최한다 하여 다보스포럼으로 알려졌는데 한국에서도 대기업 회장들이 많이 참석하는 행사이기도 하다. 다보스는 인구가 1만 1천 명밖에 되지 않는 작은 도시로 스키장이 유명한 도시이다. 다보스 시는 본래 스위스의 가난한 산간 마을이고, 한겨울에는 폭설이 쏟아져 기껏해야 스키 관광이 고작이었는데 매년 다보스포럼을 개최, 회원등록비 5만 2천 달러, 연회비 1만 3천 달러, 참가비 2만 달러라는 돈을 받고 있다. 게다가 참가자 중 대기업 회장들은 참가비에 몇 배에 달하는 후원금을 내는 것이 관례처럼 되어 있다. 여기에 항공료, 호텔비와 파티 비용, 식비 등은 모두 별도 부담이다.

현재 다보스포럼은 토털 8만 5천 달러(약 1억 원)을 내는 8천 5백 명의 고정 참가자와 전 세계의 VIP들을 끌어 모아 호텔 숙박은 물론 글로벌 대기업 회장들이 주최하는 각종 파티, 리셉션 등으로 막대한 수입을 올리고 있다. 다보스포럼이 시작된 것은 1971년으로 출범 첫해에는 겨우 140명이 참가하여 비즈니스 이슈를 테마로 토론회를 개최하다가 이어 정치, 경제, 사회 등으로 영역을 확대했고 70년대 중반에는 연 매출 7억 달러 이상의 세계 1천 개 대기업의 멤버십 제도를 만들어 연회비 1만 3천 달러를 내는 고정 고객을 확보했다. 또한 70년대 말부터 글로벌 이슈를 선점, 그에 대한 포럼을 여는 한편, 이슈에 대한 보고서 발간과 세계 각국의 국가 경쟁력을 분석해 제시함으로써 글로벌 리더들의 주목을 받고 있다. 그에 따라 전 세계의 VIP는 다보스포럼을 반드시 참석해야 할 행사로 보고, 매년 초 스위스의 다보스로 날아가고 있다. 이러한 국제적 명성 때문에 글로벌 대기업들의 후원금이 엄청나게 쏟아지기도 한다.

2013년 1월의 다보스포럼에는 영국 데이비드 캐머론 총리, 독일의 메르켈 총리, 마리오 몬티 이탈리아 총리, 메드베데프 러시아 총리 등 50여 개국의 정상과 반기문 유엔 사무총장, 크리스틴 라가르드 국제통화기금(IMF) 총재, 조지 소로스 소로스펀드 회장, 한국의 김중수 한국은행 총재, 허창수 정경련 회장, 한덕수 무역협회 회장 등 전 세계 9천 명이 넘는 정·재계 지도자들이 참석했다. 2013년 다보스포럼의 주제는 '탄력적 역동성'이었다. 즉, 재정 긴축과 경기 부양 간의 괴리를 극복할 수 있는 정책적 균형점을 모색하고, 경기 후퇴에 따른 실업 대책과 청년 실업 문제 등이 논의되었다. 또한 세계 경제에 충격을 주는 부정적인 효과, 즉 '블랙스완 효과'를 거론하면서 세계의 평화를 위협하는 시리아와 말리 내전 등의 종식도 강조되었다. 이처럼 다보스포럼은 스위스의 작은 산골 마을 다보스를 살리기 위한 아이디어로 시작해서 매년 2천억 원 내외의 이익을 앉아서 벌어들이는 대표적인 지식 관광 산업이 되었다.

초콜릿 산업

스위스는 초콜릿 제조업 분야의 강국이다. 본래 초콜릿은 벨기에의 수제 초콜릿이 세계에서 가장 잘 알려져 있었다. 스위스가 초콜릿 공장을 세우기 시작한 것은 1800년대 초반이었다. 당시 창업한 초콜릿 가게로는 1819년 카일러 초콜릿(Cailler Chocolate), 1826년 파바르게르 초콜릿(Favarger Chocolate), 1845년 스푸룽글리 초콜릿(Sprüngli Chocolate) 등이 있었다. 그러나 초콜릿의 원료가 되는 코코아의 수입이 지리적으로 어려워 발전하지 못하다가 1905년 들어 겨우 13톤을 생산하기 시작했다. 그러나 7년 후인 1912년이 되면 전 세계 초콜릿 시장의 55퍼센트를 차지하는 비약적인 성장세를 보이면서 20세기에는 벨기에, 영국과 대등한 초콜릿 생산 강국이 되었다. 이러한 급격한 성장 뒤에는 선진 기술의 유입, 뛰어난 품질을 향한 끝없는 이노베이션, 탁월한 마케팅 전략, 고유 브랜드의 홍보라는 네 가지 요소가 작용했다.

오늘날 스위스의 초콜릿은 전 세계 국가에서 생산되는 초콜릿 중 가장 뛰어나다는 평가를 받고 있다. 그러나 초기부터 스위스 초콜릿이 맛있었던 것은 아니다. 초콜릿 산업에 뒤늦게 뛰어들었으므로 스위스는 벨기에, 프랑스, 이탈리아에 비해 생산 기술이 많이 뒤떨어져 있었던 국가였다. 그들은 그러한 초콜릿 선진국으로 기술자들을 보내 기술을 배워 오게 한 후, 크리스마스용 초콜릿, 부활절 기념 초콜릿 등 다양한 마케팅 전략을 구사해서 판매량을 늘렸다. 당시 부활절 초콜릿을 처음 만든 회사는 린트 사였다. 린트 사는 유럽의 부유층과 귀족들이 스위스에 관광 와서 기념품으로 초콜릿을 산다는 데 착안, 그들을 대상으로 부활절을 기념하는 최고급품의 초콜릿을 생산, 판매하여 마케팅에 성공했다. 때 묻지 않은 자연, 즉 알프스나 초원, 호수 등의 무공해 이미지를 초콜릿 광고에 채용, 공해에 찌든 여타의 유럽 국가들과 다르다는 것을 강조하여 성공한 것이다.

또 다른 초콜릿 제조사인 토블론 사는 100년 전에 자신들만의 상징인 삼각형 모양의 초콜릿을 개발하여 지금까지 항상 같은 모양과 맛으로 승부를 걸어왔다. 현재 스위스 초콜릿의 주요 수출국은 미국, 영국, 독일, 프랑스, 캐나다 등이며 제조된 초콜릿의 60퍼센트를 수출하고 있다.

청소위성

스위스는 세계 최초로 우주를 청소하는 인공위성 개발에 착수했다. 현재 우주 공간에는 약 800개의 인공위성이 궤도를 운행하고 있다. 지금까지 인류가 우주 공간에 쏘아 올린 인공위성은 약 6천 개로 추정되는데 인공위성이 대기권을 박차고 나갈 때 분리된 로켓 고체연료, 태양 전지 등은 약 60만 개로 추정된다. 이러한 폐기물들은 시간당 3만 5천 킬로미터 속도로 떠돌고 있는데 그것들이 인공위성이나 우주선과 충돌하게 되면 막대한 경제적 손실은 물론 그 안에 타고 있는 우주 비행사들의 목숨까지 잃을 염려가 있으므로 우주의 폐기물 청소가 중요한 과제로 떠오르고 있다. 스위스는 세계 최초로 그러한 우주 공간 내의 폐기물을 수거하는 산업에 진출했다. 이 계획은 아직 완성 단계까지는 진입하지 못했으나 스위스가 미국, 러시아, 독일, 일본 등에 비해 뛰어난 기술을 보유하고 있다는 평가이다. 스위스 로잔에 있는 로잔 연방 공대 연구진은 2년간의 연구 끝에 이러한 우주 공간의 청소위성 시제품 개발에 성공했으며 첫 번째 과제로 자신들이 쏘아 올린 스위스 인공위성 스위스큐브와 T1set을 찾아내어 폐기시키는 것을 목표로 하고 있다.

스위스의 비밀은행

스위스에서 가장 오래된 은행은 1780년에 설립된 랑도(lan-

doit)이다. 이어 7년 후에는 라로슈 은행이 문을 열었다. 이후 1796년
에는 롬바르트 오디에르 다리에르 헨트슈 은행(Lombard Odier
Darier Hentsch Switzerland Bank)이 1805년에 픽텍트&씨에 은행
(Pictet&Cie Switzerland Bank), 1812년에는 스파카세 슈바이쯔 은
행(Sparkasse Schwyz Switzerland Bank) 등이 문을 연 금융업의 선
두 국가로 은행업에 관한 한 전통 깊은 나라이다. 현재 스위스에
는 무려 3,335개의 은행이 설립되어 있으며 이중에서 스위스 연
방은행은 세계 2위 규모의 민영은행이고, 크레딧 스위스 은행 또
한 세계적인 은행이다. 또 26개의 칸톤(Canton)에도 모두 주립 은
행이 설립되어 있다. 보험 산업도 매우 발전한 국가여서 현재 스
위스 전국에 227개의 보험 회사가 있는데 이중 28개 사는 재보험
회사이며 전 세계 재보험 회사의 본부는 스위스 취리히에 있다.

  스위스의 26개 칸톤은 각각 다른 단일 경제 체제를 가지고 있고
소득 또한 차이가 난다. 스위스가 작은 국가이긴 하지만 26개 칸톤
에 거주하는 지역 주민들의 성격은 모두 판이하게 다르다. 지금도
스위스는 단일 국가가 아니라 헬베티아, 즉 연맹으로 불리고 있는
데, 이것은 칸톤 각각의 이해가 맞아떨어져서 형성된 것으로 엄밀하
게 말하면 단일 국가 체제라고 볼 수 없다. 즉, 각각의 칸톤은 자신
의 칸톤을 위해서 일하는 것이지 스위스라는 국가를 위해서 일하
는 것은 아니다. 단, 외부의 침략이 있을 경우에는 문제가 달라진다.
  "누구든 우리를 침략하면 엄청난 대가를 치룰 것이다." 이것은

윌리엄 텔이 오스트리아-합스부르크 왕가로부터 공격을 받았을 때 남긴 대표적인 말이다. 26개의 칸톤 중 어느 칸톤이 외국으로부터 공격을 받으면 모든 칸톤이 단합하여 대항한다. 2차 세계대전 당시 독일의 히틀러가 스위스를 침공하려 했으나 참모들의 권유에 따라 결국 침공을 포기한 것이 대표적인 사례이다. 당시 히틀러의 참모들은 강력한 1백만 명의 독일군이 스위스를 침공해도 1년 내에 항복을 받아내기 어렵다고 히틀러에게 조언했다. 그만큼 스위스인의 단결 정신이 뛰어날 뿐만 아니라 워낙 용맹하기 때문에 정복하기 어려웠던 것이다. 또한 연합군이 스위스를 가로질러 독일로 공격하려 했을 때에도 스위스 사람들은 강력히 저항했다. 자신들은 1815년부터 영세 중립국으로 인정받은 국가이므로 어떠한 외국의 군대도 자국 영토를 통과하지 못한다는 논리였다. 그래도 연합군이 스위스 영토를 통과하려 하자 스위스인들은 연합군을 상대로 전면전을 벌이겠다고 경고함으로써 결국 연합군의 스위스 영토 통과는 무산되었다. 오늘날에도 스위스는 26개 칸톤의 7백만 국민이 집집마다 총기를 소지하고 있고, 매년 3주 이상의 군사 훈련을 받는 등 인구에 비해 군인 정신으로 잘 훈련되어 있는 군인들이 엄청나게 많다.

"강한 불이 강한 쇠를 만들어 낸다"는 스위스의 격언에서 볼 수 있듯이 스위스인들은 모두 고슴도치 기질을 가지고 있다. 유사시에는 고슴도치가 몸에 가시를 세우듯이 어느 누구도 다루기 힘든 까다로운 상대가 되는 것이 스위스인이다.

유럽의 은행, 스위스

스위스가 유럽의 금융 중심지가 된 것은 스위스 국민들의 높은 저축열, 정치적 중립으로 인한 사회·경제적 안정, 은행 비밀주의 때문이었다. 은행 비밀주의 전통은 17세기에 이미 시작되었는데 그것이 입법화된 것은 1934년이다. 당시 독일의 나치 정권이 스위스 은행에 예금을 유치한 유태인 고객들의 정보를 요구하자 스위스 의회는 은행 비밀주의 원칙을 입법화시켜 저항했다.

비밀은행이란 본래 비밀은행가가 경영하던 은행을 말한다. 즉, 프라이빗 뱅커(개인 은행가)가 운영하던 은행이었다. 말하자면 은행 이전의 사금융업을 경영하던 경영인들이 운영하던 은행이었던 것이다. 이것이 발전되어 오늘날 스위스의 비밀 예금을 유치하는 은행이 된 것이다. 스위스 은행법에는 비밀은행가를 명확하게 정의해 놓고 있다. 그 정의란 한 명이 무한 책임을 지는 은행가를 프라이빗 뱅커라 한다는 것이다. 또한 프라이빗 뱅커 협회도 구성되어 있다. 결국 비밀은행이란 개인이 업무를 보는 은행인 셈이다. 현재 스위스 프라이빗 뱅커 협회에 가입된 은행은 다음과 같다.

우선 가장 오래된 비밀은행으로 1750년에 설립된 란&보드메르코 (rahn&bodmerco)가 있으며 1780년에 설립된 란도&씨에(landolt&cie),

1787년에 설립된 라로슈보디에르&씨에(la roch&cie), 1796년에 설립된 롬바르도디에&씨에(lombardodier&cie), 1805년에 설립된 피테&씨에(pictet&cie), 1844년에 설립된 보디에&씨에(bordier&cie), 1869년에 설립된 무쥬드알레&씨에(mourgue d's Algue&cie), 1886년에 설립된 구질러&씨에(E. gutzwiller&cie), 1920년에 설립된 바우만&씨에(baumann&cie), 1995년에 설립된 라이치무쓰(reichmuth&co) 등이 있다. 이 은행들은 무한 책임을 지고 있으며 그에 따라 고객들로부터 높은 신뢰를 받고 있다. 이러한 비밀은행의 주요 고객으로서는 전 세계 각국의 부호들과 기관 투자가들이 있다. 비밀은행의 기준에 따라 차이는 있지만 통상 백만 달러 이상을 보유한 고객들이 대부분이다. 이 은행들의 주요 업무는 자산을 보호해 주며 자산 운용을 맡아 주는 것이다. 자산 운용이란 맡겨진 고객의 돈을 가지고 대출을 해 주는 등의 업무를 말하는데 리스크가 높은 대출은 하지 않는 것이 특징이다. 이 은행들의 수입 구조는 고객들이 맡긴 돈을 보관, 관리, 운용해 주면서 나오는 수수료가 전부이다. 즉, 돈을 맡긴 고객과 은행의 이해타산이 맞아떨어져서 설립된 은행들인 것이다.

스위스의 비밀은행은 오늘날 세계 각국에 있는 대형 은행들의 프라이빗 뱅킹과는 전혀 다르다. 대형 은행들은 보관료 등에 목표를 두지는 않는다. 스위스의 비밀은행들이 과거 60년대 이후 최근에 이르기까지 번영할 수 있었던 까닭은 스위스가 영세 중립국이고 세계 각국의 국제 기관 본부가 많이 들어와 있어서 정치가 안정적이라는 것 때문이었다. 정변이 발생해도 세계 각국의 국제적 기관이 들어와 있으므로 보호를 받을 수 있다는 장점이 있는 것이다. 또한 지리적으로 스위스가 유럽의 중심에 위치해 있기 때문에 돈을 맡기고 찾는 데 유리하다는 점도 있다. 그러나 그보다 더 중요한 것은 엄격한 고객 정보의 관리이다. 즉, 맡긴 사람의 신원과 맡긴 자금에 대해서 철저한 비밀을 지켜 주는 것이다. 그러나 마피아의 검은 자금이 스위스로 유입된 이른바 '키아소 사건'으로 스위스와 이탈리아 정부가 마찰을 빚으면서 1977년 4월 이러한 은행 비밀주의 관행은 조세 조약이 체결된 국가들에 관해서는 예금주를 공개한다는 방향으로 개정되었다.

최근 비밀은행은 스위스 외에 오스트리아, 룩셈부르크, 리히텐슈타인 등에도 늘어나고 있다. 그러나 이들 은행들도 개인이 구좌를 개설한 경우 개인의 정보를 보호해 주거나 프라이버시를 100퍼센트 보장해 주지는 않는다. 스위스의 비밀은행은 구좌번호를 발행한다. 스위스의 비밀은행을 이용할 때 발생되는 송금 데이터에는 개인 고객의 이름이 들어 있다. 현재 스위스, 오스트리아, 룩셈부르크의 비밀은행들은 조세 조약 체결국과는 정보를 상호 교환하고 있다. 한국의 경우 스위스와 2012년 조세 조약이 체결되어 우리는 스위스의 은행으로부터 예금을 맡긴 법인의 구좌 소유주에 관한 정보를 받을 수 있게 되었으며, 그 정보를 토대로 조세를 회피한 기업들을 추적 중에 있다.

3. 스위스가 초일류 국가가 된 배경

1) 강인한 민족성과 도전 정신

고슴도치 기질로 대변되는 스위스 국민은 가난을 이기기 위해 용병 수출로 돈을 벌다가 당시로서는 최고의 초정밀 기술을 요구하는 시계 산업에 도전해서 성공했으며, 이어 나노와 바이오 기술이 요구되는 제약 산업에서도 세계적인 선진국이 되었다. 또한 산악 국가의 국민답게 터널 기술의 개발과 이를 기반으로 철도 및 중공업 산업으로 진출했고, 지금은 우주 공간의 청소위성으로까지 기술을 발전시켰다. 이처럼 자원이나 인구가 모두 부족한 자신들의 입지를 극복하기 위해 늘 남이 안 하는 새로운 분야에서 도전 정신을 가지고 앞장서 나가고 있다.

2) 틈새시장에서 답을 찾는다

스위스에는 틈새시장을 공략해 성공한 기업이 많다. 과실 농축기 회사 부커는 과실 농축 분야라는 특정 분야만을 공략해 세계적인 기업이 되었고, 휴대용 정수통의 카타딘 역시 산악 국가의 등반객들을 위한 제품 생산으로 새로운 분야를 개척했으며 등산용 로프를 전문적으로 만드는 마무트, 화폐에 사용되는 특수 잉크로 세계 1위의 기업인 SICPA 역시 틈새시장을 공략한 기업이다.

3) 과감한 투자로 신기술 개발, 독보적인 제품

이처럼 스위스는 국가의 전통 산업인 시계와 제약 이후 기계와 터널 등의 중공업을 지나 비밀은행과 같은 금융 산업 외 재보험, 관광 산업과 포럼 산업에 이어 우주 청소용 위성 산업으로 영역을 넓혔고 내륙 국가에서 철갑상어 알인 캐비아를 양식해 팔고 있으며 들고 다니는 태양광 전지판까지 만드는 등 다양한 산업을 가진 강소국으로 발전하고 있다. 이러한 벤처 정신 덕분에 스위스는 용병으로 피를 팔아 살았던 비참한 과거를 딛고 틈새 산업으로까지 진입하여 세계적인 강국이 된 것이다. 바로 그 틈새 산업의 대표작이 기름 한 방울 넣지 않고 장거리 비행을 할 수 있는 태양열 비행기의 성공이다.

4) 개방성 지향

스위스는 자원도 없고 국토 면적도 적으며 폐쇄적인 산악 국가이다. 그러한 점을 극복하기 위해 스위스는 일찌감치 개방경제를 실시해 왔다. 스위스의 장점은 첫째, 대외 개방형 경제 체제이다. 즉, 독일, 이탈리아, 오스트리아, 폴란드, 벨기에 등의 국가에서 망명해 오거나 이민을 신청한 사람들을 받아들여 그들이 가지고 있는 기술들을 최대한 활용해 그것을 국가 산업 발전에 사용했다. 그 결과 스위스는 세계적인 첨단 기술 분야의 우수 인력들을 확보할 수 있었으며 그로 인해 의약, 기계, 전자 시계 산업 등에서 괄목할 만한 성과를 이룩한 제조 강국이 되었다. 스위스는 작은 국가임에도 불구하고 불어, 독어, 영어 등 3개 국어를 사용하고 있다. 텔레비전 드라마 혹은 예능 프로에서도 영어와 독어, 불어가 번갈아 가며 나오는 광경을 쉽게 볼 수 있다. 이것이 스위스인만이 가지고 있는 독특한 관용(tolerance)과 융합(unique blend)의 정신이다. 스위스가 개방적인 사회라는 것은 대기업에 근무하는 간부들의 국가별 출신을 보면 알 수 있다. 현재 스위스 대기업 경영진의 26퍼센트는 독일, 영국, 프랑스 사람이다. 다만 중소기업의 경우 외국인 경영자는 아직 극소수이다. 또한 법인세율이 전 세계 23위로 21.17퍼센트에 불과하다. 즉, 전 세계 상위 선진국 중 최하위 수준인 것이다. 구체적 내역을 보면 국세가 6.7퍼센트, 지방세가 14.47퍼센트로 전 세계의 선진국 중에서 가장 낮다.

5) 체계적인 직업 훈련 제도

스위스는 대다수의 청소년이 대학 진학을 목표로 하지 않고 고등학교 때부터 직업 훈련을 받아 전문적인 기술자의 길로 접어든다. 스위스 정부도 이러한 전문 인력을 기르기 위해 직업 훈련 학교를 많이 만들어 놓았다. 직업 훈련은 직업 전문학교에서뿐만 아니라 기업에서 견습을 하면서도 할 수 있도록 되어 있다. 스위스는 약 230개로 직업을 분류해 놓고 그중에서 자신이 원하는 직종의 기술을 선택하여 배울 수 있는 시스템을 만들어 놓았다. 이를 통해 스위스 청소년들은 직업 전문학교를 졸업하면 곧바로 현장에 투입되어 더 나은 기술을 배울 수 있다. 현재 스위스에는 전국에 410개 정도의 직업학교가 있으며 여기서 배운 기술을 바탕으로 취업하거나 혹은 상위 학교로 진급을 원할 때에는 8개의 기술 전문대학에 진학해 52개의 교육 과정 중에서 원하는 분야를 선택하여 기술에 대한 좀 더 깊은 지식을 습득할 수 있도록 하고 있다. 또한 전문대학으로 진학하여 그 대학에서 자신의 직종과 관련된 전문 지식을 배울 수 있도록 조치하고 있다. 이러한 직업학교는 스위스의 26개 주에 분포되어 있으며 주 정부가 연방 정부와 협력을 통해 교육과 훈련을 담당하고 지원한다. 각 주는 직업 교육에 필요한 자금을 지원해 주고 직업에 관련된 평생 교육은 기업과 개인이 담당하고 있다. 현재 연방정부는 직업 교육에 필요한 비용의 25퍼센트 정도를 지원하는데 2010년의 경우 약 34억 스위스프랑이 지원되었다. 이렇게 직업학교를 졸업한 학생이 취업한 뒤 좀 더 심화된 학문을 배우고 싶어 할 경우, 언제라도 대학에 진학할 수 있는 길을 열어 놓은 것도 특징이다. 이렇게 각자 분야에서 기술을 터득한 기술자들은 해마다 각 분야의 마스터를 선발할 때 지원할 수 있으며 이 대회에서 마스터로 결정되면 유럽 대회나 세계 선수권 대회에 출전하게 된다. 따라서 스위스에서는 굳이 대학에 가야 할 필요성을 느끼지 않으며 직업 전문학교를 나온 고졸 학력이라 하더라도 사회적 차별을 받는 일이 거의 없다. 이러한 효율적이고 체계적인 직업 훈련 시스템이 스위스를 기술 강국으로 탄생시킨 배경 중의 하나이다.

시계의 경우 스위스 내에 모두 12개의 시계 전문학교가 있다. 스위스에 시계 학교가 탄생하게 된 것은 19세기 중반으로 이때부터 이미 스위스는 시계 제조 분야를 세분화시키기 시작했다. 최초의 시계 학교는 1824년 쥬네브에 설립되었고 이어 베른 주에도 속속 시계 학교가 개교했다. 교육 기간은 통상 3년으로 교육 외에 시계 제조 기업에서 실제 훈련을 병행하고 있다. 그러나 이러한 교육도 모두 같은 것은 아니다. 예컨대 쥬라 지방에 있는 6개의 시계 학교의 경우에는 여타의 학교와 약간의 차이를 보이고 있다. 쥬라 지방의 시계 학교는 스위스 내에서 가장 뛰어난 시계 학교로 손꼽히는데 졸업과 동시에 연방 기능 자격을 취득하는 일이 허다하다. 이 외에 시계 회사 안에 교육 센터를 가지고 있는 경우도 있으며 시계 관련 기업들이 공동으로 운영하는 교육 기관도 있다.

4. 스위스의 대표 기업

스위스는 강소기업뿐만 아니라 괄목할 만한 대기업도 상당수 존재한다. 2012년 미국의 인터브랜드 사가 발표한 자료에 따르면 세계 가치 브랜드 톱 100위 안에 스위스 기업이 5개 사가 포함되어 있는데 1위는 커피 음료의 네스카페, 2위는 제약의 로슈, 3위 노바티스, 4위 롤렉스 시계, 5위 네슬레 등이다.

1) 파텍 필립

"독립, 전통, 혁신, 질, 희소성, 가치, 심미, 서비스, 정서라는 우리의 가치로 살아간다."

이것이 파텍 필립 사의 슬로건이다. 파텍 필립 사는 1851년에 폴란드에서 스위스로 망명한 귀족 앙뜨와느 드 파텍이 필립이라는 시계 기술자를 만나서 세운 회사이다. 기술자 필립은 대대로 시계를 만들어 온 집안의 장인이었는데 제작한 시계로 1844년 파리 만국 박람회에서 금메달을 수상하기도 했던 탁월한 기술자였다. 파텍 필립 사가 설립된 이후 두 사람은 자신의 첫 번째 고객으로 영국 빅토리아 여왕의 손목시계를 제작했다. 이 때문에 유명세를 타게 되어 천재 물리학자인 아인슈타인, 러시아의 작곡가인 차이코프스키, 로마 교황 등을 고객으로 만들 수 있었다. 그 후 파텍 필립 사는 주인이 바뀌어 찰스와 장스턴이라는 사람의 소유로 넘어갔다. 2009년 이후 부터는 장스턴 가의 증손자인 티에리 스턴이 사장으로 일하고 있다.

파텍 필립 사가 세계적인 명품 시계 회사가 된 것은 탁월한 부품 관리와 검열에 있다. 스위스 시계의 증명 기준인 제네바 실(Geneva Seal)을 훨씬 능가하는 기술력을 가지고 있는 것이다. 제네바 실이 평가하는 규정은 과거에는 무브먼트에 한정되어 있었으나 파텍 필립의 경우는 400개에 달하는 최고급 시계의 전 부품, 즉 무브먼트, 다이얼, 버튼, 스트랩, 시곗줄, 버클 등을 포함해 보석 하나하나까지 전부 보증서를 발부한다. 제네바 실이 무브먼트만을 보증하는데 비해 파텍 필립의 경우 이처럼 부품 전체를 보증하기 때문에 소비자의 신뢰를 얻고 있는 것이다.

파텍 필립 사는 전체 부품을 200명 정도의 기술자가 나누어서 제작, 관리하고 있다. 시계 무브먼트의 경우 무브먼트 전문 기술자가 총 1,500단계에 이르는 제조 공정 하나하나를 전부 체크한다. 이러한 기술은 하루아침에 이루어진 것이 아니고 과거 170년간 쌓아온 노하우 덕분에 가능한 것이다. 또한 시계를 출고하기에 앞서 시계가 정확하게 움직이고 있는지 1,200시간(50일)을 관찰한 후 이상이 없을 때에만 출고한다. 시계 대부분이 수작업으로 이루어지기 때문에 온도나 기압에 따라 시간상의 오차가 발생할 수 있는데 그러한 상황까지 계산하여 시계의 정확도를 점검하는 것이다. 특히 마지막 테스트는 만들어진 시계를 손목에 직접 차고, 생활해 보고 난 후 이상이 없어야만 출고된다.

파텍 필립은 세계적인 시계 메이커이지만 여전히 쥬네브에서 가족 경영 시스템으로 유지되고 있다. 그만큼 파텍 필립 사만의 독창성과 독립성을 유지하고 있으며 그것이 또한 제품으로 표현된다. 독립성 추구는 파텍 필립의 목표이며 상징이다. 그들이 원하는 것은 오랜 세월이 흘러도 싫증나지 않는 디자인, 오랜 시간이 흘러도 정확한 시간을 나타내 주는 시계, 오랜 시간이 흘러도 쉽게 망가지지 않는 내구성을 목표로 한다.

파텍 필립이 1999년에 만든 회중시계 더 슈퍼 컴플리케이션(The super complication)의 경우 가격이 무려 1,100만 달러(약 125억 원)나 한다. 또 파텍 필립을 대표하는 명품 중의 하나인 '더 칼리버 89'는 파텍 필립 사가 창업 150주년을 기념해 만든 시계로, 그 하나를 만들기 위해 무려 9년의 세월이 소요되었다. 이 시계는 2009년에 500만 달러(약 57억 원)에 판매되었다.

현재 스위스의 최대 수출품으로는 1위 화학(제약 포함), 2위 기계, 3위 시계의 순인데 2012년 스위스는 192억 7,800만 스위스프랑어치의 시계를 수출했다. 세계에서 가장 최고의 품질로 인정받고 있는 시계 브랜드는 약 40개 정도로 추산되는데, 그중 28개가 스위스 브랜드이다. 파텍 필립, 바쉐론 콘스탄틴, 브라이틀링, 프랑크 뮬러, 롤렉스, 피아제 등이 그것이다. 스위스 밖에서 생산되어 품질로 인정받고 있는 시계 중에 대표적인 것으로 태그 호이어, 쇼파드 등이 꼽히는데 이것도 사실은 스위스에서 만든 OEM 생산 제품이다. 스위스의 시계 산업은 생산 개수로 볼 때 세계 시장 점유율의 3퍼센트에 불과하나 금액으로 보면 세계 시장 규모의 60퍼센트를 차지할 정도로 고부가가치 상품이다. 스위스 정부는 이러한 시계 산업을 더욱더 발전시키기 위해 일찍이 1824년부터 제네바에 시계 학교를 설립, 꾸준히 기술 개발과 후학 양성에 힘써 왔다.

2011년 기준으로 시계 판매의 상위 기업을 보면 주로 저가시계를 생산하는 스위스의 스와치 그룹이 세계 1위로 59억 5,300만 스위스프랑, 2위는 리치몬드 시계 그룹으로 51억 4천만 스위스프랑, 3위는 롤렉스로 40억 스위스프랑이다. 브랜드 별로 판매 순위를 보면 1위 롤렉스, 2위 까르띠에, 3위 오메가 순이다.

2) 세계 1위 매출, 스와치 그룹

"우리는 특별하다."

스와치 그룹의 제2대 회장 닉 하이예크가 한 말에서 스와치의 자부심을 엿볼 수 있다. 현재 생산량 부문에서 세계 1위를 차지하고 있는 스와치 그룹은 저가시계를 주로 생산하는 기업으로 종업원 2만 6천 명에 수십 개의 브랜드를 가지고 있는 대기업이다. 2011년의 매출은 전년 대비 21.7퍼센트 증가한 71억 4,300만 스위스프랑이며 순이익도 17억 2,600만 스위스프랑에 달한다. 2011년 스와치 그룹의 매출은 스위스 전체 시계 매출의 34퍼센트를 차지했다.

1970년대 중반까지 스위스 시계 산업은 난공불락이었다. 당시 스위스 시계는 전 세계 시장의 25퍼센트를 점유하고 있었다. 그러다가 1970년대 후반 값싼 노동력과 대량 생산 시스템으로 일본과 홍콩의 시계 업체들이 도전장을 냈다. 이때부터 스위스의 시계 산업이 붕괴되기 시작했다. 80년대 중반이 되면 스위스의 시계 산업은 완전히 도산하기 직전까지 몰리게 된다. 이때 나타난 사람이 스와치 그룹의 창업주인 니콜라스 하이예크(1928~2010)였다.

본래 스와치 그룹은 세이코를 비롯한 일본 시계가 1970년대 후반 전 세계 시장을 석권하는 데 두려움을 느낀 나머지 설립된 회사이다. 세이코, 시티즌 등 일본의 업체들은 이른바 전자 시계로 불리었던 쿼츠 시계(배터리에서 동력을 얻는 전자식 시계)로 도전장을 냈다. 반면에 스위스의 전통 시계들은 배터리 없이 태엽을 감아 동력을 얻는 고전적인 방식이었다. 스위스 시계들은 시간의 정확성은 물론 무게에서도 밀리기 시작했고, 게다가 가격도 일본제 시계가 훨씬 쌌다. 그로 인해 스위스 시계 회사들이 도산하기 시작했고, 스위스 시계 산업은 새로운 활로를 찾지 않으면 안 되었다.

하이예크 회장은 시계 산업에 관심을 가지고 일본제 시계의 저가공세에 반격의 필요성을 느꼈다. 값이 싸면서도 정확하고 무게가 가벼운 패션 시계라는 새로운 시장을 개척하기 시작한 것이다. 그는 우선 가격을 낮추기 위해 소재를 플라스틱으로 바꾸고 부품 수를 대폭 줄였다. 일제 시계가 당시 평균 75달러 내외였는데 그 절반밖에 안 되는 시계를 만들어 거기에 패션을 가미, 시장에 도전장을 낸 것이다. 일제 시계보다 더 싼 저가 시장에 승부를 건 것이 맞아떨어져 일약 스와치 시계는 세계 시장 1위로 올라서게 된다. 저가 시장에서 돈을 번 스와치 그룹은 이어 중저가의 티소, 해밀턴 등을 생산했고 다시 고가 시장의 대표격인 브레게, 오메가, 블랑팡 등을 인수 합병했다.

"시계를 정밀기계가 아닌 패션으로 만들어 판다."

"모든 사람들을 잠재 고객으로 끌어안아라."

니콜라스 하이예크의 이 말은 그의 경영 전략을 여실히 드러낸다. 오늘날 스와치 그룹이 세계 최대의 시계 그룹이 된 것은 저가에서 최고가에 이르는 다양한 브랜드의 제품을 생산, 판매하고 있기 때문이다. 스와치 그룹이 보유한 브랜드로는 브레게, 오메가, 론진, 라도, 티소, 블랑팡, 레옹하트, 글라슈테 등이 있으며 브레게, 자케드로 같은 고급 브랜드의 시계들은 최소한 수천만 원에서 억 단위에 이른다. 반면에 글라슈테, 블랑팡은 1천만 원 이하의 제품을 생산한다. 최고가의 브레게, 블랑팡의 일부 시계, 자케드로, 고가의 오메가, 중고가의 론진, 라도, 유니온 글라슈테와 중저가인 티소, 해밀턴, 미도, 캘빈 클라인, 발망, 저가인 스와치, 폴티폴락 등으로 시장을 세분화해서 재편한 것이다.

니콜라스 하이예크는 좀 특이한 경력의 소유자이다. 원래 그는 레바논 출신의 어머니와 미국 시카고에서 치과대학을 나온 레바논계 미국인 아버지 사이에서 태어났다. 레바논에서 보험통계학을 전공한 후 일거리를 찾다가 1950년 그의 형이 스위스에서 사업을 하자 그도 건너왔다. 하이예크는 스위스의 전람회에 갔다가 우연히 스위스 여성을 만나 그 이듬해 결혼했고, 그 이후 주로 취리히에 거주하면서 재보험 회사에서 엔지니어링 부문의 매니저로 일했다. 그러다가 매일 새로운 어떤 것을 하고 싶다는 꿈을 꾸게 된다. 1957년 그는 취리히에서 하이예크 엔지니어링이라는 컨설팅 회사를 설립했다. 이 회사는 유럽 전역에서 괄목할 만한 성과를 내었고 1979년경에는 유럽을 비롯한 전 세계 30개국에 300명이 넘는 엔지니어링 부문 고객을 확보하게 된다.

그러던 1980년대 후반, 그는 스위스 시계 산업이 일제 시계에 의해 몰락하기 시작하자 시계 산업에 대한 관찰을 시작했고, 1986년에 몇 사람의 동업자와 함께 '소시에떼 스위스 오브 마이크로 일렉트로닉스'라는 시계 회사를 차려 초대 회장으로 취임했다. 이것이 오늘날 스와치 그룹의 전신이다. 그때 그는 시계 산업을 저중고가의 3단계 제품군으로 나누고 거기에 '삼단 케이크 구조'라는 특이한 경영 방식을 도입했다. 삼단 케이크의 가장 밑 부분에는 스와치와 같은 75달러 이하의 저가 브랜드, 중간 부분에는 400달러 정도의 티소 등을 포진하고 상단 부분에는 1백만 달러가 넘는 고가 시계를 포지셔닝했다. 그리고 마지막으로 케이크 위에 장식되어 있는 과일 부분에 블랑팡의 고가 제품을 얹었다. 이것이 주효하여 결과적으로 스위스의 시계 산업이 부흥하게 된다.

그는 컨설팅 등 다양한 분야의 경력을 살려 블랑팡, 오메가, 론진, 라도, 티소 등의 시계 회사를 인수 합병했고 이어 스와치, 해밀턴, 미도, 피에르 발만, 캘빈 클라인 등의 시계 제품을 판매했다. 이러한 전략이 주효하면서 성공가도를 달리기 시작, 이후 스와치 그룹은 10여 개가 넘는 유명 브랜드 및 저가 브랜드를 모두 확보해서 세계 최대의 시계 그룹으로 탄생하였다. 이렇게 해서 스위스의 시계 산업은 회생했으나, 그는 2010년 6월 28일 스위스 비엘의 사무실에서 일하다가 심장 마비로 사망했다.

스위스를 대표하는 시계 브랜드의 가치를 살펴보면 (2011 인터브랜드 사 발표) 1위 롤렉스(62.7억 스위스프랑), 2위 오메가(31.3억 스위스프랑), 3위 파텍 필립(14.2억 스위스프랑), 5위 브레게(8.5억 스위스프랑), 9위 티소(7억 스위스프랑), 11위 바쉐론 콘스탄틴(5.9억 스위스프랑) 등이다.

3) 네슬레

"전 세계 어디에서나 네슬레라는 이름은 안전하고 높은 수준의 제품을 제공한다는 고객과의 약속을 의미한다."

이 말에서 볼 수 있듯이 네슬레는 자사 제품의 품질에 자신감이 넘치는 회사로 네스카페, 네스프레소 등 세계적으로 잘 알려진 커피 브랜드를 만드는 기업이다. 네슬레는 스위스의 최고 브랜드이자 세계적 인지도를 확보하고 있는 커피를 비롯한 식료품 생산 회사이다. 2012년 매출은 약 944억 달러, 종업원 32만 8천 명 중에서 97퍼센트는 해외에서 근무하고 있다. 2012년 기준으로 스위스 제2위의 기업이고, 영업이익은 107억 달러로 스위스에서 1위를 차지했다.

현재 네슬레가 보유한 브랜드는 총 75개가 넘는다. 커피 외 로레알 화장품 또한 네슬레 소유이다. 네슬레가 보유한 대표적인 상품을 보면 이유식으로 유명한 거버, 세레락 등과 탄산 생수로 유명한 페리에, 씨리얼로 유명한 네스퀵, 초콜릿의 크런치, 유제품의 커피 메이트, 카네이션 음료의 네스티, 쥬위시 쥬스, 마일로 등과 아이스크림의 하겐다즈 등이 있다. 모두 우리가 익히 알고 있는 상품들인데 이 상품들이 모두 네슬레에서 생산되는 것들이다. 네슬레는 또한 1866년에 창업한 오래된 기업이다. 네슬레가 산악 국가인 스위스에서 세계적으로 성공할 수 있었던 배경에는 변화에 빠르게 대처하는 유연성, 강력한 미래 비전과 성공에 몰두하는 기업 풍토 등을 들 수 있다. 즉, 잠재 가능성이 높은 분야에 대한 과감한 발굴과 투자가 장점이다. 또한 싹수가 보이는 작은 기업이 있을 경우 재빨리 인수 합병해서 거기에 정확한 시장 분석을 바탕으로 한 스위스적인 경영을 도입해 소비자에게 어필할 수 있는 마케팅 등으로 회사를 키워 나가는 역량을 보유하고 있다.

예컨대 1980년대 커피 자판기가 큰 인기를 얻자 네스카페의 매출이 줄어드는 현상이 발생했다. 거기서 그들은 네스프레소라는 새로운 밀봉 캡슐 커피를 생산해서 먹다가 밀봉해 놓으면 나중에 다시 마실 수 있는 그러한 캡슐을 개발해 자판기 커피가 가진 약점을 극복, 판매로 연결시키는 아이디어를 냈다. 즉, 틈새시장 공략에 성공한 것이다. 또한 커피 맛도 자판기 커피를 압도했을 뿐만 아니라 여성 소비자부터 공략하기 위하여 미국 여성들의 선망의 대상이었던 조지 클루니를 모델로 내세워 새로운 브랜드로 시장 진입에 성공했다. 현재 네슬레의 스위스 내의 마켓 쉐어는 전체 매출액의 1.6퍼센트에 불과하며 나머지는 모두 해외에 내다 팔고 있다.

4) 노바티스 제약

"환자를 위한 최고의 약은 이노베이션."

노바티스의 기업 정신을 한마디로 말하자면 혁신이다. 2011년 매상고는 593억 달러이고, 그중 영업이익은 35퍼센트, 종업원 수는 9만 9,800명에 달한다. 노바티스는 의약품에서 의료기기, 건강식품, 동물용 의약품, 콘택트렌즈까지 생산하고 있다. 1938년 LSD 합성에 성공했으며 1939년에는 DDT라는 살충제를 만들어 내는 데 성공했다. 현재 노바티스는 미국의 화이자에 이은 세계 2위의 제약 회사로 제약 및 화학 약품 생산의 85퍼센트를 수출하고 있는 기업이고 한국에도 노바티스 코리아가 설립되어 병원 처방약 분야 국내 6위(2011년, 2,896억 원)를 랭크하고 있다.

"직원들의 다양성이 회사, 환자, 고객들에게 더 많은 가치를 가져다준다"라는 기업 철학으로 노바티스는 직원들의 다양성을 존중하는 경영을 하고 있다. 노바티스는 2011년, 2012년 미국 「포춘」지가 선정한 세계에서 가장 존경받는 제약 회사 1위였다. 노바티스의 성공 요인으로 우선 R&D을 들 수 있다. 2011년에 총 매출액의 16.4퍼센트, 순이익의 98퍼센트를 R&D에 쏟아부었다. 2009년 74억 달러였던 노바티스의 R&D 투자는 2011년 96억 달러로 22억 달러가 늘었으며 이는 도요타 자동차에 이은 세계 2위의 투자 규모이다. 노바티스의 R&D 네트워크 또한 특이하다.

본사 연구소가 외부의 대형 병원, 하버드, MIT 등 280개의 명문 의과대학, 약학대학, 의약 관계 벤처기업 등을 모두 네트워크로 연결하고 있다. 이들과 공동 프로젝트를 진행하는데 매년 그 숫자만 500여 개에 달한다. 노바티스의 R&D 연구소는 미국, 중국, 영국 등 전 세계 15개소에 퍼져 있으며 거기에서 근무하는 전문 연구 인력만 7천 명이 넘는다. 이렇게 R&D를 통해서 출시하는 신제품은 전 세계 완성 신약의 약 30퍼센트를 차지하고 있다.

"혁신하라, 그렇지 않으면 죽는다(Innovate or die)."

그만큼 매일매일 혁신에 혁신을 거듭하고 있다는 말이다. 이것이 스위스와 같은 작은 나라의 노바티스가 세계 2위의 제약 회사가 된 비결이다.

5) 로슈 제약

"혁신을 통해 해결해야 하는 의학적 과제에 대한 답을 찾아갑니다"라는 철학을 가진 로슈는 오늘날 스위스를 대표하고 있는 제약 회사 중의 하나로 1896년에 설립되었다. 현재 355억 스위스프랑의 매출을 올리고 있는 로슈는 세계적인 제약 및 헬스케어 기업으로 항불안 제품인 베아륨, 수면 유도제인 탈멘, 항말라리아 약품인 라리암, 타미플루 등이 유명하다.

설립자인 로슈는 1868년 스위스의 바젤에서 태어나 유복한 집안에서 자라면서 다양한 비즈니스 경험을 쌓다가 제약, 화학 약품을 취급하는 무역 회사를 경영하였다. 1894년 의약 용품과 화학 약품을 생산하는 드라우브 상회를 설립했고 이것이 로슈의 출발이 되었다.

이후 로슈는 비약적인 발전을 거듭했으나 2004년 에이즈 치료제인 프제온을 우리나라에 시판하기 위해 식약청의 허가를 받아 1년에 약 3,200만 원이라는 고가로 약을 판매, 환자들의 반발을 크게 산 바 있다. 이러한 반발 때문에 약값을 인하하였으나 2007년에는 다시 프제온의 가격을 연간 1인당 2,200만 원에 수출하여 우리나라에서는 의료 보험을 통해 공급되지 못하도록 하는 등 물의를 빚은 바 있다.

6) 리치몬드 그룹

세계의 패션을 주도하는 3대 그룹은 스위스의 스와치 그룹, 역시 스위스의 리치몬드 그룹, 프랑스의 루이뷔통 그룹이다. 리치몬드 그룹은 시계의 까르띠에, 올로제리가 주력 브랜드이다. 그외에 바쉐론 콘스탄틴, 피아제, 보메 메르시에, IWC 등 총 19개 브랜드를 거느리고 있으며 상위 명품 시계 시장의 강자이다. 전 세계에 1,534개의 직영 매장을 가지고 있으며 종업원은 2,600명에 이른다.

올로제리는 1965년 피아제, 보메 메르시에를 인수하면서 시작되었고, 이어 몽블랑을 소유하고 있는 브랜드 던힐, 클로에 등의 소유주인 로트만 인터네셔널의 대주주가 된 뒤 사실상 올로제리, 피아제, 보메 메르시에가 모두 리치몬드 그룹의 산하 기업이 되었다. 이어 리치몬드는 1996년 바쉐론 콘스탄틴, 1997년 오피치네 파네라이, 핸드백의 란셀에 이어 1999년에는 반클리파 아펠, 2000년에는 예거 르 쿨트루, IWC, 독일 시계의 대표적인 브랜드인 아 랑게 운트 쥐네, 2008년 로저 드뷔, 2010년에는 그뤼벨 포지에 이어 독립 무브먼트 디자이너들과 협력하고 있던 메터 모포시스 등도 합병하여 세계 3대 시계 및 패션 그룹이 되었다. 리치몬드 그룹이 소유한 시계 회사 중에서 대표적인 시계는 단연 피아제, 바쉐론 콘스탄틴, 까르띠에 등이다.

"나는 항상 재능이 승리한다고 확신합니다. 만약 재능이 가치를 이루어 낼 수만 있다면, 자유로이 창조하도록 놓아주어야 하지요."

이것은 리치몬드 그룹 알랭 도미니크 페랭 전 회장의 말이다.

7) 터널 공사의 알프 트랜싯

세계에서 가장 터널을 잘 파는 국가는 스위스이다. 터널 공사에 관해서는 세계 최고의 수준이다. 그 대표적인 기업이 알프 트랜싯이다. 1993년에서 2010년까지 17년간 공사를 진행하여 알프스를 총 57킬로미터 관통하는 고트하르트 베이스 터널을 만든 기업이 바로 이 알프 트랜싯이다. 이 공사가 완공되면서 스위스는 세계 최장의 일본 세이칸 터널(혼슈-홋카이도 간 53킬로미터)보다 더 긴 터널로 기네스북에 올랐다. 이 터널을 뚫기 위해 파낸 돌의 양은 무려 2,400만 톤으로 이집트에서 가장 큰 피라미드의 5배에 해당한다. 당시 이 터널 공사를 맡았던 알프 트랜싯은 총 57킬로미터의 공사를 하면서 입구에서부터 출구까지의 오차 폭이 단 8센티미터, 높이 오차 폭은 1센티미터에 불과해 토목 기술면에서 스위스가 세계 최고임을 증명하였다. 이미 스위스는 1880년 고트하르트 기차 선로를 깔 때 오차 폭이 33센티미터에 불과한 기록을 가지고 있었다. 이처럼 스위스는 토목 공사 면에서 세계 최고 수준을 자랑한다.

8) 마이크로 일렉트로닉스 반도체

스위스가 반도체 산업에서도 괄목할 만한 성과를 내고 있는 기업을 가지고 있다는 것은 잘 알려지지 않은 사실이다. 바로 그 회사가 1957년에 설립된 마이크로 일렉트로닉스 사이다. 이 회사는 특정 용도의 집적회로 메모리 반도체 마이크로 콘트롤러, IC 카드, 아날로그 회로, 전력용 IC 등을 생산하고 있는데 고밀도 집적회로(LSI), 초고밀도 집적회로(VLSI) 등으로 대표되는 초미세(超微細) 가공 기술을 구사한다.

신산업혁명 시대라고 일컬어지는 것을 추진하는 기술이 바로 반도체를 중심으로 한 마이크로 기술이다. 이는 고집적화·소형화·저가격화·고신뢰성을 추구하는 컴퓨터, VTR, 카메라 등 각종 전자기기의 첨단 기술이나 제품의 근원이 되고 있다. 이를 마이크로 일렉트로닉스 혁명 또는 ME 혁명이라고 부른다.

마이크로 일렉트로닉스의 발달은 컴퓨터·로봇 등의 형태로 나타나 인간의 두뇌, 신체 기능, 오감을 급속히 대체해 가고 있다. 이러한 기술에 앞장서고 있는 기업이 마이크로 일렉트로닉스로 2008년 기준 종업원 5만 8천 명에 1백억 달러의 매출을 올리고 있다.

9) 신젠타 농약

"더 적은 씨앗으로 더 많은 수확을."

이것은 신젠타 농약의 슬로건으로 간결한 문구이지만 그들의 목표를 뚜렷이 보여 주고 있다. 스위스 바젤에 있는 농업 종자 및 농약의 세계적인 기업이 신젠타이다. 종자 기업 순위로 보면 세계 1위의 미국의 몬산토, 2위 듀폰에 이어 세계 3위의 규모이다. 2009년의 매출은 110억 달러이고 종업원은 2만 6천 명으로 전 세계 90개국 이상에 생산 기지를 가지고 있는 다국적 기업이다.

오늘날 세계 종자 시장은 나날이 성장하고 있는데 이중 종자 시장의 70퍼센트를 미국의 몬산토와 듀폰, 스위스의 신젠타 등이 장악하고 있다. 문제는 우리가 즐겨 먹는 무와 배추, 고추 등 토종 채소들 종자의 50퍼센트를 외국 기업들이 소유하고 있고, 한국을 대표하는 청양고추 종자도 미국의 몬산토가 가지고 있다는 점이다. 농민들은 청양고추를 재배할 때마다 몬산토에 씨앗 값을 내야만 한다. 2013년부터 10년간 한국의 농가가 외국의 종자 기업에 줘야 하는 돈은 약 8천억 원으로 추정되고 있다. 종자 주권이 우리에게 있는 것이 아니기 때문이다. 예컨대 토마토 씨앗 1그램의 가격은 최고 18만 원, 컬러 파프리카 씨앗 1그램의 가격은 최고 15만 원으로 이는 금값보다도 비싸다. 이같이 금보다 비싼 채소 씨앗의 종주권을 미국의 몬산토와 듀폰, 스위스의 신젠타 등이 보유하고 있는 것이다. 세계적으로 60조 원이 넘는 토마토 시장도 일본과 네덜란드가 장악하고 있다.

한국농촌경제연구원에 따르면 전 세계 농산물 종자 시장 규모는 2002년 247억 달러에서 2011년 426억 달러로 1.7배 증가했다. 향후 2025년까지 세계 종자 시장 규모는 매년 7퍼센트 성장할 것으로 전망하고 있는데, 세계종자연맹(ISF)이 집계한 2011년 종자 시장 점유율은 미국 28.1퍼센트를 비롯, 중국, 프랑스 등 상위 10개국이 80퍼센트를 장악하고 있다.

2007년 기준으로 매출액은 미국의 몬산토가 49억 6,400만 달러(23퍼센트), 미국의 듀폰이 33억 3천 달러(15퍼센트), 스위스의 신젠타가 20억 1,800달러(9퍼센트)이다. 2011년 신젠타가 한국 종자 시장에서 차지하고 있는 비중은 약 8퍼센트 내외 선으로 추정되고 있다.

5. 스위스의 강소기업과 노포들

    스위스에는 현재 약 30만 개의 기업이 존재하고 있다. 스위스는 초소형기업(10명 미만), 소기업(10~50명), 중기업(50~250명), 대기업(250명 이상)으로 기업을 분류하는데 900개의 대기업을 뺀 거의 대부분의 기업들은 한국 기준으로 봤을 때 중소기업이다. 이들 26만 개의 강소기업들은 평균적으로 연간 약 700억 원 정도의 매출을 올리고 있다. 이들 기업들은 비록 소규모이긴 하나 세계적인 경쟁력을 가진 기업들이다. 이들이 이처럼 강한 경쟁력을 가진 이유는 비록 중소기업이긴 하지만 설립 초기부터 해외에 수출한다는 목표를 가지고 있었기 때문이다. 즉, 초기부터 수출 대상국에 대한 문화, 관련 법규를 철저히 검토하여 틈새시장을 목표로 하고 있다. 이들 기업들은 주당 평균 10시간 이상 해외 수출에 관한 회의를 연다. 정부 또한 강소기업들이 세계적으로 성장할 수 있도록 기술 혁신을 장려하며 자금을 지원해 주고 회사에 필요한 설립 절차를 간소화해 주고 있다. 회사 설립에 필요한 구비 서류를 관청에 가져가서 허가를 받는 불편함 대신 중소 기업청의 포털 사이트에 서류를 올리면 특별한 일이 없는 한 설립을 허가해 주는 시스템을 갖추고 있다. 온라인으로 즉각 창업을 허가해 주는 것이다. 또한 자금, 기술력이 취약한 중소기업들에게 혁신진흥공사(CTI)에서 연구소가 중소기업들의 기술 지도를 할 수 있는 시스템을 60년 전에 이미 구축해 놓았다. 여기에는 45명의 전문가가 있는데 해외 시장 진출을 위해 기술, 금융, 세무 등의 조언을 해 주고 있으며 제품 개발에 성공할 수 있도록 프로젝트 지원금을 제공하기도 한다. 자금의 경우 중부와 동부의 공제조합에서 실시간으로 즉각적인 지원을 할 수 있는 시스템을 마련해 놓았다. 중소기업에 투자하는 금융 기관에게는 세금을 감면해 주는 특별 조치도 시행하고 있다. 이러한 요소들이 모여 오늘날 스위스에 세계적인 강소기업이 많이 탄생하게 된 것이다.

현재 스위스에는 100년 이상 된 강소기업과 노포의 수가 적어도 400개 이상으로 추정되는데, 이들은 길게는 800년, 짧게는 100년 이상의 역사를 가지고 지금도 여전히 영업을 해 나가고 있다. 노포가 많다는 것은 기술 축적이 잘되어 있다는 말이고, 그러한 것들이 모여서 강소기업을 탄생시키는 원동력이 된 것이다.

작지만 강한 나라, 스위스의 대표적인 강소기업과 노포들을 살펴본다.

1) 인터라켄 호텔

전 세계에서 가장 오래된 호텔이 현재 스위스의 인터라켄 시에서 영업 중이다. 창업연도는 1239년, 주소는 반호프 스트라세 43번지이다. 인터라켄 호숫가의 6층짜리 자그마한 호텔이지만 싱글 1박당 50만 원을 호가할 정도로 비싼 호텔이다. 그러나 접근성, 서비스, 가격, 청결도, 객실 분위기 등 거의 모든 면에서 최우수 판정을 받고 있다. 호텔비가 비싼 것은 그만한 관록과 전통이 있기 때문이다.

전 세계를 다니다 보면 정말 좋은 호텔은 대체로 2~5층의 자그마한 호텔이 많다. 예컨대 싱가폴의 래플즈 호텔의 경우도 그러하다. 그곳도 싱글 1박에 50만 원 정도 하는데 침구는 물론 비누곽, 재떨이 등 모든 집기가 초호화 명품으로 구성되어 있다. 고작 2층의 자그마한 호텔은 호텔이라기보다 그 자체가 예술품에 가까울 정도로 아름답다. 영국의 유명한 소설가 서머셋 몸이 그 호텔에 투숙하면서 6개월간 소설을 쓴 곳으로도 유명하다.

미국 뉴욕의 월돌프 아스토리아 호텔이나 독일의 캠핀스키 호텔, 홍콩의 페닌슐라 호텔, 상하이의 서교빈관 등도 요즘의 초현대식 대규모 호텔보다는 규모가 작으나 역시 세계적인 명성을 가지고 있는 호텔들이다. 영국의 엘리자베스 여왕은 페닌슐라 호텔, 서교빈관 등에 투숙한 적이 있다. 예컨대 페닌슐라 호텔의 2층에 올라가 보면 그 호텔에 투숙했던 세계 유명인사들의 사진이 100장 붙어 있다. 그 첫 번째에 엘리자베스 영국 여왕의 사진이 걸려 있고 100번째에는 『메디슨 카운티의 다리』를 쓴 로버트 제임스 윌러의 사진이 붙어 있다. 이 호텔은 외출 시 리무진 승용차 서비스를 제공한다. 상하이의 서교빈관의 경우 호텔의 정문에 들어서면 2차선의 숲길이 나오고 산속에 모두 9동의 2층짜리 자그마한 호텔들이 늘어서 있다. 규모는 작지만 각 동마다 입구에는 최고급 대리석 바닥과 예술적인 샹들리에 등이 걸려 있고 방에 비치된 비품 또한 모두 최고급들이다.

스위스에는 인터라켄 호텔 외에도 유서 깊은 호텔들이 많다. 1418년에 개업한 크로네 호텔, 1482년에 개업한 조네윈터허 호텔, 1515년에 개업한 우리와 방문객 호텔을 비롯해, 베렌트완 호텔(1526년), 줌 크로즈(1594년), 크록도에 포스테(1620년), 히르쉔(1622년), 조네(1641년), 르 뚤로즈로(1681년) 등 100년 이상 된 호텔이 100여 개에 달하며 현재도 모두 영업 중이다.

2) 엔젤 제약과 나이코메드

스위스에서 가장 오래된 제약 회사는 쥬네브에 있는 1389년에 창업한 엔젤 제약이다. 이 회사는 지금도 영업하고 있고 주로 제네릭(복제 약품)으로 유명하다. 즉, 새로운 제품의 약을 개발해서 판매한다기보다는 등록시한이 만료된 복제 의약품을 판매하는 기업이다. 스위스의 제약 산업은 예전부터 제네릭 약품에 관한 한 세계적인 선두주자였다. 이 회사는 탈모로 인해 머리칼이 적은 사람들을 위한 약품과 체중 감량용 약에 관해서는 상당한 명성을 얻고 있다. 요즘은 시중 약국을 통한 판매보다는 온라인 판매에 주력하고 있는데 대표적인 상품으로는 심혈관계 질환 치료제로 주로 동맥경화를 예방하는 알약과 면역 기능 강화를 위한 약품인 디푸르칸, 비아그라 젤리 등 수백 종에 달하는 약을 제네릭으로 생산, 판매한다.

이외에 유명한 제약의 노포 기업으로서 1874년에 설립된 나이코메드가 있다. 나이코메드는 종업원 1만 2,500명에 34억 유로의 매출을 올리고 있는 세계적인 제약사이다. 본래는 노르웨이에서 창업했으나 스위스로 회사를 옮겼고, 1913년에 오늘날에도 잘 알려진 아스피린을 생산한 기업이다. 1969년에는 조영제로 유명한 아미바크를 발매, 세계 의약 산업에서 돌풍을 일으킨 바 있으며 1986년에는 노르웨이의 전력 회사였던 하프스룬트를 매수했고 이어 1994년 진단 부문의 세계적인 회사인 미국의 스털링 드럭을 사들였다. 이어 2007년에는 독일의 알타나를 매수했고 같은 해에 미국의 브레들리 제약을 매수하여 세계적인 제약 기업으로 발전했으나, 2011년 5월 일본의 1위 제약 회사인 다케다 약품 공업이 나이코메드를 96억 유로에 매수하여 다케다 약품에 합병되었다.

3) 골드넨 스테르넨(황금별) 레스토랑

골드넨 스테르넨은 1349년에 스위스 바젤에서 문을 연 유서 깊은 레스토랑이다. 똑같은 이름의 레스토랑이 하나 더 있는데 그곳은 1412년에 문을 열었다. 당시 스위스 바젤에는 허가받은 13개의 공인 여인숙이 있었고 이들 식당에서는 단 세 종류의 음식과 와인만을 팔았는데 당시에는 상호가 없었다. 상인이나 가난한 투숙객을 위해 간단한 음식과 밥을 파는 이름 없는 여인숙이었던 것이다. 그러다가 1873년 스위스 바젤에 13개의 여인숙이 있다는 것이 알려지면서 다시 화려한 실내 장식으로 신장개업했고, 그때 비로소 독일어로 Zum Goldenen Sternen, 한국어로는 '황금별에게'라는 이름이 생긴 것이다. 1964년 시 정부는 도로 확장을 위해 이 건물을 철거하려 했으나 다행히 식당 벽과 천장에 그려진 회화 작품의 가치가 역사적인 것임을 발견하여 이 건물을 보존하기로 결정했다. 이후 이 건물은 재보수의 과정을 거치면서 스위스의 상징물이 되었다. 현재 이 식당은 바젤 시 라인 강변 제방 옆에서 지금도 여전히 영업을 하고 있다.

레스토랑 외에 맥주를 생산하는 노포들로는 1779년 슈첸가르텐

(Schützengarten Switzerland Brewery), 1780년 칼란다 맥주(calanda), 1793년 팔켄 맥주(falken), 1816년 휴를리만 맥주(Hürlimann Switzerland Brewery) 등이 있는데 스위스는 맥주 생산국으로도 유명하다.

1656년에 개업한 보석 가게 아비쥬(Au Bijou Switzerland Jewelry)는 스위스에서 가장 유서 깊은 보석 가게로 바젤에 있다. 오늘날 스위스는 보석으로 장식된 최고급 시계들이 많은데, 아비쥬 보석 가게와 같은 보석 산업이 이미 350년 전부터 발전되어 있어 그런 것들이 가능했다.

4) 등산용 로프의 마무트 스포츠

마무트는 등산복과 등산용 로프를 전문적으로 생산하는 기업이다. 현재 세계 1위로 매출의 70퍼센트가 해외 수출이다. 산악 국가인 스위스에서는 예부터 등산용 로프의 수요가 많았는데 1862년부터 농업용 로프를 생산하던 이 회사는 알프스를 등반하는 산악인들을 위해 등산용 로프를 만들기 시작해 세계 최고의 로프 회사가 되었다. 최근에는 침낭, 등산화, 눈사태 경보기 등 산행에 필요한 모든 제품으로 영역을 넓혀 가고 있다. 2011년 매출은 1억 5천만 스위스프랑이다.

5) 휴대용 정수통 세계 1위의 카타딘

스위스에는 알프스를 등반하기 위해 해마다 수천 명의 산악인이 모여든다. 무공해 청정 지역인 스위스이지만 산악인들이 산에서 흐르는 물을 먹을 경우 석회 성분이 많아 고도의 체력을 요구하는 등반에는 적합하지 않다. 그래서 탄생한 것이 휴대용 간이 정수 제품이다. 19세기 스위스의 식물학자인 칼 빌헬름은 은이 항균 효과가 있다는 사실을 최초로 과학적으로 규명했다. 바로 이러한 은 이온을 이용한 촉매 기술을 활용해 휴대용 정수통이 탄생되었다. 빌헬름이 만든 은 이온 촉매 기술을 더욱더 발전시킨 사람이 스위스의 화학자였던 게오르고 크라우세였다. 1928년 그는 뮌헨 특허청에 세라믹 정수 필터 제품의 특허를 내면서 카타딘을 설립, 이후 현재까지 80년 넘게 휴대용 정수 제품을 생산하고 있다. 카타딘이 생산한 휴대용 정수통은 스위스는 물론 전 세계의 높은 산을 등정하려는 산악인, 오지를 탐험하는 탐험가에게 가장 널리 알려진 제품이다. 현재 카다딘은 휴대용 수질 정화 제품, 즉 필터와 타블렛 분야에서 시장 점유율 50퍼센트를 차지하는 세계 1위 기업이 되었다.

6) 과실 농축기의 부커

오늘날 우리가 마시는 오렌지 주스, 사과 주스를 비롯한 각종 과일 음료에 반드시 필요한 것이 과실 농축기이다. 취리히 서북쪽에 있는 과실 농축기 회사 부커는 세계 과즙기 부분 시장 점유율 50퍼센트의 세계 1위 기업이다. 1807년 하인리히와 부셔 바이스가 시골에서 대장간을 하다가 과즙 생산업에 눈을 돌려 만든 회사가 바로 부커이다. 현재 부커는 세계 1위의 과즙 농축기 외에 유리병 제조기, 농기계, 청소차 등 4개 부문을 운영하고 있는데 모두 세계 시장에서 상위권에 있다. 부커의 매출은 21억 스위스프랑으로 프랑스, 독일, 브라질, 미국 등에 그 공장을 가지고 있다.

7) 코비악스

코비악스는 특이한 기업이다. 건물을 지을 때 거푸집 안에 콘크리트를 넣는 대신 속이 빈 강화 플라스틱 공을 넣고, 빈 공간에만 콘크리트를 채우는 방식의 강화 플라스틱 공 건축 공법을 세계 최초로 발명한 회사이다. 콘크리트가 인간에 유해하다는 사실을 안 코비악스는 콘크리트의 사용량을 줄이고 건축 비용을 절감하기 위해서 이러한 제품과 공법을 생산해 냈다. 콘크리트 대신 공을 채워 넣으면 지진이 발생했을 때에도 훨씬 유연성이 있어 지진의 피해도 줄여 준다고 한다. 일종의 친환경 산업으로 전 세계의 건축 시장이 그린 환경으로 가는 것을 겨냥한 신기술 공법이다. 또한 플라스틱 공은 매우 가볍기 때문에 운반이 편리하다는 장점도 있다.

현재 코비악스는 영국, 네덜란드, 호주, 미국, 이탈리아, 프랑스 등 전 세계 20여 개국에 진출해 있는 첨단 건축 기술 회사이다.

8) 발리 구두

한국인들은 세계적으로 유명한 구두인 발리(Bally)를 이탈리아 브랜드로 잘못 알고 있는 경우가 많다. 그 이유는 가죽 공정 자체가 이탈리아가 발달되어 있어 생산이 그곳에서 이루어져 상표에 이탈리아로 표기되어 있기 때문이다. 발리 구두는 1851년 스위스의 칼 프란츠 발리가 창업한 노포 기업으로 구두 전문 회사이다.

"언제나 시대의 사랑을 받는 영원한 물건"이 발리의 슬로건이다. 1892년에는 런던의 뉴본드 스트리트에 해외 매장을 열었고 1876년부터는 핸드백 등의 피혁 제품을 생산 품목에 추가하였다. 1999년에는 80억 달러 이상의 자금을 가진 세계적인 투자 회사 텍사스 퍼시픽 그룹이 자본을 투자했고 이때부터 세계적인 기업으로 발돋움하기 시작했다.

"최고가 아니면 만들지 않는다"는 그들의 자부심 또한 발리를 최고급 구두 브랜드로 성장시켰다. 이후 그들은 샤프하고 도회적인 센스와 참신한 비즈니스 전략으로 구두, 핸드백 등 토탈 패션 브랜드로 리뉴얼하기 시작했다. 160년의 전통과 신세대의 감성을 결합시킨 새로운 발리의 전략이 나오기 시작했는데 그 컨셉은 '최고의 날들에 신는다'이다. 2000년도에는 하버드 대학과 FIT를 졸업한 스코트 펠로우스가 사장으로 취임하여, 2001년 봄 밀라노 콜렉션에 새로운 제품을 선보이기 시작했고 그해 겨울에는 최초로 랑웨이 쇼에 가서 캐시미어 페어, 더블 페이스 등 최고 소재의 제품을 선보였다. 캐쥬얼로서의 승부를 거는 전략이 도입된 것이다. 뉴발리 전략으로 이름 붙여진 이 전략에 회사는 전력을 쏟아 부었고 핸드백도 호평을 받았다.

발리라는 상호의 영문 첫 글자 B는 영어의 Busy의 B를 딴 것이다. 이른바 비즈니스 시리즈의 백은 발리의 새로운 얼굴로서 매상을 올려 주었다. 이어 전개된 아이템으로는 구두, 핸드백, 벨트, 지갑, 패션용 보석, 스카프, 넥타이, 시계 등에까지 확대되었다. 2002년부터는 여성을 겨냥한 액세서리 상품의 크리에이티브 디렉터로 멜리사 매쉬라는 여성 디자이너가 영입되었다. 2002년 스코트 펠로우스는 회사를 떠났고 그 이후 여러 번 사장이 바뀌었다. 현재 사장은 헤르츠와 맨즈로서 토탈 패션 및 구두에 주력하고 있다.

9) 트라이엄프 인터내셔널

팬티 등 여성용 속옷으로 유명한 트라이엄프 인터내셔널은 1886년 독일에서 설립되었으나 현재는 스위스 국적의 기업이며, 여성용 하의 메이커로서는 세계 최대 규모의 회사이다. 독일의 코르셋 제조 장인이었던 요한 코트프리드 슈비스호퍼라는 상인이 코르셋을 만들면서 설립한 이 회사는 초기에 여섯 대의 재봉틀과 6명의 종업원으로 시작하였으나 불과 4년 후인 1890년에는 종업원이 150명으로 늘어나면서 사세가 크게 확장되었다. 1894년 영국으로부터 코르셋의 대량 주문이 쏟아졌고 1902년 세계 어디에서라도 쉽게 알아볼 수 있는 파리 개선문을 상징하는 트라이엄프, 즉 승리라는 상표를 만들었다. 1933년 스위스에 최초의 해외 지사를 설립했는데 훗날 아예 본사 자체가 스위스로 이전하게 되는 계기가 된다. 오늘날 전 세계의 대도시에 트라이엄프의 매장이 있을 정도로 세계적인 기업이 되었다.

10) 세계 1위의 칼, 빅토리녹스

전 세계인이 아는 이른바 맥가이버 칼을 만드는 회사가 빅토리녹스이다. 빅토리녹스는 1884년에 창업해서 100년이 넘는 긴 역사를 가지고 있다. 185그램의 작은 칼 속에 칼은 물론이고 톱, 핀셋 등 총 스무 가지의 기능을 가지고 있는 칼이 빅토리녹스이다. 단순해 보이는 칼이지만 거기에는 40개가 넘는 부품이 들어가며 무려 450단계가 넘는 가공 과정을 거친다. 이 과정에는 25명 이상의 경력자가 참여한다. 한번 사면 평생 동안 쓸 수 있는 빅토리녹스의 신뢰성은 전 세계인이 인정하고 있다.

"우리는 고객 여러분들의 인생의 동반자이다"라는 빅토리녹스의 슬로건은 품질이 워낙 뛰어나고 내구성이 좋기 때문에 칼 자체로서의 실용성도 뛰어나지만 한번 판매한 제품은 100년이고 200년이고 무료로 고쳐 준다는 빅토리녹스의 서비스 정신을 상징한다. 이러한 빅토리녹스의 신용이 연매출 6천억 원이 넘는 기업을 탄생시켰다.

11) 카렌다쉬 필기구

색연필로 유명한 카렌다쉬 필기구도 스위스 기업이다. 카렌다쉬는 러시아어로 연필이라는 뜻이다. 만년필, 볼펜, 연필, 색연필, 라이터, 가방 등으로 잘 알려져 있고, 오늘날 항공사 국제 노선에서 많이 팔고 있다.

카렌다쉬는 1924년 시계 기술자였던 아놀드 쉬바이처가 자신이

카렌다쉬는 1924년 시계 기술자였던 아놀드 쉬바이쳐가 세운 회사로 최고급 만년필을 생산하는 업체로 유명하다. 2007년에 출시된 VIP용 신제품 '1010 골드 버전'의 경우 가격이 약 1억 6천만 원이며 전 세계에 단 10개밖에 없는 한정판이다. 이 만년필은 2008년에 '올해의 펜'으로 선정되기도 했다.

열렬히 존경하던 만평가이자 러시아계 풍자화가인 엠마누엘 푸아르가 연필, 즉 카렌다쉬로 삽화를 그리는 것을 보고 회사명을 '카렌다쉬 스위스 연필'로 정하고 사업을 한 것이 시초이다. 그는 출발 당시부터 세계 최고급 필기구를 만들겠다는 일념으로 1929년 세계 최초로 연필심 자동 생산 기계를 발명, 특허를 취득했으며 1953년부터는 볼펜을 생산했는데, 볼펜의 노크조차도 10만 회의 테스트를 한 후 출시할 정도로 품질 관리에 엄격했다. 이후 세계 최초로 물에 녹는 수용성 색연필과 육각형 연필을 발명했으며 당대 최고급 만년필을 만든 것으로도 유명하다.

2007년에 출시한 VIP용 신제품 '1010 골드 버전' 모델의 경우 약 1억 6천만 원, 전 세계에 단 10개밖에 없는 한정판이다. 몸체 외부와 펜촉, 캡은 모두 순금이고, 여기에 0.11캐럿에 57면체의 최상급 다이아몬드, 보랏 루비와 크리스털 등으로 만년필 각 부위를 장식했고, 몸체 내부는 시계 부품의 복잡한 톱니바퀴 형태로 제작된 예술품이다. 이 만년필은 2008년 '올해의 펜'으로 선정되기도 했다.

스위스의 만년필 업체가 이처럼 고가의 만년필을 생산해도 팔리는 이유는 영세중립국인 스위스에서는 국제적 조약을 조인하는 자리가 많아 그러한 역사적 순간에 예술적 장식과 뛰어난 기능의 만년필을 필요로 할뿐더러 서류에 사인할 때 그 장면이 전 세계에 텔레비전으로 방영되는 일이 허다하기 때문에 고가 제품의 마케팅이 자연스럽게 이루어진다는 점을 들 수 있다. 그러나 카렌다쉬가 여전히 명성을 얻고 있는 더 중요한 이유는 엄격한 품질 관리로 340여 명의 종업원이 4천여 개 품목의 98퍼센트 이상을 제네바 본사에서 직접 생산한다는 점일 것이다.

12) 자전거 바퀴살의 DT SWISS AG

DT SWISS AG는 1994년에 설립된 역사가 짧은 기업이나 설립 1년 후에 시장에 출시한 자전거 바퀴통 HGI 제품으로 단숨에 세계 시장을 석권했다. 이 회사는 자전거 휠 외에 자전가 바퀴살 등을 전문적으로 생산하는 데 바퀴살의 경우 영원히 녹슬지 않는 제품으로 타의 추종을 불허하고 있다. 실제로 세계적인 자전거 경륜 대회인 투르 드 프랑스에 출전하는 선수들은 거의 대부분이 이 회사에서 만든 자전거 바퀴살을 채용한다. 이 회사는 매년 2억 3천만 대의 자전거 바퀴살을 생산하고 있으며 전 세계 50퍼센트를 차지하고 있다. 즉, 이 분야의 세계 1위이다.

13) 유럽 최고의 조명 회사 웨스티 폼

이 회사는 조명 시스템 전구가 들어가 있는 거리 간판, 자동차 로고 타입 등을 전문적으로 생산하는데 예술적인 색상의 전구로 유명하다. 이 회사의 조명 시스템을 채용한 고객사로는 독일의 자동차 회사 BMW, 이탈리아의 알파 로메오 외에 석유 기업인 쉘 등이 있다. 현재 종업원은 500여 명으로 연간 매출은 1억 2천만 스위스프랑이다.

14) 잉크 회사 SICPA

SICPA는 종이 화폐를 인쇄할 때 쓰는 잉크로 유명하다. 미국 달러와 유로화 화폐에 들어가는 잉크가 바로 이 회사의 제품이다.

지폐에 들어가는 잉크는 특수하고 전문적인 도료여야 하므로 아주 특수한 기술이 요구된다. 이뿐만 아니라 담배 포장지와 의약품의 라벨 등에도 이 회사의 잉크가 사용되고 있다.

이외에 보청기로 유명한 바나콘(1925년 창업), 초콜릿 블라이헤, 에넨다 초콜릿으로 유명한 레더라 사, 정밀 병기 가공 메이커로 알려진 에리콘 사(1906년 창업), 클린테크 사 등이 유명하다.

스위스의 대표적인 노포들

1239 Interlaken Switzerland Hotel
1389 Engel Switzerland Pharmacy
1552 Fonjallaz Switzerland Wine
1597 Mostrose Switzerland Restaurant
1656 Au Bijou Switzerland Jewelry
1669 Zum Kreuz Switzerland Hotel
1681 JeanRichard Switzerland Watches
1735 Blancpain Switzerland Watches
1737 Favre-Leuba Switzerland Watches
1741 Wegelin Switzerland Bank
1748 Roviva Switzerland Mattresses
1755 Vacheron Constantin Switzerland Watches
1778 Badoit Switzerland Beverages
1780 Landolt Switzerland Bank
791 Girard-Perregaux Switzerland Watches
1795 Rieter Switzerland Textile machinery
1801 Oepfelchammer Switzerland Tavern
1802 Georg Fischer Switzerland Machinery
1807 Musik Hug Switzerland Musical instruments
1816 Hürlimann Switzerland Brewery
1819 Cailler Switzerland Chocolate
1832 Longines Switzerland Watches
1834 Fritz Caspar Jenny Switzerland Spinning
1839 Patek Philippe Switzerland Watches
1839 St. Galler Tagblatt Switzerland Newspaper
1844 Stamm Bau Switzerland Construction
1846 Güller Switzerland Engravings
1846 Laubscher Switzerland Machinery
1847 Elgg Schuhe Switzerland Shoes
1848 Suter Strehler Switzerland Furniture

1850 Lambacher Austria Linen
1851 Bally Shoe Switzerland Shoes
1850 Spar-und Leihkasse Bucheggberg Switzerland Bank
1851 Hertig Switzerland Flowers

* 자료 출처: 영국 에노키안 협회(이후 각 부의 끝에 나오는 각국의 노포 리스트는 모두 영
  국 에노키안 협회에서 인용한 것이다.−편집자 주)

제2부

지킬 것은 지킨다
– 네덜란드의 상도

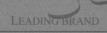

LEADING BRAND

GLOBAL COMPANY

GLOBAL COMPANY

국가 개요

인구	1,608만 명
인구 밀도	세계 12위
실업률	4.43퍼센트
경제 성장률	1.09퍼센트
국민 총생산	7,834억 달러, 세계 16위(2010, 세계 은행)
1인당 소득	5만 216달러, 세계 10위
환경 배려국	65.65점, 세계 16위(2012, EPI)
국제 경쟁력 지수	세계 5위
달러 보유고	504억 달러, 세계 29위
경상수지	709억 달러 흑자, 세계 6위
금 보유량	612톤, 세계 10위
경제 자유 지수	세계 15위
남녀 평등 지수	15위
여성 국회의원 비율	39퍼센트, 세계 9위
국제 특허 출원	3,494건, 세계 9위(2011)
법인세율	25퍼센트(국세), 세계 18위
국가 이미지 조사	세계 10위(2012, BBC 방송)
원유 수입량	1,010억 달러, 세계 6위
인공위성 보유 수	4대
국제 관광 수입	144억 달러, 세계 20위(2011)

1. 굶어 죽을지언정 약속은 지킨다

1) 상인 빌렘 바렌츠

네덜란드의 선장이자 지도 제작자, 모험가였던 상인 빌렘 바렌츠(Willem Barrents, 1550~1597)는 1594년 6월 5일 세 척의 배를 이끌고 시베리아에서 북동쪽으로 항해하고 있었다. 그는 네덜란드에서 북극에 이르는 항로를 개척할 작정이었다. 그러나 그의 목적은 단순한 항로 개척만은 아니었다. 세 척의 배 안에는 러시아에서 구입해 유럽 각국으로 전달해야 할 수십 톤의 화물이 실려 있었다. 그러나 배는 항해 도중 북극으로부터 떠내려 온 빙하에 갇히게 된다. 하는 수 없이 그들은 간신히 배를 몰아 북극 근처의 킬딘이라는 작은 무인도에 상륙했다. 그들은 빙하의 흐름이 멈추거나 녹을 때까지 그 섬에서 지낼 작정이었다. 그러나 얼음투성이인 무인도에는 먹을 것이 없었다. 그와 선원들은 배에 있는 식량으로 일단 연명하기로 했다. 그러나 그들이 가지고 있던 식량은 한 달도 안 돼 떨어져 식량을 구하지 않으면 안 되었다. 배 안에는 고객들에게 전달해야 할 식료품들이 있었으나 손대지 않고 식량을 구하기로 했다.

무인도에서 체류한 지 한 달여가 지난 7월 9일 그들은 해안가에서 처음으로 어슬렁거리는 북극곰을 보았다. 먹을 것이 없었으므로 곰을 잡아먹기로 하고 사냥을 시작했다. 그러나 곰은 난폭하게 달려들었다. 사투 끝에 간신히 곰을 잡아 끓여 먹었다. 이윽고 유빙이 멈추자 그들은 근처의 윌리암스 제도로 건너갔다. 그들은 거기서 지도에 없던 오렌지 섬을 발견해서 지도에 그려 넣은 후 다시 네덜란드로 돌아왔다.

그 이듬해 6월 2일, 빌렘 바렌츠는 두 번째 항해에 나섰다. 두 번째 항해에는 모리스 황태자가 직접 격려해 주었고 중국과 교환할 수 있는 상품을 6척의 배에 가득 채워 줬다. 그들은 북극과 시베리아 사이의 해양을 돌아 알래스카를 경유, 남진하여 중국에 갈 생각이었다. 무려 2만 5천 킬로미터에 달하는 머나먼 항로였다. 8월 30일경 그들은 시베리아 부근의 바이카치라는 섬에 잠시 상륙했는데 거기서 대략 20명의 사모예드 부족을 만났다. 그들의 배려로 섬에서 잠시 머물기로 했지만 갑작스러운 북극곰의 공격으로 2명의 대원이 죽게 된다. 엎친 데 덮친 격으로 날씨가 급격히 나빠져 바이카치 섬 인근의 바다가 얼어 버렸고 그들은 오도 가도 못하는 신세가 되어 버렸다. 그러나 거기서 버틴 끝에 간신히 구조되어 돌아갔다. 두 번째의 항해에서도 북극 항로 개설에 실패한 것이다.

다시 그들은 1596년 세 번째 북극 항로 개설에 나선다. 이미 항로 개설에 두 번이나 실패하였으므로 이번에는 어느 누구의 지원도 받을 수 없었다. 빌렘 바렌츠는 2척의 작은 배를 구입하여 다시 항해에 나섰다. 이번에는 장비도 변변치 않았다. 단지 1개월 정도를 버틸 수 있는 빵이 고작이었던 것이다. 대신 두 척의 배에는 소금에 절인 소고기, 버터, 치즈, 빵, 호밀, 콩, 밀가루, 기름, 식초, 겨자, 맥주, 와인, 훈제 베이컨, 햄, 생선, 모포, 옷 등 시베리아의 고객들에게 배달할 무역 상품들이 가득 실려 있었다. 그들은 1596년 5월 10일에 출발하여 6월 9일에는 곰 섬을 발견했다. 이어 6월 17일에 스피츠베르겐이라는 섬을 발견했다. 그런 식으로 그들은 북극해 인근의 작은 무인도들을 지도에 표시하면서 전진했다. 즉, 네덜란드의 국토를 넓히기 위한 선발대였던 것이다.

그들은 시베리아의 고객들에게 물자를 가져다주기 위해 항해를 계속하던 도중 다시 노바야젤라 섬 근처에서 빙하에 갇히게 된다. 하는 수 없이 그들은 간신히 노바야젤라 섬에 상륙, 유빙이 더 이상 흘러오지 않을 때까지 기다리기로 했다. 그러나 유빙은 멈추지 않았고, 어떠한 배도 그 근처를 지나가지 않았다. 이윽고 식량이 모두 떨어졌고 마침내 그들은 여우와 북극곰을 사냥하면서 허기를 달랬다. 그러나 북극곰도 잡히지 않아 17명의 선원 중 8명이 굶어 죽었다. 그사이 다행히 빙하가 녹아 그들은 배를 돌려 네덜란드로 향했다. 배가 항해를 다시 시작한 지 일주일만인 1597년 6월 20일 선장 바렌츠도 먹지 못해 사망했다. 그들은 그 후 러시아 선박에 구조되어 4개월 후 네덜란드의 암스테르담에 돌아가게 된다. 그들이 네덜란드에 돌아왔을 때 조사를 맡았던 네덜란드 공무원들은 뜻밖에 놀라운 사실을 알게 되었다. 고객들에게 전달하기로 한 식량과 모포와 옷을 단 하나도 건드리지 않았던 것이다. 고객들에게 전달할 식량의 일부를 허기를 달래기 위해 먹었더라면 그들은 사망하지 않을 수도 있었다. 그러나 비록 굶어 죽을망정 고객에게 전달할 화물은 손대면 안 된다는 상인 정신이 있었기에 고객의 화물을 단 하나도 건드리지 않았던 것이다. 네덜란드 국민들은 이 사실을 알고 슬퍼하면서도 그들의 상인 정신에 감탄했다. 이 이야기는 훗날 바렌츠의 승무원에 의해 책으로 출판되었다.

이처럼 네덜란드 상인들은 고객과의 약속을 지키기 위해 목숨도 불사하는 투철한 자세를 지니고 있다. 오늘날 바렌츠 선장의 얼굴은 10유로짜리 동전에 새겨져 있다. 이것이 네덜란드의 상인 정신이다. 이러한 상인 정신이 더욱 발전하여 네덜란드인들은 아시아와의 무역에 본격적으로 나서게 된다.

오스트레일리아 남쪽의 거대한 섬 태즈메이니아를 발견한 사람도 네덜란드 상인이었다. 1642년 여름, 상인 아벨 타스만은 네덜란드 동인도회사의 본거지였던 인도네시아의 자카르타에서 남반부를 향해 나아갔다. 그의 목표는 오로지 장사였다. 그리고 지금까지 지도에 없었던 태즈메이니아 섬을 발견했고, 이어 3년이라는 긴 항해를 하면서 뉴질랜드, 피지, 뉴기니 등을 발견했다. 태즈메이니아라는 이름도 그의 이름인 타스만에서 따온 것이다.

이처럼 네덜란드 상인들은 불퇴전의 용기와 도전 정신으로 세계 시장을 개척해 왔다.

2) 네덜란드의 동인도회사

네덜란드 상인은 포르투갈의 리스본에서부터 북유럽의 발트 해에 이르기까지 생산되는 각종 수산물, 농산물 등을 중동 혹은 아시아 등의 생산물과 교환해 주고 그 이익을 취했다. 그러다가 스페인이 동방 무역에 나서기 시작하면서 입지가 좁아지자 직접 동양의 여러 지역과 무역을 하기 위해 나섰다. 그러한 시도로 우선 1594년 암스테르담에 원국회사(遠國會社)를 설립했고 동시에 첫 번째 무역 선단을 동양에 파견하였다.

본래 동인도회사는 1600년경 세계의 무역을 주름잡던 영국이 제일 먼저 설립했다. 당시 영국과 네덜란드는 유럽의 무역 강국으로 서로 헤게모니를 잡기 위해 치열한 경쟁을 벌이고 있었는데, 영국이 먼저 동인도회사를 설립하자 바로 2년 뒤에 네덜란드도 동인도회사를 설립하게 된다. 이미 그 이전에도 네덜란드에는 아시아 무역에 종사하던 작은 군소 무역 회사들이 많이 있었다. 그러나 중소 무역 회사들의 과당 경쟁과 난립으로 인해 폐해가 컸으므로 네덜란드 정부는 영국의 동인도회사 설립을 계기로 경쟁력을 강화하기 위해 이들 회사를 하나로 통폐합시키게 된다.

네덜란드인들이 인도네시아에 처음 도착한 것은 1596년이다. 이어 1600년에는 상선 리브데호가 일본에 표류, 도착한 바 있고, 1602년에는 인도네시아의 자카르타에 동인도회사가 설립된다. 그들이 동인도회사를 설립한 목적은 동남아와의 향신료 교역에 있었다. 당시 후추 등 수십 가지의 향신료는 유럽에서 물건이 없어서 못 팔 정도로 그 존재 가치를 인정받고 있었다. 그러나 말레이시아의 말라카에 포르투갈이 이미 거점을 확보하고 있었고, 또한 그 해협 일대는 이슬람 왕국의 지배하에 있었으므로 무역선이 통과하기 매우 어려운 지역이었다. 그러나 그들은 그러한 어려움을 무릅쓰고 결국 인도네시아의 자카르타에 거점을 확보하는 데 성공한다.

1603년에는 네덜란드의 동인도회사가 인도네시아 자바 섬의 서쪽 반덴에 무역 센터를 설립하였다. 이들은 동남아의 특산품인 후추, 커피, 면직물 등의 재료 확보에 나선다. 그 첫 번째 작업이 인도네시아의 여러 섬을 강제로 정복하고 작물을 직접 재배한 것이다. 또한 작물의 양이 부족하자 해당 지역의 호족들을 장악, 그들에게 간접 재배도 시켰다. 이렇게 탄생한 것이 향신료 무역의 독점이다. 그러나 이러한 시장 지배를 좌시할 수 없었던 영국은 1652년 네덜란드에 선전포고를 하고, 결국 승리한다. 향신료 무역의 주도권이 네덜란드로부터 영국으로 옮겨 가게 된 것이다. 이후 네덜란드는 향신료 무역을 포기하고 식민지 경영에 나서 훗날 인도네시아 전체를 식민지화했다. 이후 네덜란드는 일본과의 도자기 무역을 본격화시켰다. 오늘날 네덜란드의 동인도회사 기록 보존소에 가 보면 무려 2천 5백만 페이지에 달하는 방대한 기록이 남아 있는데 그 기록을 보면 네덜란드 동인도회사는 아시아 지역에서 활동하던 무역 회사 중 가장 규모가 컸으며 영향력도 강했다. 1600~1700년에 이르는 100여 년간 네덜란드의 동인도회사는 총 4,785척의 배에 수백만 명의 유럽인을 아시아 지역으로 수송해 주었으며, 도자기, 향신료 등 약 2천 5백만 톤에 달하는 무역품을 유럽으로 실어 나른 것으로 되어 있다.

이후 1609년에는 일본 최서단의 작은 섬인 히라도에 네덜란드 무역 센터를 개설하고 일본의 도자기를 유럽에 내다 팔기 시작했다. 당시 일본의 히라도는 히젠 번(현재의 사가 현)의 나베시마 가문의 영지였는데, 나베시마 가문은 임진왜란 때 조선의 도공 이삼평을 비롯한 350여 명의 도공을 납치해 간 바 있었다. 이삼평과 그의 수하 350여 명의 도공은 나베시마 성주의 명령에 따라 조선의 청자, 백자와 똑같은 도자기를 생산하는 데 성공했고 이러한 도자기는 동인도회사를 통해 유럽에 수출되었다. 1609년경부터 약 100년간 동인도회사에 의해 수출된 일본의 도자기는 수천만 점에 달한다. 여기에 대해서는 아직 어떠한 공식 통계도 없으나 아리타의 성주인 히젠 번의 나베시마 가문의 경우, 1654년경의 수출 실적을 보면 감나무 문양이 그려진 가기에몽이라는 술병, 접시, 찻잔, 화병 등을 약 24만 점가량 수출한 것으로 나타나 있다. 이 24만 점은 1년간 수출된 양이 아니고 단 1회 싣고 간 양이

과거 도자기는 같은 무게의 금과 맞바꿀 만큼 귀중한 고부가가치 상품이었다. 네덜란드는 이 도자기를 수출해서 막대한 부를 벌어들였다. 네덜란드의 동인도회사는 도자기 이외에도 1600~1700년대에 이르는 100여 년간 향신료 등 약 2천 5백만 톤에 달하는 무역품을 유럽으로 실어 날랐다.

었다. 동인도회사는 이러한 도자기들을 영국, 독일, 프랑스, 네델란드, 벨기에, 덴마크 등의 왕실과 귀족들에게 판매했는데, 당시 판매 가격은 도자기의 무게만큼 금을 받았던 것으로 기록되어 있다. 즉, 도자기 한 개의 평균 무게가 1킬로그램이었다면 24만 킬로그램의 금을 도자기 대금으로 맞바꾼 것이다. 여기에서 네덜란드의 동인도회사와 나베시마 가문은 막대한 이익을 거두게 되는데,

나베시마 가문은 도자기 수출로 인해 약 17만 석의 영지를 65만 석까지 늘리고 그 덕분에 풍부한 자금력을 바탕으로 훗날 메이지 유신 때 막부를 타도하는 4개 주력 번에 낄 수 있게 되었다. 임란 후인 1640년대부터 일본은 도자기 수출로 100년간 유럽으로부터 유입된 금의 양이 약 680톤에 달한다는 보고도 있다. 오늘날 한국은행이 보유한 금의 양이 겨우 59톤인 것을 감안하면 천문학적인 양의 금을 유럽으로부터 일본이 벌어들인 셈이 되고, 네덜란드의 동인도회사는 그보다 훨씬 더 많은 양의 금을 이익으로 남긴 것으로 추정된다.

당시 유럽 왕실들은 중국의 경덕진 도자기보다 일본산 도자기를 더 선호하였고, 그나마 중국이 명나라에서 청나라로 정권이 교체되면서 경덕진 도자기의 유럽 수출이 전면 금지된 바람에 특수 효과를 본 바 있다. 결국 동인도회사로부터 수입된 도자기 대금을 치르느라 막대한 양의 금이 빠져나간 유럽의 왕실들은 도자기의 자체 생산을 서두르게 되었다. 독일 작센 주의 황제였던 아우구스투스 2세는 1702년 마이센 도자기 회사를 설립하면서 가장 먼저 한 일이 '일본 도자 연구소'의 설립이었다. 결국 독일은 1708년에 가서야 일본 도자기와 같은 품질의 도자기를 자체 생산하는 데 성공했지만, 영국이나 프랑스 등 여타의 국가들이 도자기를 생산하게 된 것은 그로부터 한참 후이다.

이처럼 동인도회사는 네덜란드 국익 증진에 엄청난 기여를 한 회사이다. 이후 네덜란드는 동인도회사가 벌어들인 막대한 자금을 바탕으로 스페인과의 독립전쟁에서 승리함으로써 1648년 베스트팔렌 조약을 맺고 네덜란드라는 독립 국가가 된다. 그 이후 네덜란드의 수많은 기업들이 탄생을 하게 된다.

2. 틈새를 파고든 네덜란드의 대표 기업들

네덜란드는 독일, 프랑스, 영국 등 강대국에 둘러싸여 있다. 강대국은 모두 특정 기술 분야나 금융, 패션 등에서 세계 선두 자리를 차지하고 있다. 네덜란드의 기업들은 이러한 강대국들이 미처 개발하지 못한 틈새시장을 찾아 성장했다. 그 전략이 '니치톱(Niche-Top)'이다. 즉, 틈새시장에서 특정 상품을 개발, 세계 1위까지 도달한다는 전략이다. 실제로 네덜란드에는 그러한 기업들이 많다.

1) 로열 더치 쉘

정유업계에서 세계 1위인 로열 더치 쉘은 전 업종을 통틀어 세계 5위의 저력을 갖고 있는 기업이다. 로열 더치 쉘은 영국과 네덜란드가 합작한 세계 최대의 석유 회사로 네덜란드 헤이그에 본사가 있으며 2011년에 4,845억 달러에 달하는 매출을 올렸고, 영업이익은 556억 달러이며, 종업원은 9만 명에 이른다.

2) 퍼그로

로열 더치 쉘 외에 유명한 석유 천연가스 기업으로 퍼그로(Fugro)가 있는데 2011년 205억 7,780만 유로의 매출에 1만 3,876명의 종업원을 거느리고 있는 대기업이다.

3) 에이곤과 아트 라이우스 그룹

에이곤 보험 그룹 또한 세계적인 기업이다. 헤이그에 본사를 둔 이 회사는 총 자산이 3,148억 유로에 종업원만 2만 9천 명이다. 이 외에 금융 보험으로 유명한 기업으로 1925년에 설립된 아트 라이우스 그룹이 있는데, 본사는 암스테르담에 있으며 총 자산은 2,150억 유로(2007년 기준)에 종업원은 4,400명이다.

4) ING

우리가 잘 알고 있는 회사는 보험으로 유명한 ING 그룹이다.

"우리는 정직한 상품을 통하여 고객의 신뢰를 얻는 데 집중한다"는 모토 하에 신뢰를 바탕으로 한 마케팅이 ING 그룹의 전략이다. 세계 12위의 기업이자, 세계 최대의 보험 그룹으로 매출은 5,579억 유로(2011년 기준)이며, 종업원은 9만 7천 명이다.

"큰 변화와 군살 빼기를 두려워하지 않는다"가 ING 그룹의 얀 호먼 회장의 지론이다. 미셸 틸망 전 CEO로부터 바통을 이어받을 당시 ING는 정부로부터 거액의 구제금융을 받은 데다 이후 터진 미국발 금융 위기로 휘청거렸다. 세계적인 규모의 보험사이지만 금융 위기의 여파를 비켜가진 못했던 것이다. 호먼은 CEO 자리에 앉자마자 자신의 역할과 회사의 문제점 등을 빠르게 파악하고 핵심 시장에서 회사 기반을 강화하는 데 역량을 집중하여 그 결과 ING를 글로벌 금융업계의 최고 자리에 올려놓게 되었다.

5) 유니레버

유니레버는 세계 최대의 생활용품 기업이다. 한국에는 세제로 잘 알려져 있지만, 샴푸, 바셀린, 럭스비누 등 생활용품 이외에 립

턴 홍차와 같은 식품으로도 유명하다. 본사는 네덜란드의 로테르담과 영국의 런던 두 곳에 있다. 유니레버는 1890년에 윌리엄 헤스케스 레버가 창업하여 2011년에 464억 유로(약 69조 원)의 매출에 69억 유로의 이익, 17만 명의 종업원을 거느린 세계적인 대기업이다. 4년 전부터는 매출의 50퍼센트 이상을 인도네시아, 미얀마, 방글라데시, 중국 등 신흥 시장에서 올리고 있으며 특히 2012년에는 인도네시아에서만 20억 유로의 매출을 올렸다.

"항상 정직하게 일합니다."

"매출 성장만 하면 된다는 생각은 더 이상 유용하지 않다."

이것이 유니레버의 목표이다. 즉, 윤리적으로 경영하고, 사람, 조직, 환경을 존중하는 것을 유니레버의 가장 중요한 목표로 삼고 있다.

6) 하이네켄

하이네켄 또한 네덜란드의 대표적인 맥주 생산 기업이다. 1863년 헤럴드 하이네켄이 창업하여 전 세계 170개국에 맥주를 판매하는 세계 3위의 맥주 제조사이다. 2010년 매출은 216억 달러이며 순익은 10억 달러이다.

하이네켄 맥주병엔 붉은 별이 그려져 있다. 이 별은 물, 땅, 불,

공기, 마법을 상징한다. 즉, 맑고 깨끗한 물, 좋은 보리를 생산하는 대지의 기운, 맥주를 증류하는 불의 힘, 맥주가 익어 가는데 필요한 신선한 공기, 그리고 마법은 효모의 기술을 상징한다. 또한 파란 맥주병은 신선함과 건강의 상징이다. 그만큼 정성을 들인다는 뜻이다.

오늘날 하이네켄 맥주는 전 세계 40개국의 공장에서 매년 수십억 병의 맥주를 만들고 있지만, 한 병을 만드는 데 걸리는 시간은 무려 7주이다. 맥아 단계에서 양조에 걸리는 시간이 일주일, 이후 6주 동안 숙성을 시킨 후 보틀링에 2시간이 걸리는 것이다. 하이네켄의 맥주가 맛이 좋은 것은 다 이유가 있는 셈이다. 끝으로 하이네켄은 이렇게 말한다.

"우리는 어떠한 방부제도 사양한다."

7) 필립스

전자 부문에서는 1891년에 설립된 필립스 가전이 네덜란드 및 유럽을 대표하는 가전 회사이다. 120년 전 백열전구를 생산하는 조명기구 업체로 출발해 세계 전자 시장의 3대 메이커로서 승승장구하던 필립스 가전은 1980년대 후반부터 일본 제품에 밀려 주춤했다. 이때 등장한 얀 티머 필립스 전 회장은 "위기를 기회로 만들라"는 그의 말처럼 과감한 개혁을 단행하였고, 이후 필립스는 재도약하기 시작했으나 결국 한국의 삼성, LG 등 세계적인 가전 기업에 밀려 텔레비전, 냉장고, 세탁기 등 생활가전은 모두 일본 후나이 사에 넘겼다.

2008년엔 총매출에서 43퍼센트를 차지하던 소비자가전 부문이 2013년 6월에는 25퍼센트로 줄어든 반면 의료기기 부문은 30퍼센트에서 41퍼센트로, 조명 부문이 27퍼센트에서 34퍼센트로 증가하자, 소비자가전을 외주로 넘겨 주고, 의료기기와 친환경 조명(LED), 소형가전(면도기, 칫솔)으로 사업을 재편한 것이다. 즉, 위의 두 사업, 헬스케어와 LED 조명은 주로 BtoB(Business to Business) 분야 사업으로 확실성이 담보되고, 이익이 많이 남는다는 점이 고려되었다. 2013년 5월 3일에는 회사명을 필립스 전자에서 필립스로 바꾸고, 텔레비전, 오디오, 반도체 등 전자 사업과는 완전히 결별한다는 뜻을 분명히 했다.

그렇다면 한때 세계를 호령하던 필립스 가전이 왜 주력이었던 생활가전을 통째로 포기하고, 의료기기와 LED 조명 같은 신사업으로 이동하지 않으면 안 됐을까? 그 해답을 찾는다면 디자인의 열세, 공격적인 마케팅의 부족 등이 꼽히겠지만, 그보다는 시장 트랜드의 변화를 빨리 읽지 못한 데서 그 답을 찾을 수 있을 것이다. 즉, 단순 생활가전에 인공지능이 더해지면서 나날이 똑똑해지고, 게다가 반도체 사업은 규모의 경제로 막대한 자금 투자에 비해 삼성전자와 같은 경쟁사들을 추월하기가 쉽지 않다는 점 등이 고려되었을 것이다. 또 생활가전의 LED 텔레비전 등도 올레드로 나아가는 진화의 속도가 워낙 빠른데다, 신속한 의사 결정이 필요한데 그러한 타이밍을 놓친 것도 주 원인일 것이다. 미래 지향적인 첨단 기술의 개발과 진화의 속도를 읽지 못하고 투자 타이밍을 놓친 것이다. 이러한 이유 때문에 필립스의 매출은 날로 줄어들고 있는데, 과연 의료기기와 친환경 조명에서 성공할 수 있을지 귀추가 주목된다.

현재 필립스 가전은 2007년에 610억 달러의 매출을 올린 데 반해 2012년에는 351억 달러로 약 30퍼센트 정도로 매출이 줄어든 상태이다.

8) ASML

반도체 리소그래피(lithography) 시스템 분야의 1위 기업인 ASML은 종업원이 6,950명에(2009년 기준) 달하는 회사이다. 직접회로를 실리콘에 프린팅하는 최첨단 기술을 제공하는 회사로 세계 경기가 나쁜 상황에서도 스마트폰, 태블릿 PC의 수요가 늘어나면서 동반 성장해서, 2011년 57억 유로의 매출을 올렸으며 주요 고객으로는 한국의 삼성전자, 하이닉스 외에 대만의 전자 회사 등이 꼽힌다. 현재 리소그래피 시장의 80퍼센트를 점유하고 있다.

9) NXP 세미 콘덕터스와 KPN 그룹

전자기기와 반도체 중 소프트웨어와 IC칩을 주로 생산하는 NXP 세미 콘덕터스도 네덜란드를 대표하는 대기업인데 2010년 현재 2만 8천 명의 종업원에 38억 달러의 매출을 올리고 있다. KPN 그룹 또한 유서 깊은 전자 회사로 1800년대에 국영 회사로 출발했으나 1989년에 민영화된 기업으로 휴대전화, 인터넷, 디지털 TV 방송, IP 방송 등을 사업 영역으로 하는 대기업으로 2007년 매출은 124억 유로이고, 종업원은 4만 7천 명에 달한다.

10) 이케아

이케아 가구 또한 유명한 회사로 흔히들 스웨덴 기업으로 알고 있다. 이케아는 스웨덴에서 출발했지만 실제로는 네덜란드에 본사를 둔 다국적 기업이다. 이 회사는 유럽은 물론 북미, 아시아, 오세아니아 등 전 세계 36개국에 270여 개의 매장을 가지고 있는 세계 최대의 가구 회사로 2011년 기준으로 종업원 수는 12만 명이며 매출은 23조 원으로 추정된다.

"우리는 저가의 제품을 생산함으로써 최대한 많은 가정에 우리 가구를 공급한다"는 것이 이케아 가구의 전략이다.

11) KPMG

또 하나 특이한 회사로는 세계 4대 회계법인으로 알려진 KPMG 가 있다.

"회사의 평판은 직원들이 고객을 대하는 태도에서뿐만 아니라, 지역 사회에서 보인 그들의 행동을 통해 만들어진다."

이것이 KPMG의 경영 철학이다. 네덜란드 암스테르담에 본사를 둔 이 회사는 1870년에 창업, 12만 3천 명의 종업원을 거느리고 있는 다국적 기업이다. 총 매출은 2007년에 198억 달러였으며, 세무 회계 및 감사, M&A 등 세 가지 서비스를 주로 하고 있다.

12) 로열 어홀드 소매 유통

로열 어홀드 소매 유통은 1973년에 설립되어 종업원 17만 명 (2011년 기준), 연매출 420억 달러의 대기업이다. "더 나은 선택, 더 나은 가치, 더 나은 삶"이 로열 어홀드 소매 유통의 슬로건이다.

13) 스파

또 하나 소매 유통 분야의 대기업으로는 스파(SPAR)가 있다. 암스테르담에서 식품 회사를 경영하던 아드리안 반 벨이 1932년 16명의 소매점 주인들과 함께 결성한 드 스파가 그 출발인데, 오늘날에는 유럽은 물론 아프리카, 아시아, 오세아니아 등지에 직영매장을 가지고 있다. "우리의 핵심 가치는 최상의 신선도, 친절한 고객 만족 서비스, 지역 사회의 요구 충족이다"는 말은 그들의 목표를 보여 준다.

14) 악조 노벨 화학

악조 노벨 화학 또한 세계적인 대기업이다. 1929년에 설립된 이 회사는 의약품, 페인트와 같은 도료, 화학 약품 등을 생산 판매하고 있는데, 24조 3천억 원의 매출에 6만 1,400명의 종업원이 일하고 있다.

"내일의 해답은 오늘이다."

악조 노벨 화학의 이 같은 사훈은 기업이 오늘을 어떻게 살아야 하는지를 보여 준다.

15) 네드슈레프와 헬보트 러버

네드슈레프(Nedschroef) 사의 경우 자동차의 볼트와 너트를 결속하는 장치 공급 회사로 유명하다. 현재 유럽 자동차 시장에서 13퍼센트의 시장을 점유, 1위를 고수하고 있으며 프랑스의 르노, 독일의 BMW, 폭스바겐 등과 거래를 하고 있다. 현재 네드슈레프 사는 독일, 덴마크, 벨기에 등 무려 14개국에 22개의 자회사가 있고 2011년 기준으로 5억 유로의 매출에 1,600명의 종업원을 거느리고 있다. BMW 승용차의 브레이크 시스템 또한 네덜란드의 헬보트 러버(Helvoet Rubber) 사가 납품하고 있는데, 세계 정상급의 실력으로 650명의 종업원을 보유하고 있는 강소기업이다.

16) 더치 써모플라스틱

더치 써모플라스틱(Dutch Thermoplastic) 사의 경우 항공기의 날개와 기체 조립에 필요한 클립, 스트링거, 리브를 제작하는 전문 업체인데 경량소재인 탄소섬유강화 플라스틱을 사용, 비행기의 무게를 줄이면서 기능은 더 뛰어난 제품을 생산한다. 주요 납품 고객으로는 미국의 에어포스와 보잉 사 등으로 주력 기종에 사용된다. 최근 세계적으로 인기 있는 에어버스 380 기종에 들어가는 클립과 부품들도 이 회사의 제품들이다.

17) 톰톰

미국의 애플 사가 구글 지도에서 독립해 자체 맵을 만들 때 그 소프트웨어를 제공한 회사가 네덜란드의 톰톰(Tom Tom)이라는 기업이다. 이 회사는 본래 2004년부터 휴대용 내비게이션을 만들어 온 회사이다. 그러다가 이제는 세계적인 휴대전화 업체인 애플의 맵을 만들어 줄 정도로 그 기술을 인정받고 있다.

18) 아반티움

최근 전 세계가 친환경의 녹색 산업으로 탈바꿈하고 있다. 환경 보존이 그만큼 중요해졌기 때문이다. 네덜란드의 아반티움(Avantium) 사가 그 대표적인 기업 중의 하나이다. "획기적인 방안, 창조적인 발전"이 사훈인 이 회사는 종업원 120명의 작은 기업이지만 식물성 당분을 푸란성 구성 요소로 바꾸어 주는 YXY 기술을 이용, 콜라병을 바이오 페트로 바꿀 수 있다. 요즘 이 회사는 코카콜라나 다농 등 세계적인 음료 대기업과 협력하여 기존의 페트병을 볼빅 생수병으로 바꾸고 있다.

19) 로열 밤 건설

미국 건설 전문지 ENR(Engineering News Record)이 2012년 '국제 도급자(International Contractors)' 부문 상위 20개의 건설 회사를 발표한 내용을 보면 네델란드의 로열 밤 건설이 해외 매출액 기준으로 세계 19위에 랭크되어 있다. 자료에 따르면 로열 밤 건설은 2011년도에 53억 4,600만 달러(약 6조 원)의 매출을 올린 세계적인 건설사이며, 네델란드 최대의 건설사이다.

현재 세계 1위의 건설사는 독일의 호흐티에프(HOCHTIEF AG)로 해외 매출액 318억 7,070만 달러(약 36조 원)이며 한국에서는 삼성엔지니어링이 세계 건설사 순위에서 15위(59억 달러. 약 6조 7천억 원)로 20위권 안에 진입했다. 로열 밤 건설은 1869년에 설립된 유서 깊은 건설 회사로 초기에는 로테르담 근처의 풍차 수리로 출발해서 근래에는 네델란드의 고층빌딩 건축, 유럽의 고속도로 공사 및 중동의 대규모 플랜트를 많이 수주해 온 건설사이다.

그들은 자신들의 철학을 이렇게 제시한다.

"'2020년, 우리는 어디에 있고 싶은가?'라는 물음에 '우리는 우리 스스로를 믿는다'로 답하고 있다."

이처럼 네덜란드는 로열 더치 쉘 같은 에너지, ING 그룹 같은 보험·금융업, 유니레버 같은 식품 세제업, 하이네켄 같은 맥주 음료 사업, 필립스 전자와 NXP 같은 전기·전자·반도체, 이케아 가구 같은 가구의 유통과 소매 등에 강세를 보이는 세계적인 강소국가이다. 오늘날 네덜란드의 강소기업들은 강대국의 대기업들이 미처 발굴하지 못한 틈새시장에서 1위를 달리고 있는 경우가 많다. 그래서 네덜란드의 강소기업이 부품을 공급하지 않으면 세계적인 대기업들도 완제품을 생산할 수 없을 정도로 강력한 영향력을 행사하고 있다.

3. 네덜란드의 노포들

오늘날 네덜란드에는 오래된 기업들이 많다. 1648년 네덜란드가 스페인으로부터 독립되기 전에 가게 문을 열고 장사를 시작한 후 지금까지 영업을 해 오고 있는 기업들로는 1340년에 설립된 네덜란드맥주 회사가 있고, 1543년에 문을 연 오랑제붐 네덜란드 맥주 회사, 1572년에 문을 연 로얄 티첼라마쿰 도자기 회사, 1615년에 문을 연 그롤슈 네덜란드 맥주, 1616년의 보팍 네덜란드 창고 회사, 1638년의 랑만 네덜란드 밧줄 회사 등이 있다. 그 이후 1653년의 델프트 도자기 등 네덜란드에는 100년 이상의 역사를 가진 오래된 기업들이 약 200개 정도 존재하는 것으로 나타났다. 그들은 빌렘 바렌츠 선장의 상인 정신을 가지고 5대양 6대주와 교역에 나서 세계 시장을 개척했다. 오늘날 네덜란드에 남아 있는 100년 이상 된 대표적인 노포들의 리스트는 다음과 같다.

1340 Brand Netherlands Brewery

1543 Oranjeboom Netherlands Brewery

1572 Royal Tichelaar Makkum Netherlands Ceramics

1575 Lucas Bols Netherlands Distillery

1615 Grolsch Netherlands Brewery

1616 Vopak Netherlands Storage and Distribution

1638 Langman Netherlands Rope

1653 Royal Delft Netherlands Porcelain

1656 Haarlems Dagblad Netherlands Newspaper

1660 Petit & Fritsen Netherlands Foundry

1662 Van Eeghen Netherlands Foods

1683 Brill The Netherlands Publisher

1691 Nolet Netherlands Distillery

1719 Bavaria Netherlands Brewery

1734 Van Bommel Netherlands Shoes

1744 Dommelsch Netherlands Brewery

1767 Nordjyske Stiftstidende Denmark Newspaper

1772 Fyens Stiftstidende Denmark Newspaper

1773 Urban Jürgensen&Sønner Denmark Watches

1775 Royal Copenhagen Denmark Porcelain

1777 Sadolin&Holmblad Denmark Paint

1792 Sikkens Netherlands Paint

1825 Holmegaard Denmark Glass

1823 Benckiser Netherlands Chemicals

1826 Bokma Netherlands Distillery

1833 Shell Netherlands Petroleum

1841 C&A Netherlands Retailing

1842 Hampe&Berkel Muziek Netherlands Musical instruments

1845 Havens Netherlands Feed

1833 De Koninck Belgium Brewery

제3부

혁신성이 강한 국가
– 덴마크의 상도

LEADING BRAND

LEADING BRAND

GLOBAL COMPANY

GLOBAL COMPANY

인구	556만 명
실질 성장률	0.77퍼센트
국민 총생산	3,096억 달러, 세계 29위(2010, 세계은행)
1인당 소득	5만 9,708 달러, 세계 7위(2011, IMF)
환경 배려국	63.61점, 세계 21위(2012, EPI)
국제 경쟁력 지수	세계 12위
달러 보유고	849억 달러, 세계 24위(2011)
경상수지	221억 달러 흑자, 세계 19위(2011)
금 보유량	66.5톤, 세계 40위
국가 예산 규모	1,765억 달러, 세계 23위
경제 자유 지수	세계 11위
남녀 평등 지수	0.77, 세계 7위
여성 국회의원 비율	38퍼센트, 세계 15위
노벨상 수상자	13명, 세계 11위
법인세율	25퍼센트(국세), 세계 18위
국가 이미지 조사	세계 8위(2012, BBC 방송)
인공위성 보유 수	4대

1. 상인의 나라, 덴마크

덴마크의 수도는 코펜하겐이다. 본래 덴마크어로는 쾨벤하븐 (Köbenhavn)이라고 불리는데 이 말은 '상인의 항구'라는 뜻이다. 코펜하겐은 덴마크의 최대 도시이자 항구 도시이며 공업 도시로 1950년에는 제44차 국제 올림픽 위원회의 총회가 열리기도 했다. 오늘날 코펜하겐 시는 북쪽 해안의 랑겔리니 산책로 해변가에 있는 인어상으로 유명하다. 그 밖에 코펜하겐은 기계, 맥주, 조선, 섬유, 설탕, 도자기, 담배, 가구 등의 산업이 발달한 도시이다.

프랑스의 경영대학원 인시어드가 2011년 발표한 「글로벌 혁신 지수 보고서」에 따르면 매년 전 세계 5위권 내의 혁신 국가로 덴마크가 선정되고 있다. 통상 130여 개국을 조사하는 이 보고서는 제도, 인적 자원, 정보 통신 기술, 시장 성숙도, 기업 활동 성숙도 등 60개가 넘는 지표를 활용하여 작성되는데 덴마크 정부가 항상 상위권에 오르는 것은 그만큼 혁신성이 강한 국가이기 때문이다.

덴마크의 수도 코펜하겐은 덴마크어로 '상인의 항구'라는 뜻이다. 코펜하겐은 덴마크의 최대 도시이자 항구 도시이며 공업 도시이다. 덴마크는 빈부 격차가 거의 없는 사회적 수평성이 높은 국가로 계층 간의 격이 없는 의사소통과 아이디어의 수용이 빠르다는 장점을 지니고 있다.

덴마크의 혁신이 지닌 장점으로는 여타의 국가에서 새로 발명한 기술을 자신들의 기존 사회에 맞게 적용시키는 능력이 뛰어나다는 것을 들 수 있다. 또한 덴마크는 빈부 격차, 계층 간 격차가 없는 사회적 수평성이 높은 국가이다. 즉, 계층원 간의 격이 없는 의사소통과 아이디어의 수용이 매우 빠르다는 사회·문화적 기반을 가지고 있다. 덴마크는 이러한 강점을 바탕으로 장차 어떠한 수종이 시장에서 부가가치가 높은지를 먼저 알아채는 유연성이 빠르다. 이러한 장점이 덴마크를 혁신과 창조의 국가로 만들고 있다.

2. 작은 나라이지만 큰 경제

덴마크 경제는 공공 민간 서비스 분야가 76퍼센트, 제조업 23퍼센트, 농업 1퍼센트의 순이다. 일반적으로 한국 사람들은 덴마크를 농업 국가로 생각하고 있지만 사실 덴마크는 기계 설비, 엔진, 조선, 금속 가공, 제약, 화학, 의료기기 등 분야에서 선진국이고, 주력 산업은 금융과 에너지 건설업이다. 덴마크가 에너지 분야에 강국인 것은 북해에서 생산되는 석유와 가스 때문이다. 덴마크는 인구가 556만 명에 불과한 작은 나라이지만 세계적인 강소기업을 다수 보유하고 있다.

1) 덴마크의 디자인 산업-가구

덴마크는 춥고, 일조량이 부족한 기후 조건을 가지고 있다. 과거에는 유럽의 북쪽에 위치해 다른 지역과 교류도 별로 없었다. 긴 겨울 동안 집 안에서 생활하는 시간이 자연스레 많아지게 되자 보다 편리하고 기능적인 제품들을 연구하게 되었는데, 아이러니하게도 이러한 불리한 조건 때문에 덴마크에서는 인테리어와 가구 관련 산업, 그리고 디자인 산업이 발전하게 되었다.

진취적인 장식장 제작자였던 프리츠 한센은 1872년 코펜하겐에서 사업자 자격을 얻어 자신의 가구 회사를 코펜하겐의 중심가인 크리스티안스하븐에 열었다. 그러나 초창기에는 고전했다. 1930년대에 들어 고열스팀으로 너도밤나무를 구부려 가구 제작을 시작했는데, 곡선형의 유연한 너도밤나무 가구는 그를 단숨에 유럽 가구 시장에 알렸다. 1934년부터는 뛰어난 디자이너 아르네 야콥센 (Arne Jacobsen)과 협력, 앤트(1952년), 세븐 시리즈(1955년), 그랜드 프릭스(1957년), 스완(1958년), 에그(1958년) 등을 연달아 히트시키며 가구 디자인사에 길이 남을 가구를 만들어 덴마크의 클래식 가구 아이콘으로 자리매김하게 된다.

최상의 품질이 뒷받침된 기능적, 심미적, 자연적 아름다움은 프리츠 한센 가구의 특징이다. 그의 디자인 철학은 시류에 영향을 받지 않는 영원불변성, 독특한 디자인, 미니멀 디자인으로 인한 심플함, 독창성, 이 네 가지로 요약할 수 있다.

2) 덴마크 기업의 아이디어 상품들

덴마크의 디자인 회사인 디푸스는 2011년 가방의 겉면에 약 100개의 태양전지판을 부착해 가방 내에 설치된 이온 배터리와 연결시켜 태양열로 2와트의 전력을 생산하는 데 성공했다. 이를 통해 가방 속에 휴대전화를 넣고 다니면서 충전이 가능해진 것이다. 이것은 휴대전화 배터리를 미처 충전하지 못한 고객들을 위해 만든 상품이다. 이 휴대용 전력 생산 가방은 낮에 저장된 전력을 이용해, 밤에도 휴대전화 배터리를 충전할 수 있다. 이렇게 기발한 아이디어를 낼 수 있는 국민이 바로 덴마크 사람들이다. 실용적이면서 깔끔한 디자인은 바로 덴마크 상품의 특징이다.

또한 2011년부터 덴마크는 장차 전 세계의 화석 원료인 석탄과 석유가 고갈될 것을 대비하고 친환경을 유지하기 위해 가정용 태양전지 설치를 본격화하기 시작했다. 모든 가정마다 자체적으로 태양열 집열판을 설치해서 전기·전자 제품에 사용할 수 있는 에너지를 스스로 생산토록 한 것이다. 현재 이 사업은 2011년 700퍼센트가 성장할 정도로 그 보급률이 높다.

또 실내 온실에서 재배되는 각종 식물의 성장을 촉진시키기 위한 LED 조명 기술도 개발했다. 식물을 재배할 때 밤이 되거나 날이 흐릴 경우를 대비하여 LED 조명으로 식물의 성장을 촉진시키는데 이 경우 일반적인 전열 기구를 쓸 때보다 전기 사용량이 약

40퍼센트 절약된다. 또한 덴마크의 전기 자동차 전문 기업인 클레버도 향후 전기 자동차가 상용화될 것으로 내다보고 2011년 총 2천 4백 명을 대상으로 전기 자동차 시범운행을 시작했다. 장차 덴마크 정부는 국내 자동차의 8퍼센트를 전기 자동차로 바꾸는 것을 목표로 하고 있다.

또 하나 돋보이는 제품으로는 잔디를 혼자서 자동으로 깎을 수 있는 잔디 깎기 로봇을 들 수 있다. 덴마크는 전 국민의 65퍼센트가 정원을 소유하고 있고 별장 또한 26만 개가 넘는다. 정원과 별장의 잔디를 깎는 일은 매우 번거롭기 때문에 혼자서 잔디를 깎을 수 있는 로봇을 개발한 것이다. 현재 이 제품은 덴마크 내 160만 가구에 보급되어 있다.

또한 덴마크는 삼면이 해양인 해양 국가로서의 이점을 활용, 풍력 발전 시스템 개발에도 앞장서고 있다. 장차 풍력 발전을 이용해 덴마크 내에서 사용되는 전력 소모량의 상당 부분을 대체하는 것이 목표이고, 본홀름 섬의 경우 현재 이미 풍력 발전기를 통해 에너지 소비량의 3분의 1을 해결하고 있다.

덴마크의 노르딕 페인트 사가 발명한 페인트는 건물의 온도를 낮춰 준다. 태양열을 80퍼센트까지 반사시켜 한여름 지붕의 온도를 40퍼센트 이상 낮춰 주는 것이다. 건물의 온도가 이처럼 낮아지면 냉방에 필요한 전기 사용량이 줄어드는 것은 당연한 일이다. 이 회사의 페인트를 사용할 경우 통상 5~8도가량 온도를 낮추어 주어 전력 사용량을 감소시키면서 이산화탄소의 배출량도 줄일 수 있다. 향후 덴마크는 이처럼 환경 친화적이며 전기 사용량을 줄여 주는 페인트 제품을 더욱 확산시켜 덴마크 자체를 친환경 국가로 만들려는 움직임을 보이고 있다. (자료 출처: 코트라 코펜하겐 무역관)

3. 열정과 상상으로 다져진 대표 기업들

덴마크의 유명한 기업으로는 댄포스 그룹과 스피커로 유명한 뱅앤오로룹슨, 어린아이들이 가지고 노는 레고, 영국 황실에 납품하는 로열 코펜하겐 등이 유명하다. 전 세계 당뇨병 치료제 인슐린의 50퍼센트 이상을 장악한 노보노디스크 제약, 컨테이너 화물선으로 유명한 회사인 머스크는 세계 최대의 해운 회사이고, 풍력 발전기 생산 업체인 베스타스도 세계 1위 기업이다. 또한 한국 사람도 익히 알고 있는 칼스버그 맥주 역시 덴마크 기업으로 현재 세계 4위의 매출을 달성하고 있다.

1) 댄포스 그룹

댄포스는 한국에는 잘 알려져 있지 않지만 덴마크의 세계적인 대기업이다.

"오직 열정만이 우리의 명성과 가치를 더 넓게 펼쳐 줄 것이다."

이것이 댄포스의 슬로건이다. 1933년에 설립된 댄포스는 에너지 효율 제품 분야에서 알아 주는 세계적인 기업이다. 또한 공기 조절 장치, 전기 모터의 제어 장치, 건물의 난방, 태양열 재생기, 열 펌프 등에 관한 한 세계적인 강소기업이다. 현재 생산되는 이 회사의 주력 제품은 자연을 이용한 냉방 시스템, 폐열을 이용한 난방 시스템, 냉동 공조 부품, 모터의 속도와 토크를 제어하는 인버터 장치, 에너지를 효율적으로 이용할 수 있는 솔루션 제공 등을 들 수 있다. 2011년의 매출은 7조 원이며 전 세계 47개국 58개 공장에 2만 3천 명을 고용하고 있고, 한국에도 공장을 가지고 있다.

댄포스가 가지고 있는 신기술 중 세계적으로 인정받고 있는 것은 태양광 인버터이다. 이 인버터는 태양전지가 생산한 직류를 교류로 바꾸어 그리드에 공급할 수 있는 장치이다. 효율도 매우 높아서 태양광에너지의 98퍼센트를 그리드에 공급할 수 있다. 현재 댄포스는 태양광 발전으로 유럽의 12퍼센트, 미국의 10퍼센트의 전력 수요를 공급하는 것을 목표로 하고 있다. 이 경우 2020년이 되면 연간 6억 톤의 이산화탄소를 절감하여 현재 유럽 전체 가구가 발생시키는 이산화탄소 배출량의 배에 해당하는 양을 제로로 만들 수 있다.

그러한 노력 때문에 댄포스는 소비자 만족도 조사 업체인 레퓨테이션 인스티튜트가 조사한 「2007 세계 기업 인식도 조사」에서 사회

환경적 책임감 부문에서 세계 2위에 손꼽히기도 하였다. 당시 세계 1위는 덴마크의 회사인 레고 그룹이었다. 댄포스의 사업 중에서 특이한 것 하나가 국제 미술 대회의 개최이다. 테마는 댄포스의 가치관을 표현하라는 것인데 회화, 디자인, 건축 분야에서 출품작을 받아 매년 5천, 3천, 2천 유로의 상금을 1, 2, 3위에게 수여하며 수상 작들은 덴마크 노르드 보르그의 댄포스 본사에 전시된다.

댄포스의 창업주인 마드스 클라우센은 1905년 덴마크 남부에서 태어나 1933년 독일의 대학에서 엔지니어링을 전공한 후 고향인 노르드 보르그로 돌아와 그의 부친이 운영하던 농장에서 사업을 시작했다. 1930년대 덴마크는 수도 펌프의 밸브 등을 자체 생산하지 못해 높은 관세를 물고 해외에서 수입해야 했는데 그는 이 제품들을 만들기 시작했다. 수입에 의존하던 각종 밸브 부품들이 덴마크에서 자체 생산되자 1940년대에는 회사 규모가 커졌다. 또한 이러한 밸브들을 생산하지 못하는 벨기에, 노르웨이, 핀란드, 스페인, 스웨덴, 네덜란드, 영국 등도 댄포스의 제품을 사용하기 시작했다. 이에 힘입어 1950년대 댄포스는 종업원 수가 2천 명에 달하게 된다.

1966년 마드스 클라우센이 60세의 나이로 갑자기 심장 발작을 일으켜 사망하자 그의 부인이 경영을 맡아 회사를 키우기 시작했다. 1983년 댄포스는 창업 50주년을 맞아 25년 이상 근무한 사원들을 표창했다. 이어 1996년에는 아들인 요한슨 클라우센이 댄포스 그룹의 사장이 되었다. 1997년에는 매출 목표 22억 유로를 달성했고, 종업원의 수도 1만 8,200명이 되었다. 2세인 요한슨이 회사의 사세를 크게 확장시킨 것이다. 2005년 댄포스는 창업주 마드스의 탄생 100주년을 맞아 본사가 있던 노르드 보르그의 농가를 과학 테마파크로 바꾸었다. 댄포스 그룹은 해외로의 플랜트 수출을 확대하고 있는데 그 대상은 캐나다, 중국, 미국, 루마니아, 폴란드, 프랑스 등이다. 2008년 댄포스는 VLT 주파수 변환기를 생산했으며 요한슨 클라우센이 현역에서 물러나고 크리스티앙센이라는 새로운 사장을 맞아들였다.

"가족 기업에서 가장 중요한 것은 기업의 비전과 교육이다."

이 회사는 가족이 경영권을 승계하는 전통적인 방식으로 기업을 경영하는 회사이다. 오늘날 댄포스를 이끌고 있는 요르겐 클라우젠 회장 또한 아버지로부터 기업을 승계한 2세 경영인이다. 그는 기업을 아버지로부터 물려받기 전에 많은 교육을 받았다. 회사 경영에 대한 교육도 물론 받았지만 스위스 국제경영개발원(IMD)에 가서 가족 기업은 어떻게 운영해야 하는가 하는 교육 프로그램을 이수하기도 하였다. 이것은 이제 클라우젠 회장의 아들 또한 반드시 받아야 할 교육으로 아예 의무화되어 버렸다. 이를 통해 댄포스는 가족 간의 기업 승계가 이루어질 때 왜 실패하는가를 구체적으로 배웠고, 거기서 오는 리스크를 방지할 수 있었다.

2) 뱅앤오로룹슨

뱅앤오로룹슨(B&O)은 단연 세계 최고의 품질로 인정받고 있는 스피커 제조 전문 회사이다. 서울의 강남에 있는 성형외과에 가면 대기실에서 흔히 대당 1억 원이 넘는 스피커가 2~4대가 세팅되어 있는 모습을 심심치 않게 보게 된다. 그만큼 B&O 스피커는 한국 소비자에게도 익숙한 고품질 스피커의 대명사가 되었다.

스피커이기 이전에 하나의 예술로서 인정받는 B&O의 제품들은 최근 스피커뿐 아니라 LED 텔레비전과 스피커가 결합된 토털 가전에도 진출해 세계적인 명성을 얻고 있다. 그러나 뜻밖에도 B&O는 LED 텔레비전이나 스피커를 자체 생산하지는 않는다. LED 텔레비전 판넬의 경우 삼성전자에서 수입하며 스피커 또한 자사 생산 제품이 아닌 타사의 스피커를 납품받아 새롭게 디자인하여 상품을 출시하는 기업이다. 말하자면 B&O 자체가 스스로 생산하는 부품은 거의 없으며 납품받은 부품을 새롭게 디자인하여 구성하는 것이 B&O의 사업 영역이다. 예컨대 삼성전자로부터 42인치 LED 판넬을 공급받아 B&O 사가 디자인을 새로 한 후 선보인 베오플레이 LED 텔레비전의 경우, 삼성전자의 같은 사이즈 제품보다 무려 5배 이상의 비싼 값으로 팔린다. 그만큼 디자인에서 앞서기 때문이다. 그렇다고 디자인만 중시하는 것은 아니다. "디자인을 위한 디자인이 아닌, 기능을 위한 디자인을 추구하라."

B&O의 디자인 철학은 단순히 미적인 것이 아닌 실용성에 집중한다는 특징을 가지고 있다. B&O는 이러한 철학을 바탕으로 최첨단 디자인을 가미, 최고가의 제품을 생산한다. 이것이 B&O의 장점이다. 심지어는 디자인의 경우도 하청을 주어 자기 자신들은 관리 감독만 하기도 한다. 따라서 B&O의 직원은 수백 명도 채 되지 않으며, 거의 모든 것을 아웃소싱하고 있다. B&O 본사에서 일하는 직원은 디자이너와 총무, 회계부서 정도이다. 이것이 덴마크 디자인의 힘이다.

이처럼 소국인 덴마크가 디자인 강국이 된 것은 디자인을 강조한 국가적 아젠다가 작용하고 있기 때문이다. 덴마크 여왕인 마르그레테 2세는 '여왕' 외에 또다른 직업을 하나 더 가지고 있다. 바로 '디자이너'다. 여왕 자신이 디자이너가 될 정도로 덴마크는 디자인에 대한 관심이 높은 국가이다. 그러다 보니 덴마크는 로열 코펜하겐 같은 도자기와 레고 같은 뛰어난 디자인을 가진 제품이 많다.

3) 레고

덴마크의 도시 빌룬드에는 레고랜드가 있다. 이곳에는 전 세계의 도시를 레고로 만든 거리가 있어, 마치 걸리버 여행기에서 나오는 소인 왕국에 들어온 것 같다. 또한 동화에 나오는 인어공주나 피터팬 등 각종 주인공들의 모습도 레고로 만들어져 있어 유럽의 디즈니랜드로 불리기도 한다.

"평범한 물건이 비범해지는 것은 상상력 때문이다. 상상력을 실현하라. 그것이 첫걸음이다."

이처럼 레고는 상상력과 창의력을 중시하는 회사이다. 덴마크의 레고 사가 만든 레고는 한국은 물론 전 세계의 아이들이 열광하는 장난감이다. 아이들의 장난감 속에 뛰어난 디자인과 꿈을 키울 수 있는 상상력을 부여, 세계 최대의 어린이용 장난감 시장을 연 회사가 바로 레고 사이다. 레고 사의 출발은 1916년이다. 레고 사를 설립한 올레 키르크 크리스티안센은 비르슨이라는 지방 도시에 있는 목공소의 주인으로 본래 지방의 농가에서 가구를 만들던 목수였다. 그러다가 1924년 목공소에 불이 나고 1929년 세계 공황의 여파로 생활이 어려워지자 자금이 적게 들면서 사업을 할 수 있는 목공예 아이템이 없을까 하고 궁리하다가 착안한 것이 바로 나무로 만든 아이들의 장난감이었다. 그렇게 해서 만든 것이 돼지 모양 저금통, 나무 자동차, 나무 트럭 등이었다. 당시 덴마크의 일반적인 가정에서는 완구를 살 만한 돈이 없어 장난감을 채소 등과 물물 교환하는 정도였다. 따라서 돈이 되는 사업은 아니었다. 하지만 아이들이 좋아하는 것을 보고 소일 삼아 나무 장난감을 만들었고 여전히 주업은 부엌 가구나 거실 가구 제작이었다.

그러던 중 1930년대 중반, 유럽에 요요가 대 유행을 일으켰다. 그러나 요요를 가지고 놀던 아이들은 쉽게 싫증을 내어 몇 달만에 쓰다가 버리거나 아니면 팔리지 않은 미사용 부품이 많았다. 크리스티안센은 이러한 요요 부품을 가져다가 장난감을 만들기 시작했다. 이것이 히트 상품이 되었다. 1934년 크리스티안센은 장난감 회사를 만들기로 작정하고, 덴마크어로 '잘 놀자'라는 의미의 레그고트(leg godt)라는 조어를 만들었고 이것이 줄어서 LEGO가 되었다. '레고'라는 말은 라틴어로 '조립하다'라는 의미가 있다는 것이 레고 사의 주장이지만, 그것이 타당하지 않다는 견해도 있다. 이후 플라스틱 제품이 유행을 하면서 크리스티안센도 나무로 만든 완구 대신 플라스틱으로 완구를 만들기 시작했다. 이렇게 해서 바로 오늘날의 레고가 시작된 것이다.

그 이후 레고 사는 플라스틱으로 로봇, 해적, 중세의 성, 공룡, 거리 풍경, 서부 개척 시대 풍경, 북극 조사대, 레이싱 카, 보트, 헬리포트, 스파이더맨, 배트맨, 토이 스토리, 캐러비안의 해적 등의 다양한 제품을 만들었고 이러한 제품들은 대히트를 쳤다. 이후 한때 경영진의 경영 실수로 회사가 경영난에 빠져 2억 2천만 달러의 재정 적자에 직면해 생산 거점을 멕시코와 동부 유럽으로 옮겼으며 본사 인력 중 3천 5백 명을 해고하였다. 이때 레고 사는 이러한 경영 위기를 극복하기 위해 전 세계의 성인들을 위한 레고 포럼, 웹사이트 등을 여는 한편, 기존의 보드게임과는 다른 레고로 만든 게임판, 캐릭터 등을 개발했다. 그 외에 레고 온라인 게임, 레고 유니버스 등을 출시했는데, 컴퓨터 화면에 자신이 좋아하는 레고 캐릭터를 등장시켜 전 세계의 레고 세상을 탐험하는 소프트웨어 게임으로 돌파구를 마련하였다. 또한 전 세계에 온라인으로 연결된 레고 게임 디자이너를 12만 명 확보, 그들로 하여금 새로운 아이디어를 제공받고 그에 대한 인센티브를 줌으로써 새로운 활력을 불어넣었다. 이러한 노력의 결과 현재까지 레고 사는 본사를 덴마크

"평범한 물건이 비범해지는 것은 상상력 때문이다. 상상력을 실현하라. 그것이 첫걸음이다." 레고는 비범한 상상력으로 오늘날 세계적인 완구 회사가 되었다. 수많은 사람들이 지금도 덴마크의 빌룬드에 있는 레고랜드를 방문한다.

에 두고 있으며, 지금도 여전히 덴마크 빌룬드의 레고랜드를 방문하는 관광객들에게 큰 인기를 얻고 있다.

4) 칼스버그 맥주

"우리는 위대함에 목마르다."

칼스버그 맥주의 슬로건이다. 칼스버그는 1847년 덴마크 코펜하겐에서 제이콥 크리스찬 야콥센과 크리스티안 야콥센이 공동 창업한 회사이다. 칼스버그란 회사명은 맥주 제조 공장이 있던 칼의 계곡 이름을 딴 것이다. 처음에는 소규모 양조장 수준이었으나 1875년 칼스버그 주조 연구소를 설립하면서 본격적으로 체계적인 맥주 연구를 시작했다. 1883년에는 칼스버그 연구소의 에밀 크리스찬 한센 박사가 맥주 효모 순수 배양 기술을 개발, 라거 계열 맥주의 대량 공급 시대를 열었다. 1904년에는 덴마크 왕실에 맥주를 납품하는 어용기업이 되어 왕관 마크의 사용 허가를 받으면서 일약 명성을 날리기 시작했고, 이후 덴마크 내의 군소 맥주 회사 쯔보(TUBORG) 등을 합병하면서 사세를 키웠다.

칼스버그는 오늘날 라거 계열 맥주의 효모 개발 기술에 관해서는 세계 최고 수준으로 손꼽힌다. 따라서 군소의 맥주 회사들은 그 기술에 눈독을 들이고 있었는데, 뜻밖에 칼스버그 측은 그 기술을 공짜로 다른 맥주 회사들에게 제공했다. 효모 기술을 판매하면 큰돈을 벌 수 있었지만 맥주의 맛을 업그레이드시켜 선의의 경쟁을 해 보자는 의도였다. 그 결과 전 세계 라거 계열 맥주의 맛이 모두 진일보했다. 이 모든 것은 소비자를 위하는 마음에서 비롯된 것이다.

그뿐이 아니다. 칼스버그 사는 이익의 사회 환원으로도 유명한데, 우리에게 친숙한 코펜하겐의 유명한 인어 동상은 인어공주라는 연극을 본 칼스버그 사의 2대 사장이었던 칼 야콥센이 1913년에 만들어 코펜하겐 시에 기증한 것이다. 또한 덴마크 국립 박물관 건물도 그들이 지어 기증했으며, 그 외에 수많은 예술가들을 후원하고 있다.

창업주 제이콥 크리스챤 야콥센은 살아생전에 이런 말을 남겼다. "최고의 맥주를 만들려면 당장의 이익보다는 완벽에 가까운 제조 과정 개발을 최고의 목표로 삼아야 한다."

5) 머스크 해운

머스크는 세계 최대의 해운 화물 회사이자 덴마크를 대표하는 기업이다. 근래에 미국의 화물상사인 씨랜드를 합병하면서 회사명을 머스크 씨랜드로 바꾸었다. 씨랜드의 인수 합병으로 단일 선사로서는 세계 최대의 규모가 되었다. 일찌감치 1952년에 한국에 대리점을 개설한 이후 1990년부터는 머스크 코리아를 설립, 경영 중에 있다. 현재 우리나라의 광양항과 부산항, 인천항에서 운항하는 수출입을 담당하고 있는 선사이다.

머스크 해운은 1904년 설립된 회사로 덴마크의 A. P. 묄러라는 사람이 증기선 한 척으로 출발했다. 그해 첫 정기선 서비스인 극동 아시아와 미국을 잇는 서비스를 시작하였으며 1999년 12월 미국 선사인 씨랜드를 인수 합병함으로써 5대양 6대주를 잇는 글로벌 서비스를 제공하는 세계 최대의 해운선사로 발전하였다.

130여 개국에 약 325개의 사무실 및 터미널을 운영하고 있는 머스크 해운은 컨테이너선, 탱커선, 자동차 전용선 및 기타 선박을 포함하여 1천여 척의 선박, 190여만 개의 컨테이너 및 다수의 전용 부두와 열차를 보유, 운영하고 있으며, 이와 연계된 첨단 IT 시스템을 통하여 통관, 내륙 운송, 항공 등의 부가 서비스를 고객에게 제공하고 있다.

현재 전 세계 해운 시장에서 18.2퍼센트 점유율로 세계 1위이며, 2011년 기준으로 125개국에 11만 7천여 명의 종업원을 거느리고 있는 덴마크 1위의 기업으로 602억 달러의 매출에 세계 154위의 대기업이다.

머스크 해운은 돈도 많이 벌지만, 이익의 사회 환원으로도 유명하다. 2005년 덴마크의 명소가 된 코펜하겐 오페라 하우스를 5천 5백억 원을 들여 지은 후 국가에 헌납한 것이 대표적인 예이다.

"사회에 누를 끼치는 행동을 하지 마라. 언행을 바르게 하고, 근검절약하라." 묄러 가문이 자식들에게 당부하는 말이다. 세계 최대의 해운 회사를 설립한 묄러 가문은 이런 엄격한 가훈 때문에 지금까지 자손들이 세인의 손가락질을 받은 일이 한 번도 없었고, 덴마크 내에서는 가장 존경받는 기업으로 손꼽히고 있다.

4. 덴마크의 강소기업

1) 세계적인 보청기 회사 오티콘

덴마크에는 세계적인 강소기업이 많다. 우선 보청기 회사로 유명한 오티콘이 그러하다. 본래 오티콘은 1904년 귀가 잘 들리지 않는 아내를 위해 보청기를 수입해 온 한스 디만트라는 사람이 보청기 수입상을 연 것이 그 시작이다. 어느 날 청력을 상실한 부인을 위해 시작한 보청기 사업이다 보니 매출이나 세계 시장 확보 등 거창한 목표를 가지고 있지 않다.

"People First, 오티콘의 역사는 자신의 부인이 더 나은 삶을 살 수 있도록 도와주고 싶었던 한 남자의 사랑에서 시작되었습니다"라는 슬로건처럼 "사람을 최우선으로 생각하는 가치 실현"이 오티콘의 목표이다.

오티콘은 특이한 기업이다. 우선 출퇴근 시간이 없다. 자신이 근무할 시간을 정해 놓고 그 시간에 맞춰서 8시간을 일한 후 퇴근하면 그만이다. 자기 자신의 책상 또한 없다. 출근하는 대로 빈 자리에 앉아 노트북을 꺼내 일하면 된다. 오티콘은 이러한 면에서 직원의 창의성과 발상을 존중해 주는 기업이다. 근무 시간의 자유, 책상 없는 회사 등 유연하게 기업을 운영하다 보니 사원들의 사고 또한 자유롭고 유연하다. 이렇게 해서 생겨난 것이 음량 자동 조절 보청기와 디지털 보청기이다. 음량 자동 조절 보청기는 상대방이 작은 목소리로 얘기할 경우 보청기 스스로 상대방의 볼륨을 크게 확대시켜 주고, 상대방의 목소리가 너무 클 경우 적당량의 소리로 줄여 준다. 디지털 보청기는 첨단 IC칩을 통해 그러한 모든 장치를 디지털로 가능하게 해 준다. 이러한 제품이 바로 자유분방한 출퇴근 시간과 자유로운 사고에서 비롯된 것이다.

오티콘은 인간의 청각을 전문적으로 연구하는 에릭스 홀름 센터라는 것을 만들었다. 소리를 듣지 못해 힘들어하고 고통받는 사람들을 위한 보청기를 넘어 인간의 귀가 가지고 있는 문제들에 대해 의학적으로 연구를 수행하고 있는 것이다. 선천적이거나 후천적으로 귀에 문제가 있는 사람들의 의학적 문제를 연구하여 애당초 보청기를 쓰지 않도록 문제를 해결해 주기 위해 설립된 연구기관이 에릭스 홀름 센터이다. 단순히 보청기만을 팔아 돈을 벌겠다는 것이 아니고 아예 보청기가 필요하지 않는 사회를 만들기 위해 귀에 대해 의학적으로 연구를 하는 것이다. 또한 나이가 먹어 귀가 잘 들리지 않는 노인 혹은 장애인들에게 난청을 예방할 수 있는 생활 습관 등을 가르쳐 주고 있다.

2) 식품 첨가제 분야 세계 1위, 다니스코

다니스코는 전 세계에서 가장 큰 식품공학 회사이자, 생명공학 회사로, 뛰어난 기술력을 바탕으로 제품의 원료를 공급하고 있다. 다니스코는 소비자에게 물건을 판매하는 회사가 아닌, BtoB, 즉 기업을 대상으로 하는 기업이다. 하지만 보통의 BtoB 회사들과는 달리 비즈니스의 장을 여는 역할까지 담당하고 있다. 즉, 거래 기업의 시장 형성을 도와 그 기업의 브랜드가 더욱 가치 있게 하는 데 도움을 준다는 것이다. 예를 들어 다니스코 코리아에서 한국에 자일리톨 시장을 개척할 당시, 단순히 거래처에 자일리톨을 공급하는 비즈니스를 넘어서, 소비자들에게 자일리톨의 필요성을 인식시켜 주는 역할까지 했던 것이다.

다니스코의 본사는 코펜하겐에 있고, 전 세계 40개국 80여 개 지점에서 약 6천 8백 명의 종업원을 고용하고 있다. 다니스코는 2011년 미국의 듀폰 사에 64억 달러에 인수 합병되었다. 2011년 기준 매출액이 105억 덴마크크로네(약 2조 원)에, 영업이익은 23억 덴마크크로네에 달한다.

3) 노보지메스 제약

노보지메스(Novozymes)는 1925년 해럴트와 토로발트 페더슨 형제가 노보 테라퓨틱 연구소(Novo Terapeutisk Laboratorium)를 설립하여 인슐린 및 특수한 인슐린 주입기를 생산하기 시작한 것이 출발이다. 형제는 원래 노디스크 사에서 각각 인슐린 기계 생산 기술자와 화학 공정을 분석하는 기술자로 일했으나 해고되어 자신의 회사를 설립했던 것이다. 당시 덴마크에는 노디스크와 노보 이렇게 두 개의 인슐린 제조 회사가 있었으며 이 둘은 인슐린의 세계적인 선두 제조 업체로 발전했다.

1939년 토로발트 페더슨은 효소의 생산을 통해 사업 영역을 넓히기로 결심하고, 2년 뒤 1941년 효소 제품인 트립신 크리스탈의 생산에 성공한다. 이후 노보는 공업용 효소에 있어서 세계에서 가장 큰 생산업체가 되었다. 현재 노보지메스는 효소 생산에서 생물학적 공법을 기반으로 하는 세계적인 회사로 기술, 식품, 동물사료 세 가지 시장의 산업적인 사용을 위한 효소의 개발, 생산, 판매 분야에서 선두 업체로 발돋움했다. 노보지메스의 성공 바탕에는 혁신과 끊임없는 연구 개발이 있다. 노보지메스는 162개의 특허권을 가지고 있어 유럽 기업 중에서 가장 높은 순위에 랭크되어 있다. 또한 덴마크는 생명공학 분야에서 최상의 국가로 파악되고 있는데 덴마크의 기업과 대학의 특허권은 2002년에 75건에서 2006년 225건으로 세 배 정도 성장했다. 2006년 덴마크의 기업들은 미국과 일본 다음으로 생명공학 분야에서 가장 활동이 높은 국가군으로 파악되었다. 또한 노보지메스는 종업원에 대한 복지가 좋은 회사로도 알려져 있다. "전 직원이 잠재력을 발휘할 수 있도록 기회를 주라." 이것이 노보지메스의 기업 철학이다. 예를 들어 1940년에는 자녀가 있는 종업원을 위한 특별 수당을 신설하여 지급했는데, 당시로서는 획기적인 일이었다.

2011년 기준 105억 1천만 덴마크크로네의 매출에, 23억 4천만 덴마크크로네의 영업이익을 올렸다.

4) 노보 노디스크 제약

노보 노디스크의 역사는 1922년 코펜하겐 대학의 교수였던 어거스트 크로그 부부가 미국을 여행한 때로부터 시작된다. 크로그 부부는 미국을 여행하는 동안 프레드릭 밴팅과 찰스 베스트로부터 당뇨 치료에 소의 췌장에서 추출한 인슐린을 사용된다는 것을 들었다. 아내인 마리 크로그가 당뇨로 고생하고 있었기 때문에 이 치료법에 대해 큰 관심을 보였고, 결국 덴마크에 돌아와 인슐린을 생산하기 위한 허가를 받았다. 이후 어거스트 크로그는 혈당 조절 전문가인 한스 크리스티안 하게도른과 함께 노디스크 인슐린 연구소(Nordisk Insulin Laboratorium)를 설립하게 된다. 1922년 12월 21일, 노디스크는 소의 췌장에서 적은 양의 인슐린을 추출하는데 성공하였다. 이후 1923년에 유럽 최초로 당뇨병으로 죽어 가는 환자를 살리기 시작해 당뇨병 분야에서 치료제 개발에 주력해왔다. 당시 덴마크에는 노디스크와 노디스크의 직원이었던 해럴트와 토로발트 페더슨 형제가 회사를 나가 설립한 노보가 있었다. 이 두 회사 모두 큰 연구 센터를 설립하고 당뇨 치료제에 관한 한 시장에서 최고가 되겠다는 신념으로 치열한 경쟁을 했다. 노디스크와 노보는 또 다른 제품을 개발하면서 확장하기 시작했는데 노보는 효소 분야를 개척했고, 노디스크는 혈우병과 성장 장애 치료제를 개발하였다.

1989년 1월 노보와 노디스크는 합병하기를 결정하고 당뇨 치료의 새로운 제품 개발과 세계 시장의 진출에 주력하게 되었다. 이렇게 새로이 만들어진 회사가 노보 노디스크 A/S이다. 1999년 초반에 노보 노디스크는 헬스캐어 사업부와 효소 사업부로 두 개의 주 사업체를 분리, 각자의 전문 분야에 주력할 수 있게 되었다. 그리고 2000년 11월 14일 노보 노디스크와 노보지메스 두 개의 분리된 회사로 운영하게 되었다.

덴마크의 최대 일간지 중 하나인 「베를링스케 티엔데(Berlingske Tidende)」는 매년 덴마크 소재 기업 중 잘 알려진 140개 사를 대상으로 '이미지가 좋은 25개 기업'을 선정하는데 노보 노디스크는

2005년부터 2007년까지 3년 연속 1위로 선정되었다. 경영실적이 우수한데다 품질이 뛰어나고 종업원에 대한 배려도 좋은 회사로 정평이 난 덕분이었다.

"우리는 품질과 비즈니스 윤리에 관해서는 어떤 불의와도 타협하지 않는다."

이것이 노보 노디스크의 정신이다. 이러한 철학으로 노보 노디스크는 2011년 기준 종업원 수 32,632명에 매출액 663억 4,600만 덴마크크로네(약 13조 원)의 대기업으로 성장했다.

5) 베스타스

베스타스는 풍력 터빈을 생산, 소비, 제공하는 덴마크 기업으로 동종 업계에서 세계 최고의 규모를 자랑한다. 베스타스의 시작은 1898년으로 거슬러 올라간다. 22세의 청년 스미스 한센이 덴마크의 농촌인 렘에 정착하여 대장간을 시작한 것이다. 스미스 한센의 대장간은 그 성실성을 인정받아 지역에서 자리 잡게 되었다. 1928년부터는 그의 아들인 페데르 한센과 함께 철제 창틀을 만드는 회사를 설립하게 되었다. 2차 세계대전이 끝난 1945년 페데르 한센은 아버지로부터 독립해 독일군이 버리고 간 낡은 막사에서 기업을 시작해서, 믹서기, 주방 저울 등 생활 가전용품을 만들게 된다. 이때부터 베스타스라는 이름을 사용하였다. 1950년대에 들어 페데르는 회사의 규모를 키우길 원했다. 종업원 모두가 농촌인 렘의 출신이었기에 농부들이 원하는 기계가 무엇인지 잘 알고 있었고, 노하우도 많이 가지고 있었다. 베스타스는 농업용 트레일러를 만들었고 이후 크레인을 생산, 세계적인 농기구 회사로 성장했다. 1970년대 두 번의 오일 쇼크를 겪으며 신재생 에너지 제품을 구상, 1978년부터 1년 6개월에 걸친 노력 속에 결국 1979년 세계 최초의 풍력 발전 터빈을 만들게 된다. 세계 최초의 풍력 발전 터빈을 상용화한 베스타스는 이후 풍력 발전에 집중, 세계화를 통해 고속 성장을 이루게 된다. 이후 많은 후발 업체들이 출현하면서 추격을 받고 있는 상황이지만 아직도 세계 1위의 자리를 고수하고 있다. 2010년 1월 기준으로 베스타스의 풍력 발전기는 4시간에 한 대 꼴로 전 세계에 세워지고 있다. 2005년 슬럼프를 겪기도 했지만 이듬해인 2006년 전 세계 시장의 28퍼센트를 장악하는 저력을 보이며 회생했고, 같은 해에 '최고 그린 기업'으로 선정되기도 했다. 이어 2011년 1월에는 아부다비의 '자이드 미래 에너지상'을 수상하였다. 2011년 베스타스의 풍력 터빈이 생산하는 전기는 2천 1백만여 명에게 공급되고 있으며 현재 베스타스는 덴마크, 독일, 인도, 이탈리아, 영국, 스페인, 스웨덴, 노르웨이, 호주, 중국, 미국 등지에 생산 공장을 운영하고 있다.

2010년을 기준으로 총 매출 69억 2천만 유로(약 11조 원)에 영업

이익은 31억 유로를 기록했으며 전 세계에 약 2만여 명의 종업원
을 거느리고 있다.

5. 덴마크의 노포들

덴마크에도 약 20여 개 정도의 100년 이상 된 노포 기업이 존재한다. 덴마크 국민은 보수적이면서도 해외 지향적이다. 바이킹의 역사가 그것을 말해 준다. 춥고, 척박한 국가여서 외국에 대한 관심이 많다. 덴마크에 300년 넘는 역사를 가진 신문이 3개나 존재한다는 것이 그 반증이다.

그러나 물건에 관해서는 조금 다른 태도를 취해서, 비싸지만 오래 쓸 수 있는 제품을 선호한다. 즉, 소비자들의 제품에 대한 충성도가 높다. 노포를 사랑하고 아껴 주는 것이다.

현존하는 노포 기업 중에서 가장 오래된 회사는 코펜하겐에서 1749년 1월 3일부터 발간된 「베를링스케 티덴데」 주간신문으로 오늘날 전 세계에서 가장 오랜 역사를 가지고 있다. 현재 주당 10만 3천 부를 타블로이드판으로 발간하는 한편, 2011년 1월부터는 인터넷상에서도 볼 수 있다. 다소 보수적인 보도 자세를 견지하고 있으며 세계 언론 사진기자상을 네 번이나 수상할 정도로 역량이 돋보이는 권위 있는 신문으로 평가받고 있다.

두 번째로 오래된 노포로는 1758년에 설립된 도자기 회사인 라드바드이다. 도자기나 스테인리스로 주전자, 접시, 커피잔, 포크, 나이프, 목기 양념통 등 부엌 용품을 주로 생산하며 어린이용 도자기 인형도 만든다. 대체로 가격은 중가 브랜드이나 덴마크적인 디자인으로 전 세계의 유명 백화점에서 팔리고 있다.

1777년에 설립된 사돌린 앤 홀름브라드 페인트는 사돌린 지역에서 생산된 염료에 당시 국왕이던 홀름브라드의 이름을 합친 것으로 이 회사의 페인트 제품은 목재에 칠했을 때 원목을 보호하며 색상이 변하지 않는 친환경적인 제품으로 평가받고 있다. 오늘날 전 세계 97개국에서 판매될 정도로 인기가 높다.

1794년 덴마크 왕가의 출판물을 인쇄하기 위해 설립된 스티보 인쇄 회사는 인쇄 및 스캔 시스템 전문 기업으로 미국, 일본, 중국, 영국, 프랑스, 독일, 호주 등에 공장을 가지고 있는 글로벌 인쇄 기업이다.

덴마크의 대표적인 노포들

1749 Berlingske Tidende Denmark Newspaper
1758 Raadvad Denmark Cutlery
1767 Nordjyske Stiftstidende Denmark Newspaper
1772 Fyens Stiftstidende Denmark Newspaper
1773 Urban Jürgensen&Sønner Denmark Watches
1775 Royal Copenhagen Denmark Porcelain
1777 Sadolin&Holmblad Denmark Paint
1794 Stibo conglomerate
1825 Holmegaard Denmark Glass
1847 Carlsberg Denmark Brewery

유럽의 물류 중심지

– 벨기에의 상도

인구	1,044만 명
실업률	7.1퍼센트
경제 성장률	1.78퍼센트
국민 총생산	4,674억 달러, 세계 21위(세계 은행)
1인당 소득 수준	4만 6,989달러, 세계 16위(IMF)
환경 배려국	63.02점, 세계 24위(2012, EPI)
달러 보유고	291억 달러, 세계 49위
자살률	10만 명당 남자 27.2명, 여자 9.5명, 세계 15위(1999)
경제 자유 지수	세계 38위
남녀 평등 지수	0.753, 세계 13위
여성 국회의원 비율	39퍼센트, 세계 10위
노벨상 수상자	10명(14위)
법인세율	33.99퍼센트(국세), 세계 4위
국가 이미지 조사	세계 13위

1. 투자 매력도 1위의 국가

벨기에는 오늘날 외국인이 가장 투자하고 싶어 하는 투자 매력도 세계 1위의 국가이다. 벨기에가 이처럼 투자자들에게 인기를 끌고 있는 것은 가상 이자율 공제 제도 때문이다. 가상 이자율 공제 제도란 기업의 고유 자본 투자를 장려하기 위한 조치로 고유 자본 투자 시 가상 이자액을 과세 대상인 투자 수익에서 공제해 주는 제도를 말한다. 가상 이자라는 용어를 도입한 것은 만일 고유 자본 투자자에게 해당되는 금액을 대출 받았더라면 금리를 지불해야 했으나 실제로는 고유 자본을 투자하였기 때문에 가상적인 이자라고 한다. 이 제도로 인해 법인의 실제 소득 과세액이 낮아지고 결국 법인세가 주는 결과를 가져오기 때문이다. 2008년 당시 가상이자율은 4.473퍼센트였다.

2011년 벨기에에 들어온 해외 자본은 891억 달러인데 특히 전 세계 주요 제약사 140개 중 110개 사가 벨기에에 투자할 정도로 벨기에 정부는 이들 해외 자본을 적극적으로 유치하고 있다. 이는 고용 효과를 높이고 경제 성장에 도움이 되기 때문이다.

벨기에는 지정학적으로 이동이 편리한 유럽의 중심 국가여서 20년 전까지는 금융, 보험, 유통 등 대기업이 성장하다가 근래에 들어서는 새로운 틈새시장에 진입, 새로운 국부를 창출하고 있다.

벨기에는 그간 축적된 기술력을 바탕으로 중간재의 신상품을 개발해 왔는데, 일반 소비자들에게는 잘 알려져 있지 않으나 그 분야에 세계적인 기업들이 많다. 솔바이 화학, 바스프 화학, 2차 전지의 유미코아, 암 진단 치료기로 유명한 IBA, 철도 신호 시스템의 알스톰 에너지, 섬유 기계의 피카놀, 풍력 터빈 기어박스의 한센 트랜스미션, 인슐린 분야의 코수크라, 유산균의 갈락틱 등이 바로 세계 1, 2위를 다투는 중간재 생산 기업들이다.

또한 벨기에는 유럽에서는 두 번째로 큰 항구이자 세계 최대의 화학 클러스터인 안트워프 항구를 보유한 국가이며 화물 운송 순위로는 유럽 3위, 풍력과 태양열 등 환경 산업 수출로는 세계 4위의 국가이고, 약품 개발 분야에서도 세계 최고 수준을 달리고 있다. 플라스틱 가공 산업 분야에서도 1인당 플라스틱 생산량 180킬로그램, 플라스틱 가공품 생산량 650킬로그램으로 이 분야 세계 1위이다. 그러나 이러한 기업들은 대체로 중소기업이 많다.

2. 벨기에의 대표 기업

벨기에는 인구 1천만 명의 작은 나라이지만, 국민총생산은 한국의 절반 수준에 가까워 1인당 소득이 4만 7천 달러에 이르는 강소국이다. 강소국 벨기에에는 세계 500대 기업 중 4개가 포진해 있다.

1) AB 인베브

우선 우리도 아는 스텔라, 벡스 맥주를 생산하는 AB 인베브 사가 있다. 200개가 넘는 맥주 브랜드를 가지고 있는 이 회사는 1366년에 창업, 무려 800년에 가까운 긴 역사를 가지고 있다. 2011년 매출은 390억 달러로 세계 500대 기업 중 265위이며 11만 6천 명의 종업원이 근무하고 있고, 전 세계 80개국 이상에 맥주

AB 인베브의 대표 상품 중 하나인 스텔라 아르투아에서 스텔라
는 별이라는 뜻이고 아르투아는 이 맥주를 최초로 제조한 사람
의 성을 뜻한다. 스텔라 아르투아는 황금색에 파인애플향이 나
며 맛이 뛰어나 맥주의 본 고장인 독일에서도 인기가 높은 맥주
이다.

를 수출하고 있는 벨기에 최대 기업이다.

　AB 인베브는 지금은 식료품과 맥주를 생산하지만 본래는 맥주
회사로 출발했다. 오늘날 남아메리카의 맥주 및 청량음료 시장을
거의 다 장악하고 있으며 전 세계 130개국에 지점을 가지고 있다.
주요 브랜드로서는 스텔라 아르투아, 벡스, 안타르 씨티카, 스콜
등의 맥주가 유명하다. 현재 세계 맥주 시장의 25퍼센트를 장악하
고 있는 맥주 업계 최대 기업으로 손꼽히고 있다.

　주력 브랜드인 스텔라 아르투아에서 스텔라는 별이라는 뜻이고,
아르투아는 이 맥주를 최초로 제조한 사람의 성을 뜻하는데, 황
금색 액체에 쌉쌀하면서도 파인애플향이 나는 맛이 일품이다. 여
름에는 섭씨 3도에 냉장되었을 때 가장 맛이 좋다. 맛이 워낙 뛰

어나서 맥주의 본 고장인 독일에서도 소비자가 많다. 개인적으로도 유럽에 갔을 때 가장 자주 마시는 맥주인데, 2013년부터는 한국의 대형마트에서도 판매되고 있다.

피보 맥주 회사는 1853년 창업한 맥주 회사로 주필러라는 브랜드로 알려져 있다. 1987년 주류 메이커인 알토브와 합병되어 인터브류 산하로 들어갔으며 현재는 AB 인베브 산하에 있다. 주필러라는 브랜드는 양조장이 있었던 동네의 이름에서 딴 것이다. 이 회사의 맥주 알코올 도수는 5.2퍼센트로 다소 높은 편이나, 벨기에 국내에서 가장 인기가 높다.

2) 델헤즈 그룹

벨기에에서 두 번째로 큰 회사는 1867년에 설립된 델헤즈 그룹 (Delhaize Group)으로 주로 식품류를 판매하는 슈퍼마켓, 편의점 체인을 운영하는 기업이다. 293억 달러(2011년 기준)의 매출에 전 세계 13만 6천 명의 종업원을 거느리고 있다. 이 회사는 벨기에 국내에 805개의 점포가 있으며 독일, 룩셈부르크, 체코, 불가리아, 그리스, 루마니아, 미국, 인도네시아 등에 총 2,705개의 점포가 있는 세계적인 슈퍼마켓 체인이다.

3) 덱시아 그룹과 KBC 그룹

3위는 은행, 금융, 보험업을 하는 덱시아 그룹(Dexia Group)으로 285억 달러(2011년 기준)의 매출을 올렸으나 2011년 10월 파산 직전에 프랑스와 벨기에 정부의 900억 유로에 달하는 부채 보증으로 다시 회생 중이다. 4위는 은행금융업을 하는 KBC 그룹이다. 이 회사는 260억 달러(2011년 기준)의 매출을 올린 세계 423위의 대기업이다.

4) LS 모델스

벨기에는 유럽의 중심에 위치해 있어서 철로가 유럽의 각 국가와 잘 연결되어 있다. 그러다 보니 자연스럽게 기관차와 열차를 만드는 산업도 발전하기 시작했다. 벨기에에 국제 침대차 회사가 1872년 실업가 조르주 나겔마커스에 의해 설립된 것도 이와 무관하지 않다. 그는 유럽 전체를 무대로 활약하던 기업가였다. 그러다 어느 날 독자적인 철도 노선과 기관차를 갖게 되어 여기에 초호화 침대차와 식당차를 연결한 오리엔트 특급 열차를 소유하면서 국제 열차 노선을 운행하게 되었다. 바로 오늘날 그 유명한 오리엔트 특급 열차가 벨기에 기업의 소유이다.

기차 모형으로 유명한 LS 모델스도 벨기에의 기업이다. LS 모델스는 철도 모형 메이커로서 전 세계적으로 유명하다. 이 회사가 만든 철도 및 열차의 모형은 최고의 품질로 디자인이 뛰어나며 아이들 장난감으로 큰 인기를 끌고 있다. 1992년 다니엘 피론이 설립한 기업으로 초기에는 프랑스 쥬프 열차의 곡물 운반 화차 및 차량 운반 기차, 국제 침대 철도 회사의 식당차 등을 주로 팔았다. 이후 주요 모형 제품으로는 벨기에, 프랑스, 네덜란드의 철도 모형 차량과 룩셈부르크, 스위스 및 유럽 여러 나라의 차량 모형을 판매하고 있다. 철도로는 벨기에의 철도 모형인 클라스 13 전기 기관차 등 7종, 프랑스의 철도 모형인 CC40100 기관차 등 6종, 스위스의 기관열차, 독일의 전차 등이고, 객차로는 벨기에의 각종 객차, 프랑스의 침대차, 스위스의 객차, 국제 열차 등을 만들어 판다.

5) 반훌

벨기에의 버스 제조 회사로서 유명한 기업이 반훌(Vanhool)이다. 연간 1,300대의 버스를 안트베르벤의 공장에서 생산하고 있으며 트레일러 차체도 생산한다. 버스 중에서는 주로 관광버스 TD-824 아스트로 메가 등 4개 기종, 시내 출퇴근용 버스로는 A-300 등 9개 기종을 주로 생산하고 있다.

6) 넷로그

넷로그는 벨기에에서 태어난 소셜 네트워크 서비스 사업이다. 주로 유럽의 젊은이들을 타깃으로 하고 있는데 유럽에서는 페이스 박스 혹은 빙 박스(Bing Box)로 불리우고 있다. 2007년 3월 로렌즈 보게르트와 툰 코펜이 벨기에의 핸트에서 창업했다. 현재 영어, 불어, 독어, 중국어, 스페인어, 네덜란드어 등 25개 국어로 7천만 명의 사용자를 보유하고 있다. 넷로그 상에서 회원들은 자신만의 웹페이지를 만드는 것이 가능하며 자신이 좋아하는 음악 리스트를 공개할 수도 있고 동영상도 공유할 수 있으며, 블로그를 공유할 경우 특정 그룹에 참가할 수도 있다.

7) 아그파 필름

아그파 필름 또한 벨기에 기업으로 지금은 인쇄기기, 의료기기, 마이크로필름, 폴리에스테르 등을 제조한다. 과거에는 주로 사진용품과 필름을 제조, 판매하던 회사였으나 필름 산업이 철퇴를 맞으면서 사업 영역을 바꾸었다. 1981년부터 1999년까지 독일의 종합 화학 약품 회사인 바이엘 약품의 자회사였다가 2004년 이후 사진 사업 분야는 아그파 홀딩스로 분리되었다. 본래 이 회사는 작곡가를 아버지로 둔 바울 멘델스존 등 네 명이 1867년 창업한 화학 약품 제조사였다. '아그파'라는 말은 그 네 명의 공동 창업자의 이름 첫 글자를 따서 만든 것이다. 1891년에는 발매된 희석식 현상액 로지나르가 호평을 받았는데 이후 그 제품은 2007년까지 115년간 판매된 롱 셀러가 되었다. 1936년에는 현재 사진작가들이 많이 사용하는 슬라이드 필름을 개발, 판매하여 세계 최초로 아그파 컬러 필름을 발매했고, 이어 일반인들이 많이 사용하는 네거티브 필름을 발매했다. 이후 미국의 코닥, 일본의 후지 필름 등과 더불어 세계 필름 시장의 3대 메이커였으나 1983년 카메라 및 카메라 필름 분야에서 완전히 철수하였고, 아그파 필름은 2005년 5월 27일 파산하였다. 그 이후에도 부분적으로 모노크롬 필름과 인화지 사업을 이어가고 있지만 판매 정도는 미미한 수준이며 현재는 미디어 사업을 수행하고 있다.

3. 벨기에의 노포와 아이디어 제품들

1) 초콜릿 기업들

유럽의 여러 나라 가운데 초콜릿 소비가 가장 많은 나라는 스위스로 1인당 연간 10.2킬로그램이며 이어 독일, 벨기에, 덴마크, 영국, 노르웨이 등의 순이다. 초콜릿 소비에서 3위인 벨기에는 연간 9.69킬로그램의 초콜릿을 소비할 정도로 소비량이 많다. 이처럼 소비가 많다 보니 초콜릿은 벨기에를 대표하는 산업이 되었다. 현재 벨기에에는 매출액 40억 원 이상의 초콜릿 회사가 87개 있으며, 이 분야의 종사자 수는 7천 명 정도이다. 연간 매출을 보면 2008년에 20억 3천만 유로였고, 그중 생산의 70퍼센트가 해외로 수출되었다. 벨기에의 내수 소비시장 규모도 5억 6천만 유로로 굉장히 큰 편이다. 최근 아시아 지역의 초콜릿 소비가 늘어나면서 벨기에를 대표하는 고디바, 레오니다스 사는 중국의 대도시에 직영

매장을 오픈했으며, 최근에는 중동 지역에도 매장을 내고 있다.

현재 세계에서 가장 큰 초콜릿 회사는 스위스의 칼리바우트(Callebaut)인데 소유주는 스위스인이나 경영진은 벨기에 사람들이 담당하고 있다. 그 정도로 벨기에인은 초콜릿의 생산, 제조, 마케팅에 관해서 세계적인 노하우를 가지고 있는 것이다. 그것은 스위스의 네슬레가 보유한 피에르 마르콜리니의 경우도 마찬가지이다. 이 회사의 경영진 또한 대부분이 벨기에인들이다.

유럽 사람들은 초콜릿하면 벨기에산을 먼저 떠올린다. 그 초콜릿이 바로 고디바이다. 고디바는 벨기에에서 창업한 최고급 초콜릿의 대명사이다. 벨기에 왕실도 고디바 초콜릿을 애용하는데 왕실의 어용상점이기도 하다. 현재는 터키의 식품 회사인 율커 그룹의 산하에 들어갔지만 미국, 유럽, 아시아 등에서 여전히 초콜릿 관련 사업을 계속하고 있다. 고디바가 창업한 것은 1926년 브뤼셀에서였다. 1958년에는 프랑스 파리에 지점을 내면서 해외 시장 개척을 시작했고, 1966년에는 캠벨이라는 회사의 지원을 받아 미국에 진출했다. 1972년에는 캠벨 사가 이 회사를 사들였는데, 2007년에 경영 전략이 서로 달라 캠벨 사는 매각을 결정했고, 터키 최대의 식품 회사인 율커의 계열사가 되었다. 이 회사는 전 세계 80개국에 직영점을 가지고 있으며 미국에는 1천 개 이상의 매장에서 초콜릿을 팔고 있다.

"뉴욕에서 파리까지, 도쿄에서 두바이까지 전 세계에 최고의 벨기에산 초콜릿을 제공한다. 이것이 우리의 자부심이다"라는 말에서 고디바의 자신감을 엿볼 수 있다.

레오니다스 초콜릿 또한 세계 각국에서 판매되는 벨기에의 대표적인 초콜릿이다. 주요 제품으로는 브라리네 밀크 초코 페이스트 등 소프트한 식감을 소재로 한 초콜릿이 있으며 딱딱한 초콜릿인 마르티반이 있다. 이 회사의 창업주는 상호 이름 그대로 레오니다스인데, 그는 1900년대 초 미국에서 과자 만드는 것을 배운 후 1910년 벨기에로 건너가 브뤼셀의 만국 박람회에 참가했고, 그가 만든 초콜릿이 금메달을 수상하면서 주목을 받았다. 그는 1913년 벨기에의 만국박람회에 또다시 참가했고, 브뤼셀에 머물던 중 현지 여인과 결혼하여 이후에는 벨기에에 눌러앉았다. 이때부터 그는 벨기에에서 초콜릿 사업을 전개하였다. 1935년 그의 처남에게 가게를 물려주었고, 그의 처남이 국왕이었던 레오니다스 1세의 초상을 이 회사의 상징으로 채용하기 시작했다. 그 후 이 상품은 레오니다스 회사의 간판 상품이 되었다.

초콜릿으로 유명한 또 다른 노포로는 위트머 과자 가게를 들 수 있는데 이곳은 1910년 수도인 브뤼셀에서 앙리 위트머가 창업한 과자 가게로 벨기에 왕실의 어용상점이기도 하다. 주요 상품은 케이크와 초콜릿, 빵 등이다.

2) 벨기에의 아이디어 제품들

벨기에의 아이디어 제품 중 하나로 우선 잡초만 골라 뽑는 로봇을 들 수 있다. 이 로봇은 벨기에 농과대학에서 개발한 신형 로봇이다. 채소를 기를 때 가장 문제가 되는 것이 잡초의 번식이다. 그러나 사람이 일일이 하나씩 잡초를 제거하기에는 노동력과 시간이 많이 든다. 벨기에에서 만든 이 로봇은 농작물 속에서 자라는 잡초의 키 높이와 색깔을 센서를 통해 인식하여 잡초만 제거하는 핵심적 기술을 가지고 있다. 아그로 바이오테크 사가 개발한 이 로봇은 키 높이는 물론 농작물과 잡초가 서로 색깔이 다르다는 점을 인식하는 시스템을 가지고 있는데, 현재 이 로봇이 잡초를 제거하는 정확도는 80퍼센트로, 향후 100퍼센트까지 효율을 높이는 것을 목표로 하고 있다.

최근 전 세계에 친자 확인 소송이 늘고 있는데 문제는 인간 게놈을 분석하는 비용이 너무 많이 든다는 것이다. 벨기에의 바이오테크 업체인 DNA 비전 사는 단 한 번의 분석 작업으로 인간의 유전자 코드 30억 개를 단번에 읽을 수 있는 첨단 기술을 개발하여 약 1천만 원에 게놈 유전자 코드를 100퍼센트 파악하고 있다.

주방용 세제 업체인 에코버는 1980년대 초부터 설탕의 자연 효모로 발효시킨 가정용 천연 세제를 생산해 왔다. 최근 이 회사는 가정용 세제의 용기가 플라스틱으로 되어 있어 그것을 생산하고 폐기하는 데 막대한 에너지가 든다는 사실에 착안, 사탕수수로 폴리에틸렌을 생산하여 그것으로 세제 용기를 생산하고 있다. 이렇게 할 경우 플라스틱 병에 비해 이산화탄소 배출량이 75퍼센트나 줄어든다. 이 회사는 장차 포장재 등을 비롯하여 모든 용기를 사탕수수로 만든 천연 용기로 대체한다는 목표를 가지고 있다.

비리닥시스 사는 진딧물만을 골라서 먹는 난쟁이 말벌을 생산, 판매하고 있다. 채소를 기를 때 각종 벌레와 진딧물로 인한 피해가 날로 커지면서 농민들은 지금까지 살충제를 사용해 왔다. 그러나 살충제는 인간의 몸에 해롭고 환경을 파괴하기 때문에 뭔가 천연적인 방법이 없을까 하고 연구하다가 진딧물의 영양분을 빨아먹어 죽이는 말벌을 생산해 낸 것이다.

벨기에는 지리적으로 유럽의 중심에 있는 물류 산업 대국이어서 전 국토에 영국, 프랑스, 독일 등 각국 대기업의 물류 창고가 많다. 물류 창고는 대체로 크기가 대규모인데 벨기에는 전력도 생산하고, 화석 에너지로부터 생산되는 공해도 줄이려는 이중의 목적을 가지고, 전 물류 창고의 지붕에 태양열 발전 설비를 설치해 나가고 있다. 이를 통해 벨기에는 5년 이내에 전체 전기 사용량의 15퍼센트를 물류 창고 지붕에서 생산되는 태양열 전기로 대체한다는 목표를 세우고 있다.

또한 벨기에는 동물성 기름으로 24시간 달릴 수 있는 자동차 엔진을 생산하는 데 성공했다. 벨기에의 재생에너지 회사인 엘렉트라

윈드스 사는 2006년 벨기에의 자동차 경주 시합에 세계 최초로 동물성 기름으로 24시간을 달릴 수 있는 자동차를 선보였는데, 이러한 기술을 바탕으로 감자를 튀길 때 나오는 폐기름이나 동물성 기름으로 바이오 메스 발전소를 만들어 여기서 생산되는 에너지로 3만 2천 가구에 전력을 공급하고 있으며 연간 6만 6천 톤 규모의 이산화탄소 배출 절감에 기여하고 있다. 1998년 10명으로 창업한 이 회사는 단 10년 만에 종업원 200여 명에 벨기에 최고의 재생에너지 생산 회사가 되었다. (자료 출처: 코트라 벨기에 무역관)

3) 클래식 멀티 패션 숍, 드간

벨기에의 브뤼셀에 있는 에비뉴 드간 거리에는 세계 최고의 패션 상품 숍 드간(Degand)이 있다. 이 가게는 유럽 최고의 클래식 패션 멀티 숍으로 손꼽힌다. 유럽의 상위 1퍼센트는 드간의 패션 상품에 열광하는데, 벨기에의 왕족이나 귀족들도 단골인 유명한 점포이다. 구두, 양복, 넥타이, 모자, 지팡이, 와이셔츠, 양말, 골프복, 티셔츠 등 세계 최고의 제품을 전시, 판매하는 이 매장은 매장 자체가 예술이다. 벨기에의 VIP는 물론 전 세계의 부호들이 이용하는 이 가게는 품질과 디자인 모두 단연 세계 최고의 품질로 인정받고 있다. 이 회사의 슬로건은 "이 세상에 열정을 능가하

는 것은 없다"인데, 끊임없는 열정으로 상위 1퍼센트의 고객이 감
동할 만한 상품을 개발, 판매하고 있다. 영업 비결도 간단하다. 드
간의 CEO인 피에르 드간은 이렇게 말한다.

"그저 매장에 서 있었을 뿐이에요. 30년 동안 하루도 빠지지 않
고 매일."

즉, 꾸준함이 성공의 비결이라는 것이다.

드간은 품질에서뿐만 아니라 디스플레이에 있어서도 타의 추종
을 불허한다. 제일모직에서 아스트라 골프웨어를 만들던 1996년,
삼성 그룹의 이건희 회장은 드간의 이름을 직접 언급하면서 매장
의 디자인을 벤치마킹하라고 지시하기도 했다.

벨기에의 대표적인 노포들

1074 Affligem Belgium Brewery
1366 Stella Artois Belgium Brewery
1654 Huyghe Belgium Brewery
1680 Simonis Belgium Cloth
1725 Bexco Belgium Rope

로열 워렌트의 권위
– 영국의 상도

국가 개요

인구	6,339만 명
실업률	8.2퍼센트
경제 성장률	0.76퍼센트, 세계 162위(2011)
국민 총생산	2조 2,460억 달러, 세계 6위(2010, 세계은행)
1인당 소득 수준	3만 8,811달러, 세계 21위(2011, IMF)
환경 배려국	68.82점, 세계 9위(2012, EPI)
국제 경쟁력 지수	세계 8위
달러 보유고	945억 달러, 세계 22위
경상수지	465억 달러 적자(2011)
경제 자유 지수	세계 14위
남녀 평등 지수	세계 16위
여성 국회의원 비율	22퍼센트, 세계 56위
국제 특허 출원	4,844건, 세계 7위(2011, WIPO)
노벨상 수상자	108명, 세계 2위
법인세율	26퍼센트(국세), 세계 16위
국가 이미지 조사	세계 14위
인공위성 보유 수	29대

1. 영국 여왕의 가치는 80조 원

로열 워렌트(Royal Warrant)라는 말이 있다. 영국의 왕실에 물건을 납품하는 어용상인을 보증해 주는 제도를 말한다. 이 제도는 18세기 후반에 시작되었다. 영국의 왕실에 물건을 납품하기 위해서는 매우 까다로운 조건을 충족시켜야 한다. 제품의 품질은 물론이고 납품자의 성실성 등을 인정받아야 함은 당연한 일이고 그러한 업체를 선정하기 위한 로열 워렌트 협회의 모든 기준을 통과해야만 한다.

로열 워렌트라는 문장을 받기 위해서는 왕실 어용상인 위원회에서 일단 품질을 인정받고 왕실에 3년간 무료로 제품을 제공해야 하며 5년 이상 꾸준한 거래를 이어갈 수 있는 능력이 있어야 하고, 거래가 시작된 후 7년이 경과했을 때부터 심사 대상에 올려진다. 이후 늘 최상의 품질과 왕실에서 필요한 만큼의 납품량을 제때에 공급할 수 있는지에 대한 여부, 왕실과 좋은 관계를 유지할 수 있는지 등을 심사하게 된다.

심사에서 통과를 하게 되면 '체인벌리 결의 법령'에 의거하여 공식 로열 워렌트 보유자 리스트에 그 이름이 올라가게 된다. 리스트에 이름이 올라간다는 것은 영국에서는 상업적으로 가장 명예로운 위치에 오른 것으로 인정되며, 그 자신이 생산하는 제품 혹은 서비스의 질에 대해서는 영국 여왕이 이름을 걸고 보증한다는 뜻이 된다. 로열 워렌트가 되면 일단 영국 소비자들이 신뢰할 뿐만 아니라 금융권에서도 신용등급 최상위권으로 분류된다. 현재 로열 워렌트의 허가 대상은 '왕실 멤버에게 납품하는 상인'으로 개인 또는 회사이다. 개인의 경우는 별 문제가 없는 한 로열 워렌트가 평생 동안 지속된다. 그러나 유흥업소 종사자, 엔터테인먼트 업종, 은행가, 변호사, 회계사, 이벤트 회사 등은 허가 대상에서 원천 배제된다.

로열 워렌트가 되면 상당한 이익과 권위가 따라붙는다. 영국 왕실의 공식 문장을 자사의 상표, 포장, 건물, 차량 등에 부착할 수 있는 권리를 자동적으로 부여받게 되며, 또한 자신의 상행위로 인쇄되는 모든 포장지 혹은 공문에 '바이 어포인먼트 투(By Appointment To)'라는 문구를 사용할 수 있다. 즉, 자신들이 만든 상품이 왕실에서 인정받았다는 것을 쓸 수 있는 것이다.

로열 워렌트가 되기 위해서는 여왕 엘리자베스 2세와 남편인 에딘버러 공, 찰스 황태자와 황태후 중에서 최소한 한 명의 허가가 있어야 한다. 이렇게 해서 현재 로열 워렌트로부터 인정받은 영국 왕실의 어용상점은 2012년 6월 1일을 기준으로 928개 사이다. 이중 엘리자베스 여왕이 칙허를 내려 승인한 회사는 705개 사, 찰스 황태자가 허가한 회사는 174개 사, 에딘버러 공이 허가한 회사는 40여 개 사이다. 엘리자베스 영국 여왕, 찰스 황태자, 에딘버러 공 이렇게 3인이 동시에 허가한 납품 사업자는 겨우 7개 사에 불과하다.

로열 워렌트의 대표적인 브랜드로는 패션에 아쿠아 스큐텀, 버버리, 닥스, 도자기의 웨지우드, 로열 덜튼, 홍차의 트와이닝스, 자동차의 벤틀리, 랜드로버, 애스턴 마틴, 복스홀 등이 있고, 벽시계의 찰스 프러드샴, 담배의 벤슨&헤지스, 겨자의 콜만스, 오디오의 린 프로덕스, 피아노의 스타인웨이&선스 등이 있다. 단, 영국 왕실에 납품하는 로열 워렌트의 자격은 단지 영국 국내의 기업이나 장인만 되는 것은 아니다. 외국의 어떠한 기업이나 장인일지라도 심사에 참여할 수 있으며, 로열 워렌트 협회로부터 인정받으면 납품이 가능하다.

로열 워렌트가 되면 해당 업소는 영국 최고의 품질로 인정받게 된다. 또한 그에 따른 경제적 이익도 상당하다. 초기 3년간은 무료로 납품하여 손해가 많이 발생할 것 같지만, 그보다는 이익이 훨씬 많다. 영국 여왕의 경제적 가치는 약 80조 원으로 추정된다. 이는 영국을 대표하는 소매점 기업인 태스코 혹은 세계적인 의류 브랜드인 마크&스펜서보다 훨씬 큰 규모이다. 여왕이 사용하고 있는 모자, 코트, 구두, 시계, 목걸이, 스카프, 반지, 양말 등은 움직일 때마다 텔레비전, 신문 등에 그대로 노출되므로 해당 업체는 자연스럽게 광고가 되고 그로 인한 경제 파급 효과는 상상을 초월한다.

예컨대 영국의 윌리엄 왕자가 어느 순간부터 넥타이를 매지 않자 넥타이를 매지 않는 유행이 시작되었고, 이 때문에 넥타이의 판매가 급감하였다. 대신 나비넥타이, 행커치프, 멜빵 등 액세서리류의 매출은 크게 증가했다. 그만큼 왕실의 권위는 막강하다.

1) 로열 워렌트를 받은 자동차 회사들

1913년에 창업한 애스턴 마틴은 영국의 자동차 브랜드 중에서는 단연 최고다. 창업 이후 지금까지 품질을 중시하는 자세로 자동차를 만들고 있으며 조립은 물론 내장, 도장 등 거의 대부분의 전 과정을 숙련된 장인들이 직접 손으로 만드는 것으로 유명하다. 워낙 비싼 최고급 자동차를 만들다 보니 한때는 고객이 없어 경영난에 빠지기도 했는데, 1987년부터는 미국 포드 사의 계열사로 편입되었다. 이후 경영 상태가 안정되면서 영화 007 시리즈에 단골로 나오는 자동차를 만들기도 하였다. 이 자동차의 대당 가격은 2억 원이 넘으며 2011년에만 4,200대를 판매했다.

복스홀 또한 영국의 왕실이 사용하고 있는 최고급 영국제 승용차이다. 복스홀은 미국의 GM 산하의 현지 법인이 되었지만, 본래는 영국의 자동차 회사였다. 복스홀은 처음에 기계를 생산하던 메이커였으나, 1903년 자동차의 시대가 열리자마자 승용차를 제조하기 시작했다. 한때는 스포츠카를 만들기도 했으나 지금은 승용차에만 전념하고 있으며 세계적인 명차를 생산하는 자동차 메이커이다. 복스홀은 유서 깊은 자동차 제조 회사이지만 전통에 매어 있지는 않다.

"우리는 자동차 발전사에 수많은 공을 세웠지만, 여전히 앞으로의 성공만을 보고 달린다." 이것이 복스홀의 신념이다.

캐스트롤은 영국 왕실 차량에 자동차 오일을 납품하는 오일 전문 생산 회사이다. 1899년 영국 런던에서 창업한 이후 지금까지 줄곧 순정 오일만을 공급하고 있다. 오프로드 카로는 랜드로버가 영국 왕실의 로열 워렌트를 받은 업체이다. 랜드로버는 1948년 로버 모터스 사가 오프로드용으로 차량을 만들어 팔기 시작한 것이 그 시작으로, 이후 현재까지 전 세계 SUV 차 중에서 세계적인 명성을 얻고 있는 기업이다. "신형 모델, 세련미 향상, 기술 혁신, 효율 향상 및 배출량 감소라는 '혁신 문화'를 통해 우리는 계속 발전해 왔다." 이것이 랜드로버의 정신이다.

마지막으로 영국 왕실이 가장 선호하는 승용차로 벤틀리가 있다. 벤틀리는 1919년 월터 오웬 벤틀리가 설립했으며, 1930년대까지 영국을 대표하는 자동차 회사였다. 이후 1931년 롤스로이스 사에 매각되면서 롤스로이스 사의 엔진을 공유했고, 스타일도 롤스로이스 사와 유사하게 변모하였다. 그 후 1998년에 독일의 폭스바겐이 롤스로이스와 벤틀리를 인수하였으나, 영국 왕실에서는 여전히 고급스러운 명차로서 벤틀리 승용차를 납품받고 있다.

2) 리쿼(liquor) 종류

왕실이 사용하는 샴페인으로서는 프랑스제 모엣샹동이 있다. 모엣샹동은 프랑스를 대표하는 가장 뛰어난 품질의 샴페인 제조사이다. 창업은 1743년으로 현재는 프랑스 패션 그룹인 루이뷔통 모엣 헤네시 그룹의 산하 기업이다. 1,500에이커에 달하는 포도밭을 소유하고 있으며 매년 2백만 병 이상의 샴페인을 출하하는 세계적인 샴페인 대기업이다.

위스키는 스코틀랜드에서 제조된 라프로익(Laphroaig)이라는 싱글 몰트 위스키를 납품받고 있다. 라프로익은 스코틀랜드 서해안에 있는 아일라 섬의 스코틀랜드 위스키 증류소의 이름이다. 여기서 생산되는 위스키를 라프로익이라고 부른다. 창업주는 존스톤 형제로서 1810년 아일라 섬의 라프로익에 들어가 살기 시작하면서 처음에는 목축을 하기 위해 가축 사료로 대맥을 재배하다가, 그것으로 위스키를 제조하기 시작했다. 이후 2005년에는 프랑스의 식료품 회사인 페르노리카(Pernod Ricard) 사가 인수하였다.

진(Gin) 종류로는 고든스 진을 납품받고 있다. 런던의 클러켄 웰에 있는 증류소에서 스코틀랜드 기술자인 아레크 선더 고든이라는 사람이 1769년부터 만들기 시작한 진이다. 그는 초기에 드라이진으로 큰 성공을 거두었는데, 지금까지 제조법을 한 번도 변경하지 않고 줄곧 생산해 오고 있으며, 영국의 특허까지 취득했다. 현재 제조 방법을 알고 있는 사람은 전 세계에서 단 12명이 채 되지 않는다. 즉, 제조 방법을 200년간 철저하게 비밀로 숨겨 온 것이다. 소설 007 시리즈의 「카지노 로얄」에서 제임스 본드가 칵테일을 주문할 때 단골로 나오던 진이기도 하다.

3) 패션

구두는 존 롭 사가 납품하고 있다. 1829년 영국의 콘월에서 태어난 존 롭이 호주의 광산 노동자를 위한 부츠를 만들기 시작하면서 구두 장인으로 돈을 벌어 1866년 런던에서 자신의 구두 가게인 '존 롭'을 연 것이 그 시작이다. 존 롭의 구두는 고품격 맞춤 구두로서 명성이 높으며 주요 고객은 왕실 외 정치가, 사업가, 귀족들이다. 1976년 존 롭은 프랑스의 에르메스 그룹에 인수 합병되어 기성화도 생산해서 판매하고 있으나, 영국에 있는 비스코프 공방은 여전히 수제화만을 전문적으로 만드는 공방으로 독자적인 사업을 계속하고 있다.

존 롭의 구두는 한 켤레를 만들 때마다 무려 190단계의 제조 공정을 거치는데, 한 켤레의 구두 제조에 걸리는 기간은 8개월에 달한다. 존 롭의 장인이 구두 한 켤레를 제작하기 위해서는 우선 먼저 고객의 발을 만져 보면서 발의 특징을 확인하고 이후 종이에 발을 대고 밑그림을 그린 후 발등의 높이, 복사뼈의 튀어 나온 정도, 발뒤꿈치의 길이 등 발 전반에 관한 모든 요소를 측정한 후 나무로 고객의 발과 똑같은 구두 골을 만들게 된다. 이어 투명한 비닐 또는 가죽으로 샘플 구두를 먼저 만들어 본 후 다시 고객을 찾아가 샘플 구두를 신겨 보고 문제가 있는지 확인한다. 이어 가죽의 종류, 색깔, 태슬의 여부, 버클의 요구 조건 등을 파악한 후 실제 제작에 들어간다. 염색의 경우 존 롭은 자신들만의 특이한 염색 방법인 '뮤지엄 카프'라는 방식으로 염료를 직접 손으로 바르면서 자연스럽고 독특하면서도 깊이 있는 색감을 낸다. 이렇게 사람 손으로 염료를 칠하다 보니 구두의 부위에 따라 염료의 농도가 달라져서 부분적으로 얼룩덜룩해 보이기도 하는데 그것이 뜻밖에 기계로 똑같이 염색한 구두보다 훨씬 더 고급스러운 분위기를 만든다.

존 롭은 2000년 이전에 출시한 모델의 경우 그 제품을 처음 주문한 귀족의 이름을 붙이는 것으로 유명하며, 최근에 출시되는 모델은 영국의 지명을 따서 그 이름을 정하기도 한다. 다만 윌리엄 왕자가 만 20세 기념으로 맞춘 구두에는 모델명 윌리엄이라는 이름이 붙어 있다. 윌리엄 모델은 두 개의 버클이 등을 덮고 있는 디자인으로 유명하며 윌리엄이 구두를 맞춰 신은 이후 영국은 물론 전 세계에서 가장 인기 있는 모델이 되었다. 이처럼 존 롭에서 만든 맞춤 구두는 일반 가죽의 경우 켤레 당 990만 원부터이며 악어가죽은 2,200만 원에 판매된다.

패션 액세서리로는 하베이 니콜스 사가 납품한 것을 받는다. 1831년 영국 런던에서 개업한 하베이 니콜스 사는 여성용 백, 구두, 보석, 액세서리 외에 코트, 재킷, 바지, 비치웨어, 란제리 등을 만드는 기업으로 성장했는데, 이 회사에서는 액세서리만을 구입하고 있다.

우비는 1894년부터 생산하고 있는 영국의 바버 사로부터 납품받으며, 울 스웨터는 1755년에 설립된 울시로부터 납품받고, 향수는 1755년에 설립된 프랑스의 허비간으로부터 납품받고 있으며, 보석은 1722년에 설립된 영국 게러드 사가 1843년 빅토리아 왕조 시대부터 왕실 어용상점으로 인정받아 현재까지 귀금속과 보석을 납품하고 있다.

트렌치코트는 1856년에 설립된 버버리 사로부터 납품받고 있다. 본래 이 명칭은 보어전쟁 때, 토머스 버버리 부자에 의해 만들어진 트렌치코트의 전신이었던 영국 장교들의 레인코트의 방수 가공된 코튼 개버딘을 말하는 것이었는데, 현재는 그것과 비슷한 레인코트나 천을 총칭해서 부른다. 대표작은 GWBⅡ라는 명칭을 가진 수티앵 칼라 코트이다. 버버리는 1919년부터 영국 왕실에 트렌치코트를 납품하기 시작하여 현재까지도 영국 왕실의 어용상점으로 지정되어 있다. 버버리 코트는 훗날 탐험가들이 오지를 탐험할 때 품질이 우수하여 많이 착용하면서 유명세를 떨쳤고, 특히 1911년 남극점에 도달했던 노르웨이의 탐험

버버리 사는 토머스 버버리 부자가 1856년에 창업한 회사로 1919년부터 영국 왕실에 트렌치코트를 납품하기 시작하여 현재까지도 영국 왕실의 어용상점으로 지정되어 있다. 버버리 코트는 품질이 우수해서 남극점에 도달한 아문센을 비롯해 수많은 탐험가들이 오지를 탐험할 때 착용한 것으로 유명하다.

가 아문센이 이 옷을 입은 것으로 유명하다. "오늘날 청소년들이 직면하게 되는 상황은 100년 전 남극을 향한 도전만큼이나 힘들고 어렵습니다. 버버리가 지난날의 탐험가들에게 옷을 제공하고 격려했던 것처럼 버버리 재단은 청소년들이 그 시기에 겪을 수 있는 불안감을 극복하고 방향을 잡아 앞으로 나아갈 수 있도록 돕고 있습니다." 이것은 버버리 재단이 밝힌 재단의 존재 이유이다.

아쿠아 스큐텀 역시 영국을 대표하는 의류 메이커이다. 1851년 재단사였던 존 에머리가 런던에서 고급 남성복점을 오픈한 것이 역사의 시작이다. 방수천으로 만든 트렌치코트에 엘레강스한 디자인이 돋보이는 아쿠아 스큐텀은 영국 왕실에 주로 납품하고 있다.

4) 식기

영국 왕실이 사용하는 도자기는 로열 덜튼 사가 생산한 것과 1751년에 설립된 로열 워세스터 사로부터 납품받고 있다. 로열 워세스터 사가 영국 왕실에 도자기를 납품하기 시작한 것은 1789년부터로, 현재까지도 계속 납품하고 있으며 영국에서 가장 오래된 도자기 회사이기도 하다. 또 다른 도자기 메이커로서는 1770년 도예가였던 조슈아 스포드가 창업한 스포드 도자기가 있다. 1806년부터 영국 왕실에 도자기를 납품하고 있고, 제1대 사장인 스포드가 개발한 동판 전사 기술로서는 영국 최고의 실력을 인정받고 있는 도자기 메이커이다. 식기 및 잡화는 1904년에 설립된 웨이트로스 사로부터 공급받는다. 본사는 영국 버크셔에 있다. 또한 1707년에 설립되어 런던에 자리 잡은 포트넘&메이슨 사도 왕실에 식기와 잡화를 납품하고 있다.

5) 홍차

홍차는 트와이닝 사의 제품이 납품되고 있다. 트와이닝은 1706년 영국 런던의 스트랜드 거리 216번지에서 세계 최초로 홍차 가게를 연 것이 그 시작이다. 이후 이 가게는 크게 성공했고 현재는 10대째 주인인 스티븐 트와이닝이 경영을 하고 있는 유서 깊은 가게이다. 1837년 영국 왕실에 납품을 시작하면서 정식으로 영국 왕실의 홍차 공급상이 되었다.

음료로는 1800년대 중반에 창업한 게토레이를 만든 브리트빅 사로부터 과일 주스와 게토레이 등을 납품받는다. 초콜릿은 1875년에 설립된 웨일스 지방에 있는 챌본넬 사로부터 납품받고 있다. 과자와 초콜릿은 캐드버리 사로부터 납품받고 있는데, 1824년에 설립된 캐드버리 사는 왕실에 초콜릿과 과자를 납품한 이후 크게 발전하여 오늘날 종업원 7만 2천 명에 2008년 매출이 53억 8천만 유로를 올리는 세계적인 대기업이 되었다.

6) 백화점

백화점은 해러즈 백화점과 존 루이스, 프레이저, 포트넘&메이슨 등 네 곳을 이용한다. 해러즈 백화점은 영국 최고의 백화점으로 그 명성이 자자하며, 한국의 가전 회사들이 영국의 시장에 LED 텔레비전 등을 런칭할 때 그 백화점의 고급 이미지를 살려 우선 전시를 하는 것으로도 유명하다. "모든 이를 위한 모든 것"이 해러즈 백화점의 사훈이다. 즉, 여타의 백화점과는 비교가 되지 않을 정도로 물건의 종류가 많다는 뜻이다.

존 루이스 백화점은 1864년에 영국 런던에서 창업한 대형 백화점으로 종업원 8만 1천 명에 33억 3천만 파운드의 매출(2012년 기준)을 올리는 대기업이다. 프레이저 백화점 또한 1949년에 문을 연 대형 백화점으로 종업원 4,950명의 대기업이다. 포트넘&메이슨 백화점은 1707년 런던 피커딜리 광장에서 창업한 백화점으로 비교적 소규모이나, 150년 넘게 영국 왕실에 제품을 납품해 온 관록과 전통을 가진 백화점으로 인정받고 있다.

7) 기타 제품

독일에서 납품되는 영국 왕실 지정 상품 중에는 요한 마리아 사가 생산한 오데 코롱이 있다. 요한 마리아 사는 1709년 독일의 조반니 마리아 파리나가 이탈리아 향수 기술자와 합작으로 사업을 시작하여 향수를 생산하기 시작했으며 심볼마크인 튤립이 유명하다. 서적은 1797년에 런던 피커딜리 광장에 문을 연 책방 해처드 사가 납품한다. 겨자는 1814년에 설립한 콜만스에서 납품받고 있으며 벽시계는 찰스 프러드샴 사가 만든 벽시계만을 받고 있다. 담배는 1873년에 설립된 벤슨&해지스 사가 만든 퀼런만을 이용하는데, 이 회사가 영국 왕실에 납품하기 시작한 것은 지금으로부터 100년도 전인 1878년부터이다. 오디오 기기로는 1972년에 설립된 영국의 종합 오디오 메이커인 린 사가 공급하고 있다. 본사는 스코틀랜드의 글래스고에 있으며 영국 왕실에 오디오를 납품하는 회사로는 유일하다.

꽃꽂이는 케네스 터너 사가 영국 왕실을 전담하고 있다. 이 회사는 런던에 본사가 있으며 영국 왕실뿐만 아니라 영국 정부의 고위 관리, 기업가, 유명한 예술인 등에게도 꽃꽂이를 증정한다. 꽃과 여타의 다른 소재를 조합하여 뛰어난 예술 작품을 만들기 때문에 '색의 마술사'라고 불리고 있기도 하다.

각종 필기구와 문구류는 런던에 있는 스미슨 오브 본드 스트리트 사의 제품을 납품받고 있는데, 특히 일기장을 영국 왕실에서 선호하고 있다. 1887년 런던의 뉴 본드 스트리트 133번지에서 문을 연 후 빅토리아 여왕을 비롯해 에베레스트를 정복한 등산가인 에드먼드 힐러리, 가수 마돈나, 미국의 영화배우이자 모나코의 왕비였던 그레이스 켈리 등을 주요 고객으로 둔 명망 있는 가게이다.

피아노는 스타인웨이&선스 것을 납품받는다. 이 회사는 1853년 미국 뉴욕에서 설립된 피아노 전문 기업이다. 세계의 3대 피아노

메이커 중 하나로 인정받고 있으며 1880년 이후부터는 독일의 함부르크에 지사를 두고 유럽에서의 판매를 시작했다. 현재는 세계에서 가장 비싼 피아노의 대명사로서 '신들의 악기'라고 알려질 정도로 유명한 회사이다.

2. 산업혁명에서 디자인 강국으로

영국의 경제 발전은 산업혁명 이전으로 올라간다. 즉, 1600년도에 설립한 영국의 동인도회사가 그것이다. 이 회사는 서세동점(西勢東漸)의 시대를 맞아 인도 및 동남아, 동아시아의 모직물 시장 및 향료 획득을 목적으로 설립한 회사이다. 당시 이 회사는 개인 회사가 아니라 영국 국왕의 허락을 받은 칙허 회사였다. 1595년 네덜란드가 인도 항로를 개척, 향료 무역을 본격적으로 시작하자 이에 자극받은 영국의 상인들은 하루빨리 아시아 시장을 쟁탈하기 위해 영국 국왕 엘리자베스 1세에게 동인도회사의 설립을 탄원한다. 그 결과 국왕의 허락을 받아 동인도회사가 탄생했고, 처음에는 개별 기업들이 배를 운항하여 무역에 종사하다가 1613년이 되면 전 회사가 합쳐진 합자 회사로 탈바꿈하게 된다. 이어 1656년에는 올리버 크롬웰의 항해 조례 조정 이후 근대식 무역 회사로 확립되었다.

17세기에 이르기까지 동인도회사의 무역은 아프리카에서 일본에 이르기까지 그 영역이 넓었으며 주요 사업은 향료 무역이었다. 영국은 인도네시아 자카르타에 거점을 둔 네덜란드 동인도회사와 시장 쟁탈전을 벌인 결과 승리하였으나 영국 또한 엄청난 피해를 보아서 사실상 비긴 셈이 되었다.

　　네덜란드의 동인도회사가 세계 최강의 영국 동인도회사와 맞설 수 있었던 배경에는 네덜란드의 해군력이 강한 것도 있지만 사실은 네덜란드 동인도회사의 배당률이 역사상 최고를 기록하고 있었기 때문이다. 네덜란드 동인도회사에 투자한 주주들은 평균 연간 투자 금액의 40퍼센트에 달하는 이익을 배당받았고, 실적이 좋은 해에는 무려 60퍼센트 이상의 배당을 받기도 했다. 네덜란드 동인도회사가 설립된 이후 1696년까지 94년 동안 투자자들에 대한 배당률이 12퍼센트 이하로 떨어진 적은 단 한 번도 없었다. 물론 동인도회사가 사업을 잘하기도 했지만, 국민 대다수가 동인도회사에 이익을 노리고 막대한 투자를 한 것도 네덜란드 동인도회사의 발전 원동력이 되었다. 반면에 영국의 동인도회사는 네덜란드 동인도회사만큼 고배당을 할 수 있는 사업적 안목이나 수완이 없었다.

　　훗날의 이야기이지만 영국의 상술은 네덜란드보다는 한 수 아래였다. 예컨대 아편전쟁에서 승리한 영국은 중국에 양말과 피아노, 포크를 팔려고 한 적이 있었다. 1842년 난징조약을 맺은 중국

주재 영국 전권 대사였던 포틴저 경은 "랭커셔의 모든 기계를 가동해도 중국의 한 성에 필요한 양말을 제공하기에도 충분하지 않다"라며 중국 시장을 낙관적으로 보고 있었다. 그러나 막상 양말을 팔려고 해 보니 중국인들에게는 양말 같은 거치적거리는 물건은 필요치 않았다. 수요가 전혀 없었던 것이다.

피아노도 마찬가지였다. 영국의 어느 피아노 제조업자는 당시 중국 3억 명의 인구 중에서 최소한 1백만 명 정도는 자신의 거실에서 피아노를 연주하고 싶어 할 것이라고 단정했다. 그는 엄청난 양의 피아노를 배에 실어 중국에 보냈다. 그러나 결과는 대실패였다. 포크와 나이프도 마찬가지였다. 젓가락에 비해 포크와 나이프가 훨씬 쓰기 편한 물건이라고 낙관한 영국의 상인들은 포크와 나이프를 중국에 실어 보냈으나 전혀 팔리지 않았다. 중국인들에게는 젓가락이 훨씬 편했던 것이다. 이처럼 영국 상인은 중국의 시장 상황을 전혀 이해하지 못하고 있었다. 이런 미련함 때문에 네덜란드와의 경쟁에서 밀려난 영국 동인도회사는 17세기 말이 되면 동남아에서 손을 떼고 인도를 주요 시장으로 삼는다. 이때부터 영국은 인도의 뭄바이로부터 캘커타에 이르는 방대한 서부 인도의 해안선을 장악하게 된다. 동인도회사는 향신료 외에 인도의 면화 수입을 주력 아이템으로 삼아 원주민 및 생산자들에게 강제적으로 노동을 시키면서 그 이익을 획득하였다. 이때부터 영국은 동인도회사를 통해 인도로부터 막대한 국가적 이익을 얻었으며 1876년 동인도회사가 해

산될 때까지 국부를 증진시켰다. 바로 이 무렵 영국은 산업혁명의 시대를 맞아 축적된 국부를 기반으로 새로운 산업화 시대에 접어들게 된다. 리버풀-맨체스터 간의 철도 시설, 카트라이트의 방직기 등 증기 기관의 발명으로 산업이 자동화되면서 영국에는 물자가 넘쳐나기 시작했다. 이러한 물자를 아시아에 팔기 위해서 설립된 회사 중의 하나가 바로 자딘 메디슨이다.

1832년 스코트 윌리엄 자딘과 제임스 메디슨이 중국 광동성의 광저우에 설립한 회사가 두 사람의 이름을 결합한 자딘 메디슨 상회, 즉 중국명 이화양행(怡和洋行)이다. 이들의 주목적은 중국의 차를 수입하고 면직물을 내다 파는 외에 현지에서 운수업과 공업을 하는 것이었다. 그러나 1832년에 진출한 이후 단 2년 만에 영국의 대중국 무역 독점이 폐지되면서 영국과 중국은 국가적으로 마찰을 겪게 된다.

스코틀랜드 출신의 이들 두 사람의 초기 사업은 아편 판매였다. 윌리엄 자딘의 경우 과거 동인도회사에서 외과 의사를 지낸 의사 출신으로 그가 중국에 판매한 아편은 의료용이 아니라 공업용이었다. 말하자면 악덕 사업가들이었던 것이다. 결국 중국 정부는 1839년 황제의 특사 임칙서를 통해 아편 거래를 금지시킨다. 임칙서는 자딘 메디슨 사의 창고를 몰수하여 아편 상자 2만 개를 바다에 뿌려 버렸다. 여기에 막대한 손해를 입은 윌리엄 자딘은 영국의 외무장관 비스카운트 팔머스톤에게 세 차례에 걸친 항의를 통해 결국 영국과 청나라가 아편전쟁을 하도록 유도하였다. 1840년 6월에 시작된 영국군의 공격으로 광저우는 도시의 절반이 파괴되었으며 이후 영국 해군과 청나라 군대가 전쟁을 벌인 결과 청국은 영국에 백기를 들게 된다. 아편전쟁 이후 청나라에는 자딘 메디슨 상회가 수입한 아편으로 인해 도시 곳곳에 아편 중독자가 넘쳐 나게 되었다. 자딘 메디슨 상회는 이 아편전쟁을 계기로 상하이, 홍콩 등에까지 거점을 두었으며 1859년에는 일본의 요코하마, 1883년에는 조선의 인천항에도 진출했다. 이후 영국의 철강, 철도, 면방직 등의 무역 수출뿐만 아니라 운수, 보험, 조선, 창고, 부두 건설, 제사 공장, 부동산 등 다방면의 사업에 진출하여 막대한 이익을 얻었으며 특히 청나라 정부를 상대로 철도 건설을 위한 차관을 제공하고 그 이자를 받기도 하였다.

그러나 자딘 메디슨 상회는 홍콩이 중계 무역항이 되면서 경쟁자가 늘어나자 아편 사업의 대부분을 접고 맥주 양조, 면직 공장, 보험 회사, 여객선 회사 등으로 사업을 탈바꿈하기 시작했다. 1907년부터 1911년 사이에는 주룽과 광저우를 오가는 철도를 건설하는 등 돈이 되는 사업에는 모조리 진출했다. 2차 세계대전 이후 자딘 메디슨 상회는 홍콩을 거점으로 동남아, 태평양의 여러 군도, 남아프리카, 사우디아라비아 등 중동의 각국, 미국에까지 그 지점을 설치하였으며 1979년에는 중국의 베이징, 상하이, 광저우에 대표부를 설치하였다. 현재 세계 각국에 퍼져 있는 자딘 퍼시픽, 자딘 모터 그룹, 홍콩 랜드, 만다린 오리엔탈, 데일리 팜, 사이클&커리지, 자딘 로이드 톰슨 등은 자산의 상당 부분이 자딘 메디슨 소유이며, 2011년 현재 전 세계에 24만 9,711명의 종업원을 두고 있고 매출은 379억 6,700만 달러에 달하며 영업이익은 83억 8,100만 달러에 이른다. 현재 진행 중인 사업 내용은 투자, 금융, 부동산, 건설, 무역, 물류, 소매, 호텔, 요식업 등이다. 「포춘」지 선정 전 세계 411위의 기업으로, 본사는 영국령 버뮤다의 해밀튼과 홍콩 센츄럴의 52층 건물인 자딘 하우스에 있다.

이외에 영국에는 상당수의 세계적인 대기업들이 있다. 우선 영국 내 1위 기업인 토탈 에너지 그룹 BP 사는 2011년 3,864억 달러의 매출을 올린 세계 4위의 대기업이다. 두 번째로 큰 대기업은 홍콩상하이은행 그룹(HSBC) 사로 1,101억 달러의 매출에 세계 53위이며, 3위는 생필품 슈퍼마켓 체인인 태스코로 1,308억 달러 매출에 세계 59위, 4위는 보다폰 그룹으로 740억 달러로 세계 105위, 5위는 바클레이 은행 그룹 689억 달러, 6위는 로이드 은행 그룹 670억 달러, 보험 금융의 아비바 그룹이 617억 달러, 프루덴셜 그룹 585억 달러, 글락소스미스클라인 제약이 435억 달러, 아스트라제네카 제약이 336억 달러, 스탠다드 차터드 은행이 245억 달러로 영국은 이처럼 금융, 보험, 제약, 토탈 에너지의 강국이다.

디자인, 엔터테인먼트 산업

자국의 공업이 쇠퇴하자 영국이 대신 선택한 것은 디자인, 엔터테인먼트 산업이었다. 1960년대 이후 비틀즈는 미국에서만 1억 장이 넘는 앨범을 파는 등 전 세계적으로는 10억 장 이상의 음반을 판매, 약 14억 달러의 경제 효과를 창출했다. 또한 세계적으로 인기를 거둔 소설 해리포터 시리즈는 영화가 상영되면서 현재까지 약 74억 달러의 수입을 거둔 것으로 알려지고 있다. 해리포터 종결편의 경우 미국과 캐나다의 4,375개 극장에서 개봉되어 개봉 첫 주에만 1억 7천만 달러의 입장권을 판매했다. 저자인 J. K. 롤링도 서적 판매 인세와 영화 판권 수입을 비롯해 미국 유니버셜 스튜디오의 해리포터 테마파크, 전자책 등 다양한 수입원에서 약 10억 달러의 수입을 올린 것으로 추정되고 있다.

이는 비틀즈와 해리포터를 국가적 수출 상품으로 전략적으로 육성한 영국 정부의 의지가 뒷받침된 결과이다. 영화 007 시리즈도 작가 이안 플레밍의 원작 소설을 바탕으로 1962년 영화 「007 살인번호」부터 2012년 영화 「007 스카이폴」에 이르기까지 50년 동안 23편의 영화를 만들었는데, 총 관객 수는 20억 명을 돌파했으며 매출도 5조 원을 넘었다. 이 또한 대중 소설을 영화로 제작, 막대한 수입을 얻게 한 영국 엔터테인먼트 산업의 힘이다.

영국은 또한 디자인 산업에 관한 한 세계적인 강국이다. 이른바 세계 3대 디자인 학교로 불리는 영국의 세인트 마틴, 미국의 파슨스, 네덜란드의 앤트워프 중에서 세인트 마틴은 세계적인 디자인 및 패션 스쿨로 유명하다. 오늘날 영국에서 활동 중인 디자이너는 약 23만 명에 달하며 그들의 평균 연령은 38세이다. 영국에서 디자인 산업이 차지하는 비중은 국민 총생산의 약 1퍼센트, 즉 150억 파운드 정도로 추정되고 있으나 이것은 직접적인 산업 규모이고, 그 파급력까지 환산하면 그보다 몇 배에 달할 것으로 여겨지고 있다.

한국이 수출 국가로서 도약을 할 때 포장 디자인을 배워 온 나라가 바로 영국이다. 박정희 전 대통령은 수출을 많이 하기 위해서는 포장 산업이 발전해야 한다고 판단하고 디자인 포장 센터(현 디자인진흥원)을 1970년에 설립했다. 또한 영국은 디자인 선진국으로서 그저 예술 차원에서 끝나는 것이 아니라 경제 위기가 발생할 때마다 돌파구로 디자인을 이용했다. 1980년대 '철의 수상'이라 불리던 대처 영국 총리는 각 부 장관들을 소집하여 직접 디자인 세미나를 열었으며 국가적 차원에서 디자인 부흥을 해야 한다고 주장할 정도였다. 이때를 가리켜 영국에서는 '디자인의 시대'라고 부르기도 한다. 디자인은 산업의 일부분이 아니라 사회의 모든 인프라에서 디자인이 가지고 있는 공공의 역할을 수행해야 하며 더 나아가 인문학의 영역에까지 확장시켜야 한다고 주장한 것이다.

이처럼 80년대 이후 영국의 디자인 산업은 단연 국가의 아젠다였다. 그 대표적인 작품이 지금은 독일의 BMW로 넘어간 영국제 승용차 '미니'이다. 오늘날 한국에서도 20대 여성이 가장 사고 싶은 차 1위가 미니이다. 자동차의 성능 이전에 디자인이 그만큼 뛰어나기 때문이다. 2위는 독일의 폭스바겐 비틀로 한국의 소비자들은 미니가 폭스바겐 비틀보다 디자인 면에서 더 아름답다고 판단한 것이다.

영국의 디자인에 대한 관심은 1944년 발족된 산업디자인 평의회가 그 출발이다. 지금은 영국 런던의 왕실 예술 협회가 그 역할을 대신하고 있다. 이 협회는 창립 이후 현재까지 40여 개국을 회원으로 둘 정도로 전 세계 산업디자인계에 막강한 영향력을 행사하고 있다. 독일의 경우 1907년 독일 공작연맹이 설립되면서 디자인에 대한 관심을 갖기 시작했고, 이후 한때 세계 최고의 디자인 및 공예 전문 연구 기관인 바우하우스가 맹위를 떨쳤지만, 바우하우스가 해체되면서 디자인 분야에서는 영국보다 뒤처지기 시작했다. 미국의 경우 공업디자인이 발달한 국가이긴 하나 미적인 면보다는 실용성에 치중하여 역시 영국의 디자인에는 못 미친다.

이처럼 영국은 디자인에 국가적 역량을 쏟아붓고 있다. 영국의 수출에서 디자인 및 서비스가 차지하는 비중이 전체의 50~60퍼센트란 사실이 그것을 잘 말해 준다. 한국과 일본은 서비스의 수출이 40퍼센트, 중국은 30퍼센트 수준이며 선진국으로 갈수록 수출에서 서비스가 차지하는 비중이 높다.

영국은 수년 전부터 13개의 창조 산업을 지정했다. 그리고 국가적으로 전폭적인 지원을 시작했다. 그 13개 분야는 다음과 같다. 광고, 건축, 예술과 골동품, 컴퓨터 게임, 공예 기술, 디자인, 패션디자인, 필름과 비디오, 뮤직, 행위 예술, 출판, 소프트웨어, 텔레비전과 라디오 등이다. 그 결과 영국은 2009년 디자인 산업에서 약 23조 3천억 원의 매출을 발생시켜 이 분야의 세계적인 강국으로 주목받고 있다. 영국의 초·중등학교에서는 디자인 교육을 정규 교과목으로 채택하고 있으며, 국어인 영어, 수학, 과학, 체육 외에 디자인을 5개의 필수 과목 중 하나로 선정하여 가르치고 있다.

3. 해가 지지 않는 나라의 대표 기업

본래 영국은 로열 더치 쉘과 BP 같은 에너지 산업, HSBC, 로이드 은행과 같은 금융 보험의 대국이었다. 오늘날에도 영국은 에너지와 금융 보험 부문에서는 세계 시장을 장악하고 있으나 제조업 분야는 상당 부분 붕괴되었다. 세계 최초로 산업혁명을 일으켜 철도, 자동차, 석탄, 철강 등 중공업 분야에서 두각을 나타냈지만, 주요 기간산업을 미국, 독일, 일본 등에 빼앗기면서 영국은 국가 산업을 금융, 디자인, 엔터테인트먼트 등으로 재편하였다.

1) 로열 더치 쉘

로열 더치 쉘은 타의 추종을 불허하는 에너지 대기업으로 사훈은 "안전, 존중, 탁월, 용기, 협동이 우리의 핵심 가치입니다"이다. 가스 및 천연자원 탐사, 개발, 생산에 이르는 토털 에너지 기업인 로열 더치 쉘은 1890년 네덜란드령이었던 인도네시아에서 네덜란드와 합작으로 석유 개발 회사를 설립한 것이 그 출발이다. 초기 2년간 그들은 영국과는 다른 더운 날씨와 풍토병에 시달리면서 고전하다가 1892년에 석유 개발 사업에 본격적으로 뛰어들었다. 이 회사가 로열 더치 쉘이라는 정식 명칭을 사용한 것은 1907년이다. 1960년대 이후에는 아프리카의 나이지리아 등에서 원유를 채굴하면서 점차 세계적인 대기업의 반열에 올라서기 시작했다. 이후 미국을 대표하는 에너지 기업인 스탠다드 오일과 경쟁을 벌이면서 전 세계에서 석유 채굴권을 확보하면서 업무의 영역을 늘려 나갔다.

현재는 세계 2위의 에너지 기업이며 유럽에서는 최대 규모로 전 세계 145개국에 지사를 가지고 있고, 47개소의 정유공장과 4만 개가 넘는 주유소를 거느리고 있는 글로벌 대기업이다. 원유의 채굴뿐 아니라 생산, 수송, 정제, 판매를 비롯해 가스, 석탄, 화학, 원자력 발전, 금속 사업 등 다양한 사업을 전개하고 있다. 2000년대 이후에는 태양광 발전, 풍력 발전, 수소 프로젝트 등 대체 에너지 사업에도 적극적으로 투자하고 있으며, 2006년 12월에는 세계 최대의 해상 풍력 발전소도 건설하였다.

"조직이 너무 크면 복잡하고 의사 진행 및 결정 과정이 비효율적이다. 불필요한 비용은 줄이고 큰 프로젝트를 효과적으로 수행하기 위해서는 조직을 단순화해야 한다." 이것은 2009년 CEO의 자리에 오른 피터 보서의 말이다. 그는 유가 하락으로 수익성이 악화된 2009년 대규모 구조 조정을 단행했고, 이듬해에 회사를 정상 궤도에 올려놓았다.

2011년 매출은 4,845억 달러에 영업이익은 556억 달러이다.

2) BP와 HSBC

BP 또한 세계적으로 유명한 에너지 기업이다. 1909년에 창업한 이 회사는 2011년 총 매상 3,755억 1,700만 달러에 영업이익 398억 1,700만 달러를 올린 세계적인 대기업이다. 이른바 국제 석유 자본 시장에서 슈퍼 메가로 불리고 있으며, 세계 원유 시장을 좌지우지하는 영국을 대표하는 기업으로 미국의 「포춘」 지 발표에서 해마다 매상 이익 분야에서 통상 6~7위를 차지하고 있는 거대 기업이다.

금융의 선두주자인 HSBC는 1865년에 창업한 영국 최대의 금융기업으로 2006년 989억 달러의 매출에 190억 달러의 영업이익, 30만 6,300명의 종업원을 가진 금융의 메가 브랜드이다. 미국 포브스 발표에 따르면 2000년대 이후 세계 유력 기업 2천 개 사 중에서 업종 불문 유력 기업 1위를 차지하고 있을 정도로 세계 금융 자본을 쥐고 흔들고 있다. 본래는 홍콩에서 창업하여 홍콩상하이 은행으로 출발했고, 오랫동안 홍콩에 본사를 두고 있다가 지금은 런던에 본사를 이전했다.

"과거부터 지금까지 우리는 성장하는 곳에서 고객과 기회를 연결시켜 주는 다리 역할을 해 왔다." HSBC의 슬로건에서 그들의 기업 정신을 알 수 있다.

3) 로이드 보험

로이드 보험 또한 영국을 대표하는 보험 대기업이다. 1691년 런던 템스 강가의 타워스트리트 거리에 로이드라는 커피하우스가 있었다. 근처에 약 80개의 커피숍이 있었지만 로이드 커피하우스는 상인 거주 구역에 있어 상인과 화물선 선주들이 서로 만나기 좋은 위치에 있었기에 쉽게 손님들로 가득 찼다. 아직 신문이 발달하지 않았던 시절이라 상인과 선주들은 이곳에서 서로 필요한 정보를 얻고 교환하는 대화를 많이 나눴다.

특히 화물선의 출발 및 도착 날짜 등의 기본적인 정보가 필요하다는 것을 깨달은 로이드 커피하우스 주인 에드워드 로이드는 처음에는 칠판에 그러한 각종 정보를 써 놓기 시작하다가, 1692년 항해 동향과 그 밖의 다른 소식을 전하는 한 장짜리 「로이즈 뉴스(Lloyd's News)」지를 발간하였다. 그 무렵 로이드 커피하우스를 드나들던 해운 관계자, 상인, 은행가들이 모여 선박 매매, 해운 거래, 해상 보험 계약을 하던 것이 발단이 되어, 로이드 보험 회사가 설립되었다. 이것이 로이드 보험의 출발이다.

로이드 보험 회사가 세계적으로 명성을 날리게 된 것은 1912년 4월 14일에 침몰한 타이타닉 호 때문이었다. 타이타닉 호는 첫 출항에 앞서 로이드 보험에 1백만 파운드의 해상 안전 보험을 가입했는데, 첫 출항에서 침몰해 버려 로이드 보험은 총 140만 파운드(약 2천억 원)을 지급해야 했다. 로이드 보험으로서는 패닉 상태에 빠질 지경의 엄청난 경제적 타격이었지만 보험금을 지급하자 로이드 보험에 가입하겠다는 선주가 쇄도, 거꾸로 위기에서 벗어나게 되었고, 그 명성도 세계적으로 알려지게 되었다.

로이드는 초기에 해상 안전 보험, 화재 보험, 도난 보험에 치중하였으나 점차 범위를 넓혀 보험의 전 영역으로 업무 범위를 확대하였다. 현재는 영국을 대표하는 세계적인 보험 기업이다.

4) 보다폰

보다폰이라는 휴대전화 회사도 영국을 대표하는 기업이다. 1985년에 정보 통신 회사로 출발한 보다폰은 영국 버크셔에 본사를 두고 있는 세계적인 다국적 휴대전화 제조 및 통신 회사이다. 보다폰이라는 말은 보이스 데이터폰이라는 뜻의 합성어이다. 동양권에서는 보다폰 제품을 보기가 힘들지만, 유럽이나 영어권 국가에서는 매장의 대부분이 보다폰 제품으로 채워져 있을 정도로 구미시장에서는 상당한 강세를 보이고 있다.

2010년 매출 기준으로 세계 최대 이동 통신 업체이며, 가입자는 3억 4,100만 명 정도이다. 가입자 수 기준으로 차이나 모바일(China Mobile)에 이어 세계 2위 기업이다. 전 세계 30여 개국이 넘는 나라에 진출해 있다.

그중 1천만 명 이상의 가입자를 가지고 있는 나라는 영국, 독일, 이탈리아, 미국, 터키 등이다. 보다폰의 해외 진출 전략은 미국, 독일, 이탈리아 등에서 랭킹 2~3위의 통신사를 인수 합병하여 그 세력을 키우는 데 있다. 일본에서도 2001년 일본 텔레콤을 인수하여 제이폰이라는 계열사로 탄생시켰다. 이후 제이폰은 2006년에 손정의의 소프트뱅크에 매각되어 소프트 뱅크 모바일이 되었다.

5) EMI 레코드

EMI는 한때 세계적으로 이름을 날리던 레코드 제작 회사였다. 1887년 실린더형 축음기를 제조, 판매하면서 출발한 EMI는 이후 1979년에 CD가 발명되기 전까지 영국 및 전 세계를 대표하는 레코드 회사로 성장했다. 1982년 EMI 그룹은 세계 최초로 CD를 만들어 발매하기 시작하였으나 미국의 금융 회사인 씨티 그룹이 EMI 그룹을 42억 파운드에 사들이고 나서 세계 금융 위기가 발생하자 EMI의 실적은 급속히 악화되어 결국 2012년 6월 30일 SONY에 합병되어 지금은 사라진 회사가 되었다.

4. 영국의 노포들

영국에도 오래된 가게나 기업들이 많다. 우선 가장 오래된 기업으로는 서기 811년에 세워진 에버딘 항구 회사가 있다. 무려 1200년이 넘는 긴 역사를 가진 이 회사는 초기에는 에버딘 항을 관리하던 작은 조합이었으나, 오늘날에는 에버딘 철도 역사, 에버딘 항만 관리 회사, 브리그 운하 관리를 비롯해 빅토리아 교량, 퀸 엘리자베스 교량, 웰링턴 서스펜션 교량, 킹 조지 6세 교량, 세인트 드베닉 교량, 메리 컬터 교량, 에버딘 헬리콥터 이착륙장, 에버딘 공항 터미널 등 주로 수송 회사 및 관리 회사로 성장했다.

두 번째로 오래된 회사는 서기 886년에 설립된 로열 민트가 있다. 영국의 기념주화를 만드는 회사로 약 900여 명의 종업원이 일하고 있다. 대표적인 기념주화로는 엘리자베스 영국 여왕과 관련된 각종 기념주화가 있다. 또한 오늘날에도 국가가 기념해야 할 행사나 대관식, 신년 기념주화, 여왕 탄신 60주년 기념주화 등을 만들고 있다.

세 번째로 오래된 회사로는 1203년에 문을 연 엔젤&로열 호텔이 있다. 런던 북쪽의 쉐필드에 자리한 이 호텔은 초기 200년간 여인숙으로 이용되다가 이후 호텔로 개조되었다. 주로 귀족들의 숙소로 많이 사용되었는데, 영국 서부에서 가장 큰 호텔 체인인 에슈데일 호텔의 체인 호텔로 편입이 되었다. 저명인사들이 많이 묵었던 곳으로 현재까지도 전통 있는 고급스러운 호텔로 영업을 하고 있다.

이어 1488년에 문을 연, 전 세계에서 가장 오래된 양초 제조 공장인 레스본이 지금도 영업 중에 있고, 1513년에 탄생한 등대 관리 회사인 트리니티 하우스도 있다. 1541년 부르쿠 집안에 의해 설립된 무역 회사 존 브룩, 1556년에 설립된 모손 허더스 필드 섬유 회사, 1586년에 문을 연 옥스퍼드 대학 출판 등도 오래된 기업이다. 1591년에 교회 건설 등을 위해 설립된 더트넬 건설은 21세기에는 성공회 교회당, 육상 경기장, 음악 홀 등을 건설하고 있다. 1599년에 문을 연 뮬리너 마차 회사는 현재 영국 왕실에서 사용하는 세계 최고급 자동차인 벤틀리 승용차의 실내 장식을 담당하고 있다. 1601년에 설립된 티시만 의류는 초창기에는 양복점 혹은 교회 사제의 의례복을 만들다가 현재는 젊은이들이 좋아하는 남방셔츠 등으로 유명한 브랜드인 간츠(Gants)를 생산하는 의류 업체로 변모했다. 신문사로는 오늘날에도 발간되고 있는 런던 가제트가 1665년에 설립되었다. 1666년에는 동전학과 관련해서 스핑크 (Spink)라는 회사가 탄생했는데 이 회사는 2013년 2월 19일 런던에서 뉴 사우스 웨일스의 허트슨 가문의 훈장, 우표, 그림, 엽서, 각종 상장 및 인증서, 동전 등 가문의 유산을 전시하기도 했다. 또한 그간 영국에서 발간된 동전에 관한 전집을 발간하기도 했다. 1672년에는 현재도 영업을 하고 있는 금융 회사인 리처드 호에어가 설립한 C. Hoare 주식회사가 런던에서 탄생했다. 이 회사는 영국에서 가장 오래된 은행이다. 1675년에는 오트밀로 시리얼을 만드는 회사인 몬플레이크 회사가 설립되었는데, 오늘날 1877년에 설립된 크루 알렉산드라 축구 클럽의 후원사이기도 하다. 1676년에는 모자 회사인 록 해틀러가 창업을 해서 현재까지도 신사용 중절모, 빵모자, 승마용 모자 및 여성 패션 모자 등을 생산하고 있다. 이와 같이 영국은 약 100년 이상 된 가계가 600개 이상 포진되어 있는 나라이다.

영국에 이처럼 오래된 노포가 많은 것은 전통과 문화를 중시하는 영국인의 기질에서 비롯된 것이다. 또한 그러한 회사들의 문화와 역사, 전통을 소중히 생각하고 아끼는 것이 영국인의 태도이다.

영국의 대표적인 노포들

811 Aberdeen Harbour UK Harbour

1186 Royal Mint UK Mint

1203 Angel&Royal UK Hotel

1498 Shore Porters Scotland Transport

1514 Trinity House UK Lighthouse

1488 Rathbornes Candles Ireland Candles

1541 John Brooke UK Office park

1556 Moxon Huddersfield United Kingdom Cloth

1570 Whitechapel UK Foundry

1586 Oxford University Press UK Publishing

1672 Hoares Bank UK Bank

1675 Mornflake UK Foods

1676 Lock Hatters UK Hats

1685 Toye, Kenning&Spencer UK Jewelry & Clothing

1697 Old Moore's Almanack UK Almanac

1690 J B Joyce England Clocks

1706 Twinings UK Tea

1720 Caslon UK Printing supplies

1729 Bull UK Restaurant

1742 Hazlitt, Gooden & Fox UK Art dealer

1750 Claddagh Ring Ireland Jewelry

1760 Creed UK Perfume

1764 Arnold&Son UK Watches

1768 Encyclopædia Britannica UK Encyclopaedia

1772 Wilkinson UK Blades

1776 London Harness UK Leather goods

1777 Kent Brushes UK Brushes

1778 Doncasters UK Metals

1778 Goldsmiths UK Jewelry

1789 Pears UK Soap
1789 Stuart Crystal UK Crystal
1790 Butterley UK Engineering
1790 D.R. Harris UK Pharmacy
1790 Payne&Son UK Jewelry
1790 Sandeman UK Port
1797 Hatchards UK Bookstore
1797 Knowles UK Construction
1805 Sheffield Forgemasters UK Steel
1805 Truefitt&Hill UK Barbers
1814 Colman's UK Mustard
1820 Johnnie Walker UK Distillery
1821 Atkin Grant&Lang UK Firearms
1821 Guardian UK Newspaper
1823 Auchentoshan UK Distillery
1824 Cadbury UK Chocolate
1825 Clarks UK Shoes
1826 Pilkington UK Glass
1832 Jardines Hong Kong Conglomerate
1832 Kensal Green UK Cemetery
1834 Watsons of Salisbury UK Giftware
1835 Harrods UK Retailing
1841 Epps UK Construction
1841 Lord Nelson Brewery Australia Hotel
1842 Walter C. Parson UK Funerals
1843 Bersig Estate South Africa Wine
1845 Fullers UK Brewery
1850 Baxter Boots Australia Shoes
1850 Christy UK Towels
1850 HSBC Hong Kong Bank
1850 Lane Crawford Hong Kong Department store
1850 Okells UK Brewery

1850 Walden's UK Machinery
1851 Aquascutum UK Tailor
1851 Reuters UK News
1851 William Jackson & Son UK Foods

제6부

패션과 명품의 왕국
– 프랑스의 상도

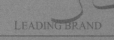

인구	6,595만 명
평균 수명	남자 77.6세, 여자 84.7세
실업률	9.63퍼센트
경제 성장률	1.69퍼센트(142위)
국민 총생산	2조 5,600억 달러, 세계 5위(2010, 세계은행)
1인당 소득 수준	4만 4,007달러, 세계 19위(2011, IMF)
환경 배려국	69.0점, 세계 6위(2012, EPI)
국제 경쟁력 지수	세계 21위
달러 보유고	1,685억 달러, 세계 16위(2011)
경상수지	540억 달러 적자
자살률	10만 명당 남자 25.5명, 여자 9명, 세계 18위
경제 자유 지수	세계 67위
남녀 평등 지수	0.701, 세계 48위
여성 국회의원 비율	19퍼센트, 유럽 최하위 수준
국제 특허 출원	7,664건, 세계 6위(2011, WIPO)
노벨상 수상자	56명(세계 4위)
법인세율	34.43퍼센트(국세), 세계 3위
인공위성 보유 수	56대

1. 위그노의 탈출

위그노란 종교 개혁에서 프랑스 혁명에 이르는 시기, 프랑스 내에서 활동하던 칼뱅파 신도를 말한다. 16세기 프랑스에서는 종교 개혁에 참여하는 다양한 시민들이 등장했는데 칼뱅의 등장 이후 프로테스탄트의 대다수는 칼뱅파에 가담했다. 1559년 칼뱅파는 파리에서 제1회 전국 개혁파 교회 회의를 열었고 신앙의 기본인 '프랑스 신조'를 채택한다. 이때부터 프랑스 내 고유한 개혁파의 조직화가 진행되었다. 16세기 초 프랑스에서 확산된 교회 개혁 운동은 정부의 탄압으로 수많은 망명자를 낳았다. 당시 위그노들은 섬유 방직 기술과 같은 첨단 기술을 가지고 있었고, 그 기술로 돈을 벌고 싶어 했다. 그러나 프랑스 정부는 위그노들을 가톨릭이 아닌 칼뱅파 신교도라고 탄압하기 시작했다. 결국 가톨릭과의 대립이 격화되어 1572년 8월 24일 성 바르톨레메오 축일의 대학살 사건이 일어났다. 이후 프랑스 정부가 위그노들의 종교적·시민적 자유

프랑스의 위그노들은 섬유 방직 기술을 비롯해 제철, 염료, 화학 등 당시의 최첨단 기술을 보유하고 있었지만 '성 바르톨레메오 축일의 대학살'을 그린 위의 그림처럼 종교 탄압에 의해 유럽의 여러 국가로 망명하기에 이른다. 이로 인해 프랑스의 산업은 기반 자체가 붕괴되는 사태에 이르렀다.

를 박탈하자, 40만 명에 달하는 위그노의 국외 탈출이 시작됐다.

위그노들은 이웃의 벨기에, 네덜란드, 독일, 스웨덴, 스위스, 오스트리아, 미국, 아일랜드 등지로 대탈출을 감행했다. 네덜란드로 탈출한 위그노가 6만 5천여 명, 독일 3만여 명, 스위스 2만 2천여 명 등이었고, 프랑스에 남겨진 위그노의 수는 겨우 1,500명도 되지 않았다. 이로 인해 칼뱅과 위그노를 낳았던 프랑스 개신교회는 몰락하고, 프랑스의 제철, 염료, 화학 등 고도의 하이테크 기술을 보유하고 있었던 위그노들이 해외로 빠져나가면서 프랑스의 산업 기반 자체가 붕괴되는 사태가 발생했다. 영국의 찰스 2세는 뛰어난 기술을 가지고 있던 위그노를 받아들이기 위해 특별 이민법을 만들었고, 영국으로 이주한 위그노들은 증기기관의 기반 기술과 면방직 공업의 기틀을 마련해 주어 18세기 영국의 산업혁명을 주도하게 된다. 독일 역시 위그노들을 받아들여 철강 산업을 일으킬 수 있었고, 미국의 경우 18세기 초 이민 온 위그노들이 탄약 기술을 가져오면서 미국의 서부 개척 시대가 가능하게 되었다. 아일랜드의 기네스 맥주 역시 프랑스에서 아일랜드로 망명한 위그노의 후손이었던 윌리암 고셋이 효모 기술을 개발해 줌으로써 기네스 맥주를 세계적인 맥주로 만드는 데 이바지하였다.

2. 원자력에서부터 농산물까지

프랑스는 패션 강국으로 알려져 있지만 실상은 항공, 원자력, 자동차, 화학, 철도, 운송 장비, 해양 산업, 농산물, 텔레메디신, 정보 통신 기술의 강국이다.

가장 큰 대기업은 에너지의 토탈 그룹으로 2011년 기준으로 매출 2,315억 달러(세계 11위), 2위는 금융 보험 그룹인 악사로 1,427억 달러(세계 25위), 3위도 금융 보험의 BNP 파리바 그룹으로 1,274억 달러(세계 30위), 까르푸는 1,217억 달러로 세계 39위이다. 또한 루이뷔통, 이브 생 로랑, 에르메스 등 세계적으로 잘 알려진 브랜드를 비롯해 에어버스, 닷소 항공기 등의 항공 산업 또한 세계 정상급이다.

프랑스는 유럽 랭킹 4위의 수출국이고 5위의 수입국이기도 하다. 국토의 면적이 남한의 6배여서 농산물 또한 유럽의 대국이다. 농산물 산업은 프랑스 제일의 산업이자 유럽 전체에서는 랭킹 2위에 해당하는 대표적인 산업이다. 프랑스의 농산물 산업은 2010년 1,430억 유로의 매출에 48만 개의 일자리를 창출했다. 현재 농산물은 유럽 전체 매출의 약 15퍼센트를 차지하고 있으며, 일자리는 전체 산업 인구의 10퍼센트에 달한다. 프랑스가 농산물 강국인 이유는 프랑스 국민의 미식 추구 성향과 농산물 산업에 뛰어난 전문가들이 많기 때문이다. 그러나 최근 들어 젊은이들에게는 매력이 없는 직장이어서 프랑스의 농업에 종사하는 상당수의 인구가 북아프리카계의 이민자들이거나 농번기에 단기로 건너와 일하는 해외 노동자가 많다.

패션·명품 산업의 경우 2011년 약 17만 명의 근로자가 그 분야에서 일하고 있으며 430억 유로의 매출을 올리고 있다. 이는 전세계 명품 산업 매출 1,850억 유로의 약 4분의 1에 해당하는 액수이다. 프랑스는 패션·명품 산업에서 미국, 이탈리아와 더불어 세계적인 강국이며 그 배경에는 문화가 담긴 브랜드 파워, 프랑스만의 독자적인 노하우, 패션 분야를 이끌어 나가는 세계적 리더가 많은 것 등을 들 수 있다.

알스톰 등 원자력 산업의 경우도 세계 1위인 미국 다음가는 세계적인 강국이다. 프랑스는 과거 50년 전부터 원자력에 주력해 와 여타 국가들에 비해 원자력 기술이 많이 앞서 있다. 이러한 기술을 바탕으로 유럽의 다른 나라에 비해 약 40퍼센트나 더 싼 가격에 원자력을 공급하는 노하우를 가지고 있다. 또한 2년 전 리비아의 카다피 정부가 붕괴되면서 프랑스는 약 4조 달러에 달하는 리비아의 육상 유전과 10조 달러에 달하는 해양 유전 및 가스 산업에 진출해 막대한 이익을 올릴 것으로 추정된다. 현재 프랑스 정부가 리비아로부터 따낸 육상 유전의 지분은 전체 매장량의 35퍼센트에 달하는 것으로 알려져 있다.

알카텔을 필두로 하는 정보 통신 기술 또한 프랑스의 주력 산업 중 하나이다. 2010년 정보 통신 분야 종사자는 약 60만 명으로 추정되며 720억 유로의 매출을 올린 바 있다. 장차 2015년이 되면 정보 통신 산업은 프랑스 국내 총 생산의 5.5퍼센트까지 상승, 1,290억 유로의 매출을 올릴 것으로 추산된다.

프랑스는 자동차 산업 또한 강국이다. 푸조, 르노, 시트로엥 등이 바로 프랑스 자동차들이다. 우선 전기자동차 배터리의 경우, 한번 충전하면 200킬로미터 이상 달릴 수 있는 제품 생산에 이미 성공했다.

또한 두께가 얇아진 제2세대 태양전지인 박막형 태양전지, 무선 주파수 인식 전자칩과 사람, 동물, 물건 등을 인식해서 추적하고 식별할 수 있는 산업 등에도 투자를 늘리고 있다. 최근에는 원거리에서 건강을 체크할 수 있는 텔레메디신에 가장 먼저 진입하여 텔레메디신이 상용화될 경우, 세계적인 강국으로 부상할 것으로 예상된다. 의료 장비 산업의 경우 2010년 매출은 157억 유로이며 약 5만 5천 개의 일자리를 창출하고 있다. 프랑스 정부는 6년 전부터 핵심 기술 강화에 약 350억 유로의 대규모 투자를 강행하여 미래 산업의 역량을 강화하고 있는데 그중 한 분야가 바로 텔레메디신이다. 텔레메디신은 원격, 즉 외국에서도 데이터를 보고 진단할 수 있는 시스템, 원격 의학 교육 시스템, 의료 영상 저장 기술 및 압축 기술, 의료 데이터 전송 기술, 의료 데이터 표현 기술 등을 의미한다.

그 외에 인공 신장, 인공 췌장, 인공 망막 등의 기술 개발에도 앞서가고 있다. 또 우리가 하고 있는 치과 임플란트 기술을 더욱더 발전시켜 척추 임플란트, 세포 조직 임플란트 분야에서도 괄목할 만한 진전을 이루어 내고 있다.

3. 프랑스의 대표 기업

1) 알카텔루슨트

1898년에 프랑스 파리에서 창업한 전신·전화 회사이다. 그러나 2006년 미국의 루슨트 테크놀로지와 합병하여 알카텔루슨트가 되었다. 정보 통신 사업자이며 또한 프로바이더이다. 프랑스의 대기업을 비롯한 중견기업의 통신 인프라, 시스템 등을 세계적인 수준에서 공급하고 있으며, 유선전화 및 이동통신 분야의 브로드밴드 인터넷망, 어플리케이션 등을 제공하는 프랑스 1위의 통신사 업체이다. 또한 프랑스를 대표하는 아리앙 위성을 발사하는 등 우주 항공 산업 분야와 군사 통신 분야에서도 세계적인 위상을 가지고 있으며, 하이테크 전지 시스템 등의 분야에서도 현재 전 세계 130개국 이상에서 비즈니스를 하고 있는 글로벌 대기업이기도 하다.

알카텔루슨트는 2012년 약 20조 6,297억 원의 매출액을 기록했으며, 이중 16퍼센트인 약 3조 2,950억 원을 연구 개발(R&D)에 투입하고 있는데 그 인력만 2만 6천여 명에 이른다. 이를 통해 무려 13명의 노벨상 수상자를 배출했으며, 3만 3천 개가 넘는 특허를 보유하고 있다.

2) 알스톰

알스톰은 1928년에 설립된 프랑스의 다국적 발전 설비 제조 및 운송 업체이다. 발전 사업은 설계, 제조, 서비스, 제품 공급까지의 전 과정을 진행하며 발전 분야는 원자력, 수력, 풍력, 화력 등을 망라한다. 발전 설비를 이루는 보일러, 터빈, 발전기 등 구성 요소를 개별 판매하기도 하지만 발전소 전체를 수주하는 턴 키 베이스(Turn key base) 판매도 하고 있다. 이 회사는 전 세계 발전소의 25퍼센트에 장비를 납품하였으며 중국의 세계 최대의 댐인 산샤 댐, 브라질과 파라과이의 국경에 있는 이타이프 댐 등 세계 유수의 수력발전소 사업에도 참여하였다. 또한 아랍에미리트의 2천 메가와트급 가스 발전소와 각종 발전 설비 플랜트를 수주, 중동에서만 연간 1억 유로 이상의 발전 설비를 판매하고 있다.

알스톰의 본사는 파리 근교에 있으며 2011년 매출이 274억 달러로 세계 404위의 대기업이고, 전 세계 70여 개국에 7만 6천 명의 근로자가 일하고 있다. 1994년부터 알스톰은 한국에 알스톰 트랜스포트 코리아라는 철도 프로젝트 관리를 위한 컨소시엄 기업으로 진출하여 한국과의 합작 사업도 추진하고 있다.

프랑스의 원자력 산업을 대표하는 이 기업은 1928년에 설립한 이후 1932년에 처음으로 전기 기관차를 제조하면서 철도 산업에 뛰어들었다. 주요 산업 부문으로는 원자력 발전기·보일러 등 전력 인프라, 송전 사업 외에 철도 차량, 트롤리 버스 등 교통 인프라가 있다. 교통 인프라의 경우 프랑스 국철인 떼제베(TGV)의 각종 기관차, 객차, 전기차, 기동차 등을 거의 다 공급하고 있으며 파리의 지하철, 노면전차, 근교 운행 전차 등의 차량도 여기서 생산한다. TGV는 1990년 시운전시 시속 515.3킬로미터를 주행하여 세계 철도사상 가장 빠른 신기록을 갱신하였다. 또한 2001년에는 조각가 로뎅의 고향이자 그의 대표작인 '칼레의 시민'으로 유명하며, 영국 런던에서 출발하는 유로스타가 처음으로 도착하는 프랑스 북부의 칼레에서 프랑스 최남단의 마르세이유까지 1067.2킬로미터 구간을 3시간 29분 동안 쉬지 않고 달리는 기록도 세웠다. 고속철도의 경우 영국의 런던과 프랑스의 파리 북역을 연결하는 유로스타의 클래스 373 열차, 벨기에 국철의 PBKA형 열차, 네덜란드의 PBKA형 열차, 독일의 PBKA형 열차, 한국의 KTX, 중국의 베이징–상하이 간을 운행하는 고속열차인 CRH5형 전차, 이탈리아의 국철인 ETR 600, ETR 610 등도 프랑스의 알스톰이 제작, 공급한 것이다. 서울 메트로의 VVVF 전동차도 알스톰에서 제작 판매한 전동차이다. 또한 프랑스 제2의 도시인 리용 시의 지하철 차량과 노면전차 차량 전체를 공급하고 있다.

3) 에어버스와 닷소

대한한공은 2012년 초대형 여객기인 A-380을 도입한 바 있다. 한번에 555명을 수송할 수 있는 세계 최대의 항공 여객기인 A-380을 제조한 회사가 바로 프랑스의 에어버스다. 유럽연합의 A-380은 1·2·3등석의 세 종류로 편성되어 있으며, 표준 객석 수는 555석이고, 항속거리는 1만 5,100킬로미터이다. 최고 시속은 마하 0.88이고 장거리 항행 속도는 마하 0.85이다. 동체 길이 773미터, 날개 길이 79.8미터, 높이는 24.1미터에 중량은 275톤에 달하는 2층으로 된 여객기이다. 에어프랑스, 대한한공, 루프트한자 항공, 싱가포르 항공 등 전 세계 15개의 항공사가 이 비행기를 구입했다. 싱가포르 항공은 2007년 최초로 이 비행기를 취항하였다. 2012년 에어버스 사는 A-380을 비롯하여 대형 여객기를 833대 판매해 1,203대를 판매한 보잉 사 다음으로 세계 2위의 항공기 판매를 기록했다.

대한항공은 A-380을 도입한 이후 99.5퍼센트의 운항 정시율을 기록했다. 운항 정시율 99.5퍼센트란 1분 이상의 지연, 결항률이 단 0.5퍼센트에 불과하다는 의미로 세계 항공사 평균의 4분의 1에 불과하다. 이는 전 세계 항공사 가운데 가장 높은 수준이며, 운항 정시율이 높다는 것은 정비 문제로 인한 지연, 결항 편수가 적다는 것을 의미한다. 그만큼 항공기의 기종이 뛰어나다는 의미가 포함된다.

그간 에어버스 사의 대표적 기종이자 A-380의 전신인 A-319, A-320, A-321 등 세 대형 기종은 미국 보잉 사의 시장 독점에 위기를 느끼고 영국, 프랑스, 독일 3국이 공동으로 개발한 A-300에서 비롯되었다. 에어버스 사가 이처럼 대형 여객기를 생산한 것은 교통량이 많은 세계의 대도시를 빠르고 값싼 운임으로 수송하기 위해서이다.

에어버스 사는 2011년에 390억 달러의 매출을 올렸으며, 5만 7천 명의 종업원이 프랑스, 독일, 영국, 스페인, 미국, 중국 등에서 근무하고 있다. 그러나 2012년 1월 A-380은 운행 도중 엔진이 폭발하면서 날개 부분에 균열이 발견되는 등 문제가 발생하여 항공기 결함이 노출되었다는 비난도 받고 있다.

에어버스 사의 계열사인 에어버스 밀리터리는 군용항공기도 생산하고 있는데 그 대표적인 기종인 에어버스 A-400M과 같은 군용 수송기를 비롯하여 다목적 공중 급유 및 수공기인 A-330MRTT 등을 생산하여 납품하고 있다.

에어버스 사 외에 프랑스를 대표하는 항공사로는 닷소가 있다. 닷소는 최신형 전투기인 라팔로 유명한 군용기 제조 회사이다. 리비아 카다피 정부의 요새를 파괴할 때 유럽연합에서는 주력기를 라팔로 삼아 공격하기도 했다. 라팔은 미국의 F-15K와 공중전을 벌여도 전혀 밀리지 않는 최신 기종의 5세대 전투기로 세미 스텔스 기능까지 갖추고 있다. 항속 거리는 1,800킬로미터, 마하 2 이상의 속도를 자랑한다. 장착 미사일로는 프랑스의 액조세 미사일을 비롯하여 ASMP 핵미사일, 아파치 공대지 미사일 등을 탑재할 수 있다. 현재 에어버스는 유럽의 4개국이 연합하여 창립한 세계적인 항공우주 산업 대기업인 EADS 산하의 기업이다.

4) 라파예트 백화점과 프랭탕 백화점

프랑스의 대표적인 백화점은 라파예트, 프랭탕이다. 화려한 실내 장식과 패션 액세서리 외에 식품 코너가 유명한 라파예트 백화점은 1893년 테오필 바데르와 그의 사촌인 알폰스 칸이 파리의 라파예트가와 쇼세 단탄 거리의 모퉁이에 잡화와 옷을 같이 파는 작은 옷가게를 열면서 시작했다. 불과 3년 만에 그 옷가게는 큰돈을 벌어 그 거리에 있던 건물 하나를 구입하게 되고 1896년에는 라파예트 거리 1번지에 본사를 두게 되었다. 1905년에는 오스만 거리의 38번지, 40번지, 42번지와 단탄 거리의 15번지까지 네 동의 건물을 구입하게 된다. 건축가 조지 셰단과 그의 제자인 페르디난도 효누 두 사람에게 건축을 맡기면서 오스만 스타일의 건축을 주문했는데 오스만 스타일의 유리와 철제로 된 돔형을 씌우고 아르누보 계단을 완성하는 데까지 7년이 걸려 1912년이 되어서야 완공했다. 이것이 오늘날 라파예트가 있는 블루바르 오스만가 40번지의 10층짜리 본점이다. 9층까지는 계단으로 연결되어 있고, 10층은 전망대이다. 오늘날 라파예트는 독일의 베를린에도 지점이 있는데 베를린 지점은 건축가 진 루벨이 1991년에서 1995년까지 4년간에 걸쳐 완공한 베를린의 명물 백화점이다. 또한 미국의 맨하탄에도 지점을 냈으나 미국에서의 사업은 실패하여 도산했다. 라파예트 백화점은 전 세계 61개 매장에서 약 4조 원의 매상을 올리고 있으며 직원 수는 1만 2천 명 정도이다.

프랭탕 백화점의 프랭탕이란 말은 봄이라는 뜻이다. 현재 파리 9구 오스만 거리에 위치하고 있으며 바로 옆에는 라파예트 백화점이 이웃하고 있다. 창업은 1860년대이며 1883년 프랑스 건축가 폴 세딜이 리모델링하여 오늘날과 같은 예술적으로 뛰어난 조형미를 갖춘 백화점이 되었다. 백화점 정면 상층부에 볼 수 있는 아름다운 조각들은 신고전주의의 영향을 받은 조각가 앙리 샤픠의 작품이다. 그러다가 20세기에 들어 아르누보 스타일의 대규모 확

장 보수 작업을 했으나 화재로 전소되었고 1920년경 다시 리모
델링되었다. 이때 돔형의 화려하고 둥근 채색 유리 천장을 올렸
고, 2차 세계대전이 발발하자 독일군의 폭격을 피하기 위해 천
장의 유리 글라스를 모두 분해하여 따로 보관하기도 하였다.
1975년 채색유리 천장과 백화점 정면의 조각상은 모두 문화재
로 지정되었다.

5) 사노피 아벤티스 제약

사노피 아벤티스 제약은 영국의 글락소스미스클라인, 스위스의
노바티스 제약에 이어 유럽 3위의 제약 회사이다. 1863년에 설립되
어 지난 150년 동안 화학 및 생명과학 분야에서 큰 성공을 거두었
다. 1999년 프랑스의 제약 회사인 론 플랑크를 합병했고, 2004년
역시 다국적 제약 회사인 아벤티스를 합병하면서 현재 공식 명칭인
사노피 아벤티스 제약이 되었고 본사는 파리에 있다. 의약품 제조
판매, 개발을 통해 2011년 487억 달러의 매출에 10만 4,800명이 근
무하고 있는 유럽 3위, 세계 4위의 제약 회사이다. 2012년 사노피
아벤티스는 우리나라의 LG 생명과학과 당뇨병 치료제 관련 기술
제휴를 체결하여 LG 생명과학이 차세대 당뇨 치료제의 단일제와
복합제의 원제 및 완제를 사노피 아벤티스에 생산, 공급하기로 하

였다. 사노피-LG 생명과학이 만든 당뇨 치료제는 향후 아프리카, 중동, 유라시아, 남아시아 등 80개국에 판매될 예정이다.

6) 루이뷔통

전 세계적으로 유명한 명품 브랜드 그룹으로는 프랑스의 루이 뷔통 모엣 헤네시 그룹(LVMH), 스위스의 리치몬드 그룹, 이탈리 아의 프라다 그룹 등이 있다. 그 세 회사 중 가장 대표적인 회사 를 꼽으라면 역시 루이뷔통 모엣 헤네시이다. 루이뷔통 그룹은 전 세계 명품 시장의 50퍼센트 정도를 차지하고 있는 세계 최대의 패 션 그룹이다. 패션뿐만 아니라 코냑과 모엣샹동 샴페인으로 유명 한 모엣 헤네시 사도 가지고 있으며 그중 단연 대표적인 브랜드는 역시 가죽 가방인 루이뷔통이다.

시계로는 1999년 테그 호이어, 에벨을 영입했고, 2001년에는 제니 스와 쇼메를 영입했으며, 이어 루이뷔통 시계도 런칭했다. 2003년에 는 위블로를 인수하였으며, 위블로 시계 생산의 메카로 유명한 스 위스 라쇼드 퐁에 거점을 두고 있다. 근래에는 에르메스의 지분 20퍼센트를 확보했고, 2011년 3월에는 시계로 유명한 불가리와도 협력 관계를 도모하고 있다. 알려진 바에 따르면 불가리 지분의 51퍼센트가 이미 루이뷔통 그룹으로 넘어갔으며, 원래 소유주였던 불가리 패밀리는 2대 주주로 밀려났다.

루이뷔통 그룹의 계열사 중 하나인 크리스티앙 디오르도 세계적인 패션 브랜드이다. 크리스티앙 디오르(1905~1957)는 외교관이 되길 원하는 부친의 바람대로 프랑스 파리의 정치학원에서 공부를 했는데, 오히려 미술에 관심이 많았다. 대학 졸업 후 아버지가 대준 돈으로 파리에 화랑을 열어 미술 판매상을 하면서 피카소의 그림과 당시의 화가이자 시인으로 유명했던 막스 제이콥의 작품을 팔기도 하였으나 가게세를 제대로 낼 수 없을 정도로 형편이 어려워지자 2년간 문을 닫을 수밖에 없었다. 그러고 나서 그는 부업으로 패션 스케치를 그렸다. 이후 로버트 피에와 함께 일을 했는데 루슈앙 르롱이라는 사람이 경영하는 패션 하우스의 디자이너로서 본격적으로 일하다가 피에르 발망이 운영하는 회사의 핵심 디자이너가 된다. 1945년 그는 자신의 패션 사업을 본격적으로 시작했다. 세계적인 패션 디자인 회사인 피에르 발망의 디자인실에서 일하던 그는 1946년 텍스타일 제조업자이자 비단왕이라 불리던 부호 마르셀 부삭이 후원자가 되면서 몽테뉴 30번지에 자신의 의상실을 열게 된다.

1947년 2월의 춘하 컬렉션에 아라비아 숫자 8의 개미허리와 같은 라인을 채용한 이른바 SS 컬렉션을 선보이며 화려하게 파리 패션계에 데뷔했다. 이것이 훗날 '뉴룩'이라 불리는 바로 그 작품이다. 허리를 극도로 조인 자유분방한 스커트인 패티 코트는 당시로서는 획기적인 디자인이었고 이를 통해 그는 일약 세계적인 패션디자이너의 반열에 올라섰다. 2차 세계대전 이후 물자가 부족해서 옷을 한 벌 만드는 데 사용되는 옷감의 면적이 제한되어 있는데도 불구하고 사치스럽게 모직을 사용하여 과감한 패션에 도전했던 것이다. 파리의 유명한 패션 잡지인 「바자르」의 편집장이었던 카멜 스노아가 그 작품을 보고 충격을 받아 '뉴룩'이라 이름 지으면서 유명세를 타기 시작했다. 그때부터 뉴룩은 11년간 파리 패션계의 하나의 지침이 되었고 그는 파리 패션계의 왕자로 군림할 수 있었다.

1948년 패션 사업에서 성공하자 향수 회사인 발맹 크리스티앙 디오르를 설립, 미국에서 특허를 받고 생산을 개시했다. 1950년 버티칼 라인, 1951년 오벌 라인, 1952년 슈어스 라인, 1953년 튤립 라인, 1954년 H 라인, 1955년 A 라인, Y 라인, 1956년 아로 라인 등 실루엣을 강조한 이름이 붙여진 예술성 높은 작품들을 발표하면서 뉴룩 스타일의 유행을 열었다. 그러나 불과 52세의 젊은 나이에 심장마비로 세상을 뜨게 되면서 그의 후계자로 당시 불과 21세의 주임 디자이너였던 이브 생 로랑(1936~2008)을 지명했다. 이후 크리스티앙 디오르는 패션 업체로서 성장해 오다가 1968년에 루이뷔통 그룹에 합병되었다.

현재 루이뷔통 그룹이 거느린 브랜드로는 가방의 세린느, 지방시, 크리스티앙 디오르, 불가리, 겐조, 겔랑, 스페인의 가방 회사로에베, 펜디 등이 있으며, 시계와 보석의 테그 호이어, 쇼메 등과 화장품의 포에버, 베네틱 코스메틱 등이 있다. 루이뷔통 사는 이외에 다국적 유통 전문 업체인 듀티 프리숍 사와 화장품 전문 유통 채널인 세포라, 명품 전문 취급 인터넷 쇼핑몰인 E-Luxury.com도 보유하고 있어 제품 생산에서 유통에 이르는 패션 왕국을 형성하고 있다. 루이뷔통 사는 차별화된 제품의 디자인과 강력한 브랜드 파워로 항상 패션 업계의 선두 주자이다. 기업의 이미지 제고를 위해 매출의 11퍼센트 이상을 광고와 판매 촉진에 쓰고 있으며 이를 통해 스타 마케팅과 같은 마케팅 기법과 범세계적인 캠페인 등으로 소비자의 뇌리에 루이뷔통을 각인시키고 있다.

세계적인 브랜드 컨설팅 업체인 미국의 인터브랜드 사가 발표한 2010 베스트 글로벌 브랜드에 따르면 루이뷔통 사는 218억 6천만 달러의 브랜드 가치로 패션 업계 1위이다. 2위는 이탈리아의 구찌 사로 83억 4,600만 달러이며, 3위는 프랑스의 에르메스로 47억 8,200만 달러, 4위는 보석상 티파니로 41억 2,700만 달러, 5위는 프랑스의 까르띠에로 40억 5,200만 달러, 6위는 이탈리아의 아르마니로 34억 4,300만 달러, 7위는 영국의 버버리 사로 31억 1천만 달러 순이다. 패션 업계를 포함 전 세계 500대 기업에서는 루이뷔통 사가 브랜드 파워 면에서 16위를 차지하고 있다.

루이뷔통 사는 1855년에 설립되어 전 세계 54개국 400개의 매장을 가지고 있으며 전체 종업원 수는 9,671명이고, 여행용 가방,

안경, 시계, 신발, 보석, 남녀 의상, 향수 등을 팔아 25억 유로의 매출을 올렸다(2010년 기준). 루이뷔통 사의 창업주는 이름 그대로 루이뷔통이다. 1821년 프랑스 동부 쥐라 지방에서 태어난 그는 집안이 너무 가난하여 16세의 나이에 집을 나왔다. 그가 처음 취직한 곳은 나무로 만든 궤 형태의 트렁크 제조 업체였다. 견습공으로 들어간 그는 대패로 나무 표면을 깎는 일과 가죽 표면의 무두질부터 배우게 된다. 그러다가 나무로 만든 여행용 트렁크가 너무 무겁고, 가지고 다니기에 불편하다고 생각하여 가죽으로 만든 트렁크를 제품 전시회에 출품하여 상을 받으면서부터 유명세를 타기 시작했다. 그는 가죽 트렁크 안에 귀족들의 파티복과 연회복 등을 구겨지지 않게 넣을 수 있도록 함으로써 순식간에 큰 인기를 얻게 되었다. 그러다가 1853년에 프랑스의 황후에게 가방을 납품하는 어용 가방 제조업자로 발탁되면서 일약 명성을 얻게 된다.

1855년 루이뷔통은 독자적으로 파리에 여행용 트렁크 제조 회사를 설립했다. 그는 거기서 다시 아이디어를 발휘하여 가죽 트렁크의 표면에 고객의 이름이 새겨진 방수 처리된 섬유를 덧대면서 또 한 번 고객들을 감동시켰다. 이후 1859년 회사가 폭발적인 성장세를 겪으면서 파리 인근에 공장을 세우고 신제품 생산에 들어갔다. 1867년 파리 만국 박람회에 여행용 트렁크를 출품하여 패션 상품으로서는 드물게 동메달을 수상해 소비자들의 이목을 끌기도 했다. 그러나 루이뷔통이 만든 트렁크가 인기를 끌면서 각종 모방 상품이 나돌기 시작했다. 아직 상표 등록권이 확립되지 않았던 시절이어서 루이뷔통 사의 손해는 컸다. 그는 모조 제품과 차별화를 위해 그의 이름의 약자인 LV를 로고로 만들어 특허 등록을 하는 한편 바둑판 문양, 이른바 모노그램 캔버스로 트렁크의 표면 전체를 디자인하여 여타의 모조 상품과 차별화할 수 있는 신제품을 판매하기 시작했다.

이후 1885년에는 영국 런던에 최초로 해외 매장을 개설하였고, 1892년에는 트렁크 외에 최초로 핸드백을 만들어 판매하기 시작했으나 그해에 창업주인 루이뷔통이 세상을 떠났다. 그가 세상을 떠난 이후 루이뷔통 사는 6대에 걸쳐 루이뷔통이라는 브랜드를 지속적으로 키워 왔다. 그러다가 1987년 루이뷔통은 프랑스의 부동산업자인 베르나르 아르노가 인수하게 된다. 베르나르 아르노는 프랑스 북부 루베에서 사업가의 아들로 태어난, 어려서부터 소문난 수재로 만 16세에 프랑스의 최고 명문 이과대학인 에콜 폴리테크니크에 조기 진학했을 정도였다. 그는 1971년 만 22세의 나이로 공학박사 학위를 취득한 후 아버지가 경영하는 건설 회사에 입사하여 경영 수업을 받았다. 이후 1976년, 입사 5년 만에 아버지를 설득하여 사업의 일부를 4천만 프랑에 매각하여 그 돈으로 부동산 사업을 시작해 큰돈을 벌었고, 그의 나이 30세에는 아버지의 뒤를 이어 건설 회사의 대표 이사직을 맡았다. 그러던 1984년 부동산 사업 관계로 미국을 방문한 아르노는 택시 안에서 기사와 대화를 나누다가 그가 프랑스에 대해서는 아무것도 모르면서 오직 크리스티앙 디오르의 이름만은 알고 있는 것을 듣고 패션 사업으로 진출할 것을 결심했다. 택시 운전기사와 같은 일반적인 서민이 알고 있을 정도면 향후 미국에서의 패션 사업이 가능하다고 판단했던 것이었다. 곧바로 아르노는 1984년 크리스티앙 디오르 사를 인수했고, 이어 프랑스의 명품 브랜드를 하나씩 합병해 나가기 시작했다. 이때부터 아르노는 최고의 디자인, 최고의 퀄리티라는 패션 전략을 수립한 후 세계적인 디자이너들을 대거 영입하여 그들의 예술 감각과 창의성을 전폭적으로 지원해 주었다.

그 첫 번째가 무명 디자이너였던 존 갈리아노를 수석 디자이너로 영입한 것이다. 그를 영입함으로써 크리스티앙 디오르를 젊고 세련된 브랜드로 탈바꿈시켰다. 이후 1997년에 꿈과 환상의 이미지를 만드는 미국의 젊은 디자이너 마크 제이콥스를 채용해 루이뷔통의 '프레타 포르테 라인'을 맡겼다. 마크 제이콥스는 뛰어난 창조력으로 과거 클래식한 이미지 위주의 루이뷔통을 젊은 이미지로 바꿔 나갔다. 여기에 아르노는 자신이 소유한 브랜드에 막대한 광고를 하면서 명품 브랜드들로 재탄생시켜 나갔다. 이후 루이뷔통 그룹은 세계적인 명품 브랜드로서의 입지를 확고히 해 나간다.

루이뷔통 사가 추구하는 마케팅 전략은 고급스럽고 럭셔리한 이미지의 창조였다. 그들은 애초부터 최상위층 혹은 부유층을 상대로 한 귀족 마케팅과 VIP 마케팅에 전력을 다했다. 오늘날에도 루이뷔통은 전 세계 매장에서 현란한 조명이 비추는 가장 좋은 쇼윈도에 디스플레이하면서 최고급 제품이라는 이미지를 강조하고 있다. 루이뷔통 사는 시장 점유율에는 관심이 없으며 소비자의 마인드 점유율을 더 중시하는 마케팅 전략을 구사하고 있다. 또한 고객들이 각 국가의 VIP들이므로 직원들이 손님을 대할 때 루이뷔통 사의 제품에 얽힌 스토리텔링 마케팅을 통해 고객의 뇌리에 루이뷔통 사를 각인시키는 데 주력한다. 또한 콘서트, 패션쇼, 테마 패션쇼 등에 VIP들을 초청하여 고객과의 커뮤니케이션을 중시하고 있다. 루이뷔통 사는 품질이나 광고보다 자신들의 브랜드 가치를 올리는 이미지 마케팅을 핵심으로 삼고 있는 것이다. 물론 그렇다고 해서 품질이 못하다는 것은 아니다.

"우리의 가죽 가방에 사람들이 거액의 돈을 지불하는 이유는 허영심이 아니라 디자인과 품질에 대한 확신 때문이다"라는 말로 루이뷔통 사는 자신들의 제품에 대한 자신감을 드러낸다.

1987년에는 세계적으로 유명한 샴페인, 브랜디 제조 업체인 모엣 헤네시를 합병하여 이때부터 공식 명칭인 루이뷔통 모엣 헤네시 그룹(LVMH)이 되었다. 1997년에는 필기구 분야에까지 진출하여 펜 컬렉션이라는 상품을 출시했고, 이어 2002년에는 시계 컬렉션인 땅부르를 출시한다.

루이뷔통 그룹은 현재 미국, 영국, 한국, 일본, 중국, 네덜란드,

러시아, 모로코, 이집트 등 전 세계 140개국에 점포를 가지고 있는 세계적인 글로벌 패션 그룹이다. 본래 루이뷔통은 프랑스에서 출발하여 세계적인 그룹으로 성장한 회사이지만, 2003년 1월 루이뷔통의 베르나르 아르노 회장은 프랑스가 상속세를 너무 많이 매기는 데 화가 나서 자신의 국적뿐 아니라 전 재산을 벨기에로 옮겼다. 포브스에서 밝힌 아르노 회장의 재산은 약 410억 달러, 한화로는 45조 원 정도로 추산된다. 프랑스 사회당 정부가 연 수입 14억 원 이상의 고소득자들에게 60퍼센트의 상속세와 75퍼센트의 소득세를 적용한다는 법안을 추진하자 불만을 품고, 소득세 최대 50퍼센트에 3퍼센트의 상속세만 내도 되는 벨기에를 택한 아르노 회장은 이 일로 인해 프랑스 국민들의 비난을 받기도 했다.

현재 루이뷔통 사는 2012년 미국 인터브랜드 사가 발표한 베스트 글로벌 브랜드 17위에 랭크되어 있다. 루이뷔통의 기업 가치는 235억 7,700만 달러로서 프랑스 1위의 글로벌 브랜드이다. 프랑스의 글로벌 브랜드 2위는 화장품으로 유명한 로레알 사로 88억 2,100만 달러이며 세계 1위는 미국의 코카콜라 사로 브랜드 가치 778억 3,900만 달러이다.

7) 에르메스 패션

에르메스 패션은 개당 2천 5백만 원을 호가하는 버킨백으로 세계적으로 유명한 패션 기업이다. 에르메스는 1837년 티에리 에르메스가 말안장과 마구용품을 팔던 가게에서 시작한 기업이다. 오늘날 에르메스의 제품이나 회사의 상징인 로고에 사륜마차인 뒤크와 말, 마부가 그려져 있는 것은 에르메스가 마구용품을 판 데에서 비롯된 것이다. 1867년 티에리 에르메스는 파리 만국 박람회에서 핸드백을 출시하여 당당히 1등을 수상하면서 그 솜씨를 인정받았고, 이후 프랑스 왕실은 물론 유럽의 귀족들에게 핸드백 등 가죽 제품의 가방을 공급하기 시작했다.

1920년대부터 에르메스는 패션 쪽으로 사업을 전개하기 시작, 핸드백, 실크스카프, 벨트, 액세서리 등 새로운 시장을 개척하기 시작한다. 1923년에는 프랑스 최초로 가방에 지퍼를 달아 만든 신제품 '볼리드'를 출시했으며 이 제품으로 그 이듬해 미국 시장에 진출하였다. 그 후 50년간 꾸준히 패션 사업을 전개해 오다가 1978년 사장 장 루이 뒤마 에르메스가 회사를 다시 한 번 폭발적으로 성장시켰다. 이후 에르메스는 사업을 더욱 다각화하여 가죽 제품의 핸드백 외에 맞춤복, 기성복, 스카프, 넥타이, 향수, 시계, 만년필, 도자기, 실버웨어 식기류 등 다양한 분야에 진출했다. 그러나 에르메스의 대표작은 역시 1935년에 출시된 켈리백과 1984년

에르메스는 1837년 티에리 에르메스가 말안장과 마구용품을 팔던 가게에서 시작한 기업이다. 오늘날 에르메스의 제품이나 회사의 상징인 로고에 사륜마차인 뒤크와 말, 마부가 그려져 있는 것도 이러한 유래 때문이다. 위의 1923년의 에르메스 광고에도 말안장을 볼 수 있다.

에 처음 선보인 버킨백이다. 버킨백은 1984년의 패션 아이콘이었던 영화배우 제인 버킨의 이름을 따서 붙인 것인데 가장 싼 것이 5천 5백 유로이고 통상 8백만 원에서 2천 5백만 원 사이이나 2002년 미국 경매 업체인 헤리티지 옥션에 출품된 버킨백은 그 가격이 20만 3,150달러(약 2억 2,900만 원)에 판매되기도 했다. 그 버킨백은 짙은 빨간색 악어가죽에 다이아몬드와 각종 금으로 장식되어 있는 특별 제조 상품이었다.

에르메스 제품의 85퍼센트는 메이드 인 프랑스이며 시계는 스위스, 남성복은 이탈리아에서 생산된다. 한국 법인은 1997년에 설립되었으며 2006년에는 서울 신사동 도산공원 근처에 '메종 에르메스 도산 파크'라는 플래그쉽 스토어를 열었다. 에르메스 사의 2009년 매출은 19억 1,400만 유로이며 종업원은 8,060명에 달한다.

에르메스의 버킨백이 비싼 이유는 여러 가지 이유가 있지만, 우선 한 개의 버킨백을 만드는 데 시간이 오래 걸린다는 것을 들 수 있다. 숙련된 장인 한 명이 버킨백 한 개를 만드는 데 걸리는 시간은 18시간이다. 에르메스의 숙련공은 주당 33시간을 일하므로 일주일 동안 일을 해도 두 개를 만들기 어려운 것이다. 또 하나의 특징은 백 하나를 만드는 데 전 과정을 숙련된 장인 혼자서 한다는 것이다. 에르메스의 가죽 장인들은 기본적으로 프랑스의 가죽 장인학교를 3년간 다녀야 하며 졸업 후 2년 동안 수련 기간을 거쳐야 하고, 그 후 약 20년 정도의 공장 생활을 해야 비로소 자신이 전 과정을 책임지고 버킨백을 생산하는 마스터가 된다. 또한 은퇴하기 전까지는 자신이 만든 가방은 그 가방을 만든 본인이 수리를 해 주는 것을 원칙으로 하고 있는 것이 특징이다. 전체 공정은 수작업으로 진행되며 제품이 완성되면 고유번호와 제작연도가 찍히게 된다. 악어가죽의 경우 호주의 악어농장에서 납품받는데 악어가죽 업자는 자신이 가지고 있는 악어가죽 중에 가장 좋은 품질의 악어가죽을 에르메스에 공급하고 있다. 또한 좋은 악어가죽이 생산되지 않는 해에는 에르메스에 납품을 중단한다. 따라서 버킨백의 출하 시기는 일정하지 않으며, 개수 또한 정해져 있지 않다. 좋은 재료가 없을 때에는 물건 생산을 하지 않기 때문이다. 이 또한 버킨백이 비싼 이유 중 하나이다.

한국에서 가장 인기를 끌고 있는 버킨백은 버킨 35, 후레시망고 팔라듐으로 개당 가격은 3천만 원 수준이나 공급 물량이 부족하여 그보다 더 많은 웃돈을 주어야 구매할 수 있다고 한다. 현재 한국에는 개당 1천만 원 이상의 버킨백을 사기 위해 기다리고 있는 구매 대기자가 약 1천 명에 달한다. 버킨백이 연간 제조되는 양이 700에서 800개밖에 되지 않으므로 물건을 공급받기 어렵기 때문이다. 따라서 버킨백은 신제품보다 중고품의 가격이 200에서 300만 원 더 비싼 경우가 많다. 신제품을 받기 위해 1, 2년을 기다리기 싫은 소비자가 많다는 말이다. 이처럼 에르메스의 백은 아주 갖기 어려운 백의 대명사처럼 되어 있다.

"인간이 무언가를 갖고 싶게 만들려면 그것을 손에 넣기 어렵게 만들면 된다."

이 말은 미국의 작가 마크 트웨인이 소비자의 심리에 대해 던진 말이다. 그러나 정작 에르메스 측은 이 말과 정반대라고 말한다.

"우리는 에르메스 브랜드를 상품 표면에 절대 노출시키지 않는다. 우리는 고객들이 에르메스 가방이기 때문이 아닌 '그 가방을 좋아하기 때문에' 상품을 사길 원한다."

에르메스의 수석 디자이너 페치니가 2010년 한국을 방문했을 때 한 말이다. 오늘날 버킨백은 상위 1퍼센트의 VIP 고객들로부터 완벽한 럭셔리 부문이라는 평을 받고 있는데, 에르메스는 그러한 고가 시장에서 전년 대비 16퍼센트 이상 성장하는 등 가장 빠른 성장세를 보이고 있다.

8) 이브 생 로랑

이브 생 로랑 또한 프랑스를 대표하는 패션 아이콘이다. 창업주는 프랑스의 패션디자이너인 이브 생 로랑이다. 이브 생 로랑은 1936년 프랑스 식민지였던 북부 알제리 출생이다. 부유한 은행가에서 태어났으나 늘 허약한데다 운동도 제대로 못하는 소심한 성격의 소유자였기에, 어린 시절 주변의 친구들로부터 따돌림을 당했다. 그는 1991년 프랑스의 유명 잡지 「피가로」에서 자신이 동성애자임을 밝혔다. 불우한 유년을 보내던 그는 늘 파리로의 탈출을 꿈꾸었다. 여성적인 성격의 소유자여서 여성 패션잡지인 「보그」, 「파리마치」, 「르자르뎅 드 모드」를 즐겨 애독하면서 잡지에 나온 옷을 보고 자신의 두 여동생들이 가지고 노는 인형의 옷을 만들어 주기도 했다. 14세 때부터는 프랑스의 유명한 예술가였던 크리스티앙 베라르의 연극을 보면서 그의 무대 디자인과 무대 의상에 매료되어 자신의 집에 무대를 만들고 무대 의상을 디자인하면서 패션디자이너로서의 꿈을 키워 나갔다.

　1953년 그의 나이 17세 때 이브 생 로랑은 국제 양모 사무국 디자인 컨테스트에 참가하여 드레스 부문의 3위를 하였고, 그 이듬해에는 불과 18세의 나이에 1등상을 수상하게 된다. 바로 그때 오늘날 세계적으로 명성을 떨치고 있는 칼 라거펠드는 드레스 부문에서 2위를 했다. 그것만 보아도 이브 생 로랑이 대단히 뛰어난 패션디자이너임을 간접적으로 증명한다.

　당시 그의 뛰어난 스케치 실력을 눈여겨본 보그의 편집장 미셸 브리노프가 파리 의상 조합에 진학하라고 권유, 학교를 다녔으나 흥미가 없어 몇 달만에 그만두었고, 크리스티앙 디오르의 조수로 근무하게 된다. 당시 크리스티앙 디오르가 발표한 80벌의 드레스 중 50벌이 이브 생 로랑이 디자인한 것으로 그는 크리스티앙 디오르로부터 이미 재능을 인정받고 있었다. 크리스티앙 디오르가 갑자기 타계하자 21세인 그가 크리스티앙 디오르 하우스의 아트 디렉터를 맡게 된다. 1958년 1월 이브 생 로랑은 사다리꼴 라인으로 유명한 어깨 폭이 좁고 아래로 갈수록 넓어지는 트라페즈 라인 콜렉션을 선보여 극찬을 받으면서 화려하게 파리 패션계에 데뷔했다. 이후 이브 생 로랑은 한때 잘 나갔으나 보헤미안들의 비트족 콜렉션을 발표하면서 혹평을 받았고, 결국 군에 입대하게 된다. 그러나 군대 생활은 그에게 너무 힘들었고 이때부터 약물과 알코올중독자로 타락하게 되었다. 군에서 제대한 그는 미국인 투자자 제스 마크 로빈슨을 만나 다시 재기해서 1962년 P 재킷, 바지 튜닛을 소개한 컬렉션에서 다시 한 번 인기를 끌었고, 미국의 월간지 「라이프」로부터 '샤넬 이후 최고의 바지 디자이너'라는 평을 받았다. 1966년에는 이브닝웨어 '르 스모킹' 등으로 1970년대 패션을 이끌기 시작했다. 이후 이브 생 로랑은 패션과 예술을 접목시키면서 다시 한 번 패션을 예술의 경지로 승화시켰으며, 오마주 컬렉션 등에서 두각을 나타내었다. 그는 패션 디자인 외에 발레, 오페라 등의 무대 의상 디자인과 영화배우들의 의상까지 만들어 주는 등 다방면에서 활동하였다. 1982년 '이브 생 로랑 25년간의 디자인' 전에서는 300벌의 의상을 선보여 그의 디자이너로서의 전 인생을 결산하기도 했으며, 65세 때 40주년 기념 패션쇼를 끝으로 세상을 떠났다.

그는 살아생전에 자신의 디자인 철학을 이렇게 표현했다. "의상의 완전한 침묵." 사람을 위한 옷, 즉 옷이 빛나는 것이 아니라 자신의 옷을 입은 사람을 빛내 주어야 한다는 것이다. 옷보다 사람이 먼저라는 인본주의 사상이 돋보이는 철학이다.

9) 까르띠에

표범을 심벌 마크로 하는 까르띠에는 세계 최고의 시계, 보석 브랜드이다.

"내가 아내에게 선물한 보석이 다른 여성의 피부에 닿아서는 안됩니다. 이것이 내 유언입니다."

이 말은 사랑하는 여인을 위해 왕위를 포기한 영국의 윈저 공이 남긴 유명한 말이다. 그는 본래 엘리자베스 2세 여왕보다 먼저 왕위를 계승할 수 있었던 왕족이었다. 그가 왕위를 계승했다면 영국의 에드워드 8세가 되었을 것이다. 그러나 그는 왕실이 심프슨 부인과 결혼하는 것을 반대하자 과감히 왕위를 집어 던지고, 그녀와의 결혼을 감행하여 평민의 신분으로 내려앉았다. 윈저 공은 심프슨 부인을 너무 사랑한 나머지 바로 위와 같은 말을 했다. 바로 그가 남긴 보석과 시계의 상당수가 까르띠에였다.

까르띠에는 1847년 네덜란드의 루이 프랑수아 까르띠에(1819~1904)가 프랑스 파리의 몽트뢰에 세운 보석 판매 회사이다. 초기에는 보석류를 취급하다가 현재는 패션 액세서리 등 다양한 제품들로 사업 영역을 확장했다. 지금은 세계 보석의 유행을 이끌어 가는 회사로 명성이 높고, 시계 외에 여성 액세서리, 만년필 등 필기류, 라이터, 향수 등을 발매하는 세계적인 브랜드이다. 보석 브랜드로는 펭링, 탱크 팡테르 등이 유명하며 판타 무늬와 트리니티 링은 불멸의 디자인으로 사람들의 입에 오르내리고 있다. 트리니티 링은 창업주인 루이 프랑수아가 1924년 자신의 절친한 친구이자 시인인 장 콕토에게 선물한 반지이다. 이 반지는 화이트골드, 옐로우골드, 핑크골드 등 사랑과 우정, 충성을 상징하는 세 가지 색상의 링이 서로 얽혀 있는 형태로 세계적인 명품 브랜드가 되었다.

"손목에 차고 있는 시계가 그 사람에 대해 말해 준다."

이것이 까르띠에 시계의 디자인 철학이다. 매우 어려운 말이지만 시계 하나가 그 사람의 품격, 교양, 패션, 인생에 대한 생각 등 다양한 인격적 가치를 전달해 준다는 의미이다. 이러한 철학으로 까르띠에는 1902년 해외인 런던, 뉴욕에 지사를 설치하면서 국제적인 브랜드로 성장하였고, 영국 왕실, 모나코 왕실 등의 왕족들이 고객으로 편입되면서 세계적인 명성을 얻기 시작했다. 그러다가 1998년 리치몬드 그룹에 인수 합병되었다. 2010년 현재 전 세계에 200여 개의 직영점과 1만 2천 개의 점포를 지닌 세계적인 디자인 업체 중 하나이다. 지난 1984년 한국에도 진출하여 그랜드 하야트 호텔에 매장이 있으며, 1997년에는 까르띠에 코리아가 설립되었다.

10) 푸조

푸조는 세계 6위의 자동차 제조 메이커로서 아르망 푸조에 의해 1810년에 설립되었다. 설립 초기에는 페달로 자동차를 움직이는 페달형 자동차를 주로 생산했으며 가족이 자동차를 생산하는 가내수공업 형태로 자전거도 제조하는 회사였다. 당시 푸조 사의 자동차는 철제로 주요 골격을 만들었지만 범퍼 등은 고래 **뼈**로 만들었다. 1890년 푸조가의 실업가였던 아르망 푸조가 그의 이름을 딴 공장으로 재탄생시켰고, 그 이듬해 사람의 힘으로 움직이는 페달식 자동차 대신 독일의 다임러 사가 생산한 가솔린 엔진으로 전환되었다. 초기부터 승용차보다는 모터스포츠용 자동차에 관심이 있었던 푸조 사는 1894년 세계 최초로 열린 모터스포츠 이벤트 파리-루앙 트라이얼에 자사 제품을 출품, 1등에 입상하면서 일약 세계적인 자동차 회사의 반열에 들었다. 이후 1919년경까지 인디애나폴리스 500마일 레이스 등에서 우승하는 등 이후에도 세 번에 걸쳐 1위를 차지하였다. 1976년 시트로엥을 인수합병하여 푸조-시트로엥으로 회사명을 변경하였다. 1980~1990년까지도 스포츠 자동차 부문에 출전하였고, 오늘날에도 세계 랠리 선수권, 파리-다카르 랠리, 프랑스에서 열리는 24시간 레이스, 스포츠카 선수권 대회 등에 늘 출전하는 회사이다.

푸조 자동차는 서스펜션이 여타의 차와 다른 독특한 모습을 하고 있는 것이 특징인데, 특히 푸조의 쇼크업소버(충격 완화 장치)는 고양이 다리라고 불리며 노면으로부터 충격을 흡수하는 접지감이 여타의 차에 비해 더 크다. 이렇게 되면 일반적으로 주행 안정성을 확보하기 위한 서스펜션이 딱딱해지지만 푸조 차는 부드러운 승차감과 안정성을 고차원으로 양립시킨다는 장점을 가지고 있다. 양호한 승차감은 프랑스 자동차에서 공통적으로 보이는 특징으로 시트가 편안하다는 느낌을 준다. 이러한 시스템은 1960년대의 404 모델, 406 모델 등 약 40여 년간 채용되었다. 최근 206 시리즈 이후부터는 회사 내의 디자인 파트가 중심이 되어 헤드라이트와 커다란 에어인디크로 대담한 경향을 취하고 있다. 창립 200주년을 맞은 2010년 이후에는 치프 디자이너로 취임한 질레스 바이달의 지휘 아래 심플한 디자인으로 복귀했고 양산차인 푸조 508 시리즈부터 그가 만든 새로운 디자인이 도입되었다.

"200년의 오랜 혁신의 역사를 보내 온 푸조는, 앞으로 다가올 200년간의 더 많은 도전과 변화를 여전히 기대하고 있다"라는 말로 다가올 미래에 대한 자신감을 표현하는 기업이다.

11) 르노 자동차

1898년에 설립된 자동차 회사이다. 2007년 매상고는 406억 8,200만 유로이며, 종업원은 13만 명으로 회장은 일본의 닛산 자동차의 사장을 겸임하고 있는 카를로스 곤이다. 1898년 프랑스의 기술자였던 루이 르노(1877~1944) 형제가 설립한 회사로 주력 상품은 중소 승용차 및 상용차, 군용 차량이다. 1910년에는 처음으로 일본에 수출했고, 1914년에는 러시아의 페테르부르크에 최초의 해외 공장을 건설하였다. 1933년에는 항공기를 제조하기 시작해서 2차 세계대전 전까지는 항공기를 생산하기도 하였다. 1951년에 르망 24시간 자동차 경주 대회에 4CV 모델로 우승하기도 했다. 현재 푸조와 더불어 프랑스의 양대 자동차 기업으로 선진적인 디자인과 뛰어난 안정성, 고품질로 평가받고 있다. 1998년 이후 2004년까지 유럽 최고의 판매 대수를 유지하기도 했다. 일본의 닛산 자동차, 한국의 르노 삼성 자동차, 루마니아의 다치아 자동차 등의 주식을 보유하고 있고, 그 회사들을 자회사로 거느리고 있다. 생산 대수로는 일본의 도요타, 미국의 GM, 포드, 현대기아차 등에 이어 세계 10위이다.

르노 자동차는 대기업과 중소기업의 상생 경영의 모범 사례로 손꼽히고 있다. 특히 우수 협력 업체를 발굴, 보상하여 완성차 메이커와 협력 업체간의 긴밀한 파트너십을 유지하고 있다. 그 기준으로 르노-닛산 간의 구매 방식이라는 가이드라인이 대표적인 사례인데, 협력 업체들이 납품한 부품을 구매 과정에서부터 완성차 메이커의 사회적 의무를 강조, 일방적인 가격 부담을 행사하지 못하도록 규정하고 있다. 즉, 제품의 안정성, 퀄리티, 근로 조건, 친환경 경영, 지적 재산권 보호, 주주 및 소비자에 대한 투명한 정보 공개 등 6개 부문에 대한 지침을 명시하여 본사는 물론 협력 업체들에게 이를 최대한 준수하도록 유도하고 있는 것이다. 협력 업체가 이러한 가이드라인을 준수할 경우 매년 우수 협력 업체로 선정한 후 해당 업체를 포상함으로써 여타의 협력 업체들의 모범으로 삼는다. 2010년의 경우 모두 11개 기업이 선정되었는데, 한국에서 와이어링 하네스를 공급하는 넥슨테크가 거기에 포함되기도 했다. 이는 대기업과 협력 업체가 서로 원-원 할 수 있는 시너지 효과를 창출, 오늘날 기업 문화의 최대 화두인 CSR(기업의 사회적 책임)의 모범 사례로 꼽히고 있다.

최근 르노 삼성차에서 주목할 점은 전기차의 생산이다. 르노 삼성은 2011년 소형 경화물 전기차 생산에 이어 2012년 초소형 전기차의 대량 생산 체제를 갖추었다. 프랑스의 자동차 회사들은 생산 코스트가 높은 전기차를 생산할 경우 인건비 면에서 경쟁이 되지 않기 때문에 르노는 일본과 독일 업체들과의 가격 경쟁에서 이길 수 있는 방법을 강구해야만 했는데, 르노가 택한 원가 절감 방법은 기존의 생산 라인과 공정을 최대한 그대로 활용하고, 인력도 기존의 인력을 활용한다는 방침이었다.

12) 미슐랭 가이드

미슐랭 사는 음식 평가서로 유명한 미슐랭 가이드와 지도, 타이어로 유명하다. 창업은 1863년으로 종업원은 11만 7,500명이며

2008년 매출은 164억 유로이다. 1863년 안드레이, 에드왈 미슐랭 형제가 바르비에라는 합자 회사로 설립하였고, 미슐랭이라는 사명이 탄생한 것은 1889년에 이르러서였다. 초기에는 자동차, 트럭, 버스, 트랙터, 오토바이, 비행기, 자전거 등의 타이어를 제조·판매하였으며 스포츠 자동차의 타이어도 생산하고 있다. 지금도 자동차 타이어 회사는 형인 안드레이 집안이 경영을 맡고 있으며, 미슐랭 가이드는 동생인 에드왈의 집안이 발간하고 있다.

미슐랭 가이드가 처음 발간된 것은 1900년도이다. 처음에는 자동차 운전자를 위한 안내서로 타이어 정보, 정비 정보, 주유소 위치 등을 담는 것이 주된 내용이었고, 식당에 관한 정보는 배고픈 운전자들에게 가까운 식당을 알려 주는 간단한 내용이었다. 무료로 나눠 주던 가이드 책자가 해가 갈수록 인기를 얻자 그 이후부터는 약간의 돈을 받고 판매하기 시작했고, 점차 식당 안내서로 소비자들에게 인기를 끌게 되었다. 1926년부터 음식이 맛있다고 평가된 식당들의 별점을 매기기 시작했고, 1933년경부터는 식당의 맛, 서비스, 분위기에 따라 검은 별을 붙이는 방식을 정형화시켰다. 맛, 서비스, 분위기가 모두 좋으면 검은 별 3개, 둘만 좋으면 검은 별 2개 이런 식으로 점수를 매긴 것이다.

2009년의 경우 뉴욕 시 전체에서 별 3개 만점을 받은 식당은 단 2곳이었으며, 런던이 2곳, 파리의 경우 10곳이었고, 일본의 도쿄가 8곳이었다. 2010년 홍콩·마카오에서 4곳이 선정되었고, 2011년에는 뉴욕이 7곳, 도쿄가 17곳이었을 정도로 엄격하게 평가하고 있다. 미슐랭 가이드의 심사자들은 평범한 손님으로 가장해 식당을 1년간 수차례 방문하여 직접 음식 맛을 보는데 그중에서 가치 있다고 생각되는 식당들을 맛, 가격, 분위기, 서비스 등으로 1차 평가한 후 그중에서 뛰어난 식당들을 다시 선별하여 별로써 평가하는 방식을 취하고 있다. 최고 등급인 검은 별 3개를 받은 식당에게는 매년 성대한 시상식을 치루며 그 식당들은 단번에 3년치의 예약을 받는 등 최고의 식당으로서 명성을 누리게 된다. 프랑스 파리를 대표하는 오리 요리 전문 식당 라투르다장의 경우 과거 50년간 검은 별 세 개를 받은 식당으로 유명했는데, 별 두 개로 강등되자 라투르다장의 계승자이자 주방장인 식당 주인이 자살하기도 하였다. 오늘날 미슐랭 가이드는 프랑스뿐만 아니라 영국, 미국, 일본, 중국, 한국 등에까지 심사 위원을 보내 평가하고 있다. 현재 미슐랭 가이드는 해마다 발간하고 있는 음식 평가서 중에서 세계적인 권위를 인정받고 있다.

이 외에 프랑스를 대표하는 기업으로는 워터맨 만년필, 1923년에 설립된 발레오 자동차 부품, 미디어·전기·통신의 비비엔디, 볼펜과 라이터로 유명한 Bic, 클럽 메드, 방위 산업으로 유명한 사프란 그룹, 유리 도자기를 생산하는 대기업인 생트고방, 전기·가스의 GDF, 향수의 샤넬, 시리얼 식품의 다농 그룹, 토털 석유, 톰

슨 가전, 유럽 최대의 광고 회사인 밥리시스, 보석 장식으로 유
명한 부쉐론, 와인과 식료품을 생산하는 대기업인 페르노리카 등
이 있다.

4. 프랑스의 노포들

프랑스에서 가장 오래된 노포는 와인 회사인 루아르 지방의 샤토 굴렝으로 서기 1000년도에 개업, 현재까지 영업하고 있다. 이 회사는 와인 생산 외에 비스킷도 생산, 판매하고 있으며 와이너리 내에 나비 농장도 운영하고 있고, 매년 농장 안에 있는 샤토(성)에서 음악회도 열고 있다. 주업은 와인 생산이지만 나비 농장과 콘서트를 열어서 관광객들에게 즐거움을 주려는 것이다. 두 번째로 오래된 회사는 서기 1270년에 개업한 프레핀 코냑이다. 이 회사도 현재까지 영업을 하고 있다. 프랑스에서 가장 오래된 식당은 1582년에 개업한 파리의 라투르다장이다. 본래는 여관으로 출발하였으나 왕족과 귀족들의 사교장으로 음식이 인기를 끌어 지금은 프랑스를 대표하는 레스토랑이 되었다. 세느 강 하안의 투르네 아래에 있는 격조 높은 식당으로 루이 15세풍의 뛰어난 인테리어에 최상의 요리, 식탁 박물관 등으로 명성이 높다. 총 6층의 건물에 식당은 전망이 좋은 최상층에 자리 잡고 있는데 창밖을 통해 세느 강, 노트르담 사원, 에펠탑, 샤크르쾨르 성당 등이 보인다. 이 식당의 대표적인 요리는 오리 요리이다. 프랑스 중부의 방데 지방의 전용 사육장에서 기른 오리를 요리에 사용하는데 그 요리를 시식한 고객들에게는 몇 번째 손님인지 알려 주는 기념 팸플릿을 나누어 준다. 방데 지방의 오리 사육장은 1890년부터 시작되어 지금도 60만 마리 이상을 기르고 있으며, 비즈니스용 점심 식사로 마르코폴로 풍의 오리 요리가 인기를 끌고 있다. 그 외에 제임스 존스풍 비프 스테이크와 닭 요리인 르피가세가 인기가 높다. 역사가 깊은 만큼 엘리자베스 영국 여왕을 비롯한 프랑스의 유명 영화배우, 노벨상 수상자, 작가 등이 단골로 오는 식당이다. 가격은 매우 비싸서 한 끼 식사 값은 약 241달러 정도이다.

현재 라투르다장의 와인 저장고에는 45만 병의 와인이 보관되어 있으며, 100년이 넘는 포도주도 진열되어 있다. 2009년에는 라투르다장이 지하 저장고에 보관 중인 와인을 일반인에게 경매로 판매하기도 했다. 당시 라투르다장은 미슐랭 가이드의 평가에서 별 3개를 받다가 1개로 낮아지자 과거의 명성을 되살리기 위해 와인 경매를 열었다고 하는데, 이틀간 진행된 경매에서 1만 8천 병의 와인이 팔려 나갔다. 그날의 경매에서 가장 비싼 가격에 팔린 술은 1788년산 코냑인 클로 뒤 그리피 3병이었는데, 2천 5백 유로(약 420만 원)에 경매가 시작되어 각각 2만 5천 유로(4,200만 원),

1만 7천 유로(2,900만 원), 1만 5천 유로(2천 5백만 원)에 판매되었다. 또 와인은 1998년산 샤토 브리앙이 1,400유로(240만 원), 1971년산 샤토 뤼섹 화이트와인은 650유로(110만 원) 등에 팔렸다. 라투르다 장이 가지고 있는 45만 병의 와인 리스트는 총 400페이지로 책의 무게만 8킬로그램에 달하는 것으로 알려져 있다.

"나는 지금 별을 마시고 있다." 이 말은 샴페인 동페리뇽을 칭 찬하는 말이다. 오늘날 세계 최고의 샴페인으로 알려진 동페리뇽 은 1743년에 창업한 모엣샹동 사가 제조하고 있다. 모엣샹동은 프 랑스를 대표하는 가장 뛰어난 품질의 샴페인 제조 회사로 꼽힌다. 1,500에이커에 달하는 포도밭을 소유하고 있으며 매년 2백만 병 이상의 샴페인을 출하하는 세계적인 샴페인 대기업이다.

이처럼 프랑스에는 100년 이상 된 노포가 공식적으로 약 400여 개에 달한다고 영국의 에노키안 협회가 발표했으나, 실제로는 그 보다 훨씬 더 많은 노포가 존재한다.

1000 Goulaine France Wine

1270 Frapin France Cognac

1321 La Rochere France Glass

1475 Richard de Bas France Paper

1495 Coussergues France Wine

1582 La Tour d'Argent France Restaurant

1584 Gosset France Champagne

1590 Lana France Paper

1613 Mellerio France Jewelry

1664 Kronenbourg France Brewery

1665 Saint-Gobain France Conglomerate

1679 VMC France Foundry

1680 Comédie-Française France Theater

1686 Le Procope France Restaurant

1687 Tarlant France Champagne

1690 Delamare France Surface treatment

1720 Lefranc&Bourgeois France Art

1720 Tissages Denantes France Cloth

1723 Teisseire France Syrup

1724 Remy Martin France Cognac

1731 Bertrand France Cognac

1744 Aubanel France Publisher

1752 Prelle France Cloth

1755 Marie Brizard France Spirits

1760 Griset France Metal

1775 Breguet France Watches

1785 CBG Mignot France Figurines

1791 Zuber France Wallpaper

1807 Pleyel France Pianos

1811 Courvoisier France Distillery

1812 Peugeot France Industrial
1816 Bornier France Foods
1819 Sabarot France Foods
1822 A L'Olivier France Olive Oil
1829 Cahen France Funerals
1829 Leborgne France Tools
1830 Christofle France Silverware
1835 AFP France News Agency
1845 Yves Delorme France Strings
1847 Cartier France Jewelry
1848 Poulain France Chocolate
1850 Chevillard S. A. France Foundrywork
1850 Émile Henry France Cookware
1851 Charles Heidsieck France Champagne 850 Ragnaud Sab-
    ourin France Cognac
1851 Janneau France Armagnac

제7부

르네상스를 일으킨
상인의 나라
– 이탈리아의 상도

LEADING BRAND

LEADING BRAND

GLOBAL COMPANY

GLOBAL COMPANY

국가 개요

인구	6,148만 명
실업률	8.43퍼센트
실질 성장률	0.43퍼센트
국민 총생산	2조 1,987억 달러, 세계 8위(2011, IMF)
1인당 소득 수준	3만 6,266달러, 세계 22위(2011, IMF)
환경 배려국	68.90점, 세계 8위(2012, EPI)
국제 경쟁력 지수	세계 42위
달러 보유고	1,698억 달러, 세계 15위(2011)
경상수지	716억 달러 적자
자살률	10만 명당 남자 8.4명, 여자 2.3명, 세계 72위(2007)
국제 특허 출원	2,671건, 세계 12위
노벨상 수상자	14명(세계 10위)
법인세율	27.50퍼센트(국세), 세계 13위
청렴도	세계 69위

1. 전 세계를 호령했던 4대 상인

이탈리아는 전통적으로 네 개의 상인 집단이 유명하다. 그것은 베네치아 상인, 피렌체 상인, 밀라노 상인, 제노바 상인인데, 비교적 역사가 짧은 상인으로는 로마 상인, 볼로냐 상인이 있다.

이탈리아는 세계 8위의 경제 대국이다. IMF 발표에 따르면 2011년 국민 총생산은 2조 1,987억 달러이다. 인구는 6,148만 명이고, 1인당 소득은 3만 6,266달러이며 외환 보유고는 1,698억 달러로 세계 15위이다. 주요 산업은 섬유, 자동차, 화학, 중공업, 전기 기구, 식료품, 패션 등이다.

1) 베네치아 상인

우선 희곡 「베니스의 상인」으로 유명한 베네치아 상인이야말로 이탈리아를 대표하는 상인이다. 베네치아란 도시가 탄생하게 된 것은 5세기 중반이었다. 북동쪽에 살던 훈족이 이탈리아 북동부의 베네토를 침범하자 시민들은 전쟁을 피해 토르첼로라는 섬으로 남하하여 살게 되었다. 그 당시에도 베네치아 일대는 갯벌과 갈대숲이 무성한 땅이었는데 토르첼로 섬만이 유일하게 갯벌이 거의 없고 지반이 비교적 단단했으므로 거기에 모여 살게 된 것이다. 이것이 오늘날의 베네치아의 시작이다. 이후 토르첼로 섬에 살던 사람들의 인구가 늘어나면서 6세기 말에는 베네치아의 중심가인 레알토 섬을 비롯해서 약 12개의 섬에 퍼져 살기 시작했고 이후 부근의 118개의 섬에까지 사람들이 살게 되면서 베네치아 공국이 탄생하게 된다. 그 후 베네치아 상인들은 아드리아해를 사이에 두고 인근의 여러 도시들과 무역을 하면서 돈을 벌기 시작했다. 그러나 변변한 항구조차 없을 때여서 베네치아 상인들은 그들이 번 돈을 가지고 갯벌에 4만 개 이상의 나무 기둥을 박아 지반을 단단하게 한 후 그 위에 창고, 주택, 사무실 등을 건설하는 한편, 항구 시설도 갖추었다.

베네치아의 상인들은 '뼛속까지 상인'이라고 불릴 정도로 상인 정신으로 무장한 사람들이다. 베네치아가 상인의 도시로 발전하기 시작한 것은 14세기부터이다. 서기 1000년경부터 동부 지중해의 인접한 섬, 국가들과 무역을 하기 시작한 것이 그 출발이다. 예나 지금이나 베네치아는 섬으로 이루어진 수상 도시로 해양 무역을 하기에 유리한 조건을 가지고 있었지만 반대로 사람이 살기에는 아주 나쁜 곳이었다. 특별히 나는 산물도 없고 농토는 거의 없으며 오로지 의지할 것이라고는 무역밖에 없는 도시였던 것이다. 따라서 그들은 살기 위해 무엇이든 내다 팔고 외국으로부터 물건을 사와 또 다른 곳에 파는 중계무역에 일찌감치 눈을 돌리게 된다. 1080년경 비잔틴 제국의 한 도시였던 베네치아는 노르만족으로부터 비잔틴 제국을 방어하는 데 결정적으로 기여하면서 특권을 받게 된다. 비잔틴 제국에 세금을 내지 않고 자유로이 무역을 할 수 있는 권리를 받게 된 것이다. 말하자면 자유 무역 도시로서 이미 이때부터 상업의 역사가 시작되었다. 그 당시 유럽 무역의 중심은 오늘날의 이스탄불인 콘스탄티노플이었다. 그들은 세계 각지의 산물이 모여드는 콘스탄티노플로 가서 금, 은, 보석, 비단, 면포 등을 사다가 지중해 연안 도시들에 내다 팔면서 부를 축적하였다. 그러나 이때까지만 해도 베네치아 상인들은 소규모 무역상이었을 뿐 큰돈은 벌지 못했다. 결정적으로 돈을 벌게 된 것은 제4차 십자군 원정(1201~1204) 때였다. 베네치아는 당시 십자군 원정에 필요한 선박과 각종 물품을 준비해 주면서 돈을 벌기 시작했다. 십자군의 요청에 따라 50척의 무장한 갤리선을 추가로 공급해 주었고, 그에 따른 각종 군수물자 등도 공급했다. 이것은 베네치아 상인과 교황 이노센트 3세의 십자군이 맺은 중세 시대 최대의 계약이었다. 그러나 유감스럽게도 이집트 정벌을 위한 제4차 십자군 원정은 실패했고, 베네치아인들은 물품 대금을 받을 수 없게 된다. 결국 베네치아 상인들은 채무를 유예해 주는 조건으로 십자군들이 아드리아해 건너편에 있는 달마티아 해안의 도시인 자라를 공격하게 만든다. 이때 그들은 자라에서 각종 물품을 약탈해 옴으로써 돈을 벌었고 중세 도시로서의 면모를 갖추게 되었다.

그러던 1204년 비잔틴 제국이 분리되면서 베네치아는 지중해 일대의 무역을 장악할 수 있는 찬스를 잡았다. 아드리아 해안에서부터 그리스의 에게 해에 이르는 전 국가들을 사실상 통치하는 강대국으로 탈바꿈하게 된 것이다. 이는 비잔틴제국의 8분의 3에 해당하는 방대한 영토였다. 당시 그 지역에 대한 이권을 노린 것은 베네치아 상인뿐만 아니라 프랑스와 이탈리아의 봉건 영주들도 있었다. 당시의 봉건 영주들은 그리스에 식민지격인 장원을 확보하는 데 만족했으나 베네치아 상인들은 무역을 할 수 있는 항구, 교역소, 항로에 대한 통제권을 갖는 해군 기지를 달라고 요청하여 결국 그러한 권리를 확보했다. 그들은 장원에서 생산되는 밀, 와인, 채소 등의 농산물보다는 바닷길을 통한 무역이 훨씬 더 많은 부가가치를 생산할 수 있을 것으로 판단했던 것이다. 말하자면 가진 것이라고는 바닷물과 소금밖에 없는 베네치아 상인들이 오늘날의 종합상사 제국을 만든 것이다. 그들은 지중해 일대의 항구 도시에 보세 창고를 지어 거기에 물품을 조달, 판매하면서 부를 쌓기 시작했는데 당시의 거래 조건은 모두 현금이었다. 이렇게

해서 베네치아 공국은 당시로서는 세계 유일의 항구 도시 국가이
자 무역 도시가 되었다.

셰익스피어의 대표작 중 하나인 희곡 「베니스의 상인」에서 나오
는 베네치아 상인 샤일록은 피도 눈물도 없는 베네치아 상인의 전
형적 인간형을 보여 준다. 당시 베네치아 상인은 오직 금전에만 혈
안이 되어 있는 도덕관념이 없는 상인으로 치부되었다. 자원이 없
으므로 어느 누가 됐든 무역을 하여 돈을 벌어야 한다는 생각으
로 무장하고 있었던 것이다. 그 대표적인 것이 1306년 몽골 정부
와 조약을 맺어 통상권을 따낸 사건이다. 1304년 5월 가잔 칸이
죽자 몽골 제국은 아제르바이잔에서 새로운 황제를 선출하기 위
한 쿠릴타이를 개최하고 칸에 가이하투의 아들을 추대했다. 정권
의 변혁기에 베네치아 상인들은 1306년 몽골 정부와 조약을 맺어
지중해 제국의 여러 나라 및 도시와 무역을 계속할 수 있는 통상
권을 다시 확보하였다. 말하자면 국제 정세에도 민감하게 대처하
여 자신들의 이권을 놓치지 않았던 것이다.

2) 상인 중의 상인, 마르코 폴로

베네치아 상인 중에서 대표적인 인물이 바로 『동방견문록』의 저
자인 마르코 폴로(1254~1324)이다. 상인 집안의 아들이었던 마르

코 폴로는 그의 부친과 숙부 또한 전형적인 베네치아 상인으로 손 꼽혔다. 그는 무역상들을 이끌고 몽골 제국의 수도였던 타브리즈 까지 가서 금과 비단 등을 사가지고 온 후 그것을 유럽 각지의 상 인들에게 비싼 값으로 팔았다. 일부 학자들은 마르코 폴로가 정 말로 원나라까지 가서 교역을 했는지에 대해 의심하고 있으나, 아 프카니스탄 북부에서 자생하고 있는 산양의 이름에 지금도 마르 코 폴로의 이름을 딴 마르코 폴로 산양이 존재하는 것으로 보아 그가 베네치아에서 원나라의 수도에 이르는 긴 여정을 했다는 것 은 거의 확실하지 않을까 생각한다.

또한 마르코 폴로는 향신료 무역의 개척자이다. 당시 향신료 무 역을 탐냈던 것은 베네치아 상인뿐만이 아니었다. 이탈리아 북부 의 도시 국가였던 제노바도 향신료 무역을 하면 큰돈을 벌 수 있 다는 것을 알고 이미 몽골의 타브리즈에 제노바 영사관까지 설 치해 놓고 있었다. 결국 베네치아와 제노바는 전쟁을 벌였는데, 1380년 키오지아 해전에서 베네치아가 승리하면서 중세의 향신 료 무역은 이슬람 상인과 베네치아 상인이 지역을 나누어 독점 하게 된 것이다. 이것이 14세기의 일이다. 이러한 향신료 무역은 1600년대에도 이어져 네덜란드의 동인도회사를 비롯한 영국, 벨 기에의 동인도회사들이 모두 향신료 무역을 독점하기 위해서 설 립된 회사들이다.

향신료는 후추를 비롯해 사프란, 메이스, 바닐라, 카더몬, 로즈

마리, 세이보리, 보리지 등 50여 가지가 넘는데, 그중에서 가장 값이 비싼 향신료는 후추, 사프란, 바닐라, 카더몬이었다. 이러한 향신료들은 유럽 각지에서 물건이 없어 못 팔 정도로 그 품질과 맛을 인정받고 있었으므로 물량만 확보되면 바로 현금화할 수 있는 큰 무역 상품이었다. 당시 유럽에는 조미료가 거의 없어서 음식의 맛이 별로 없을 때였으므로 마르코 폴로가 확보한 향신료는 날개 돋힌 듯 팔렸다.

또한 향신료는 일종의 약품으로도 쓰였다. 당시 유럽은 도시의 곳곳에 분뇨가 넘쳐나 악취로 진동하고 있었는데 이러한 비위생적인 환경이 전염병을 일으켰으므로 로즈마리와 같은 향신료를 뿌려 살균, 소독하려 했다. 따라서 로즈마리와 같은 향신료가 큰 인기를 끌게 된다. 또한 세이보리와 같은 향신료는 아드레날린 분비선을 자극해 슬픔과 고민을 잊는 기능을 가지고 있다고 해서 그 역시 시민들에게 인기를 끌었다. 그보다 훗날의 이야기이지만 서기 1615년경 유럽에 커피를 제일 먼저 내다 판 상인도 바로 베네치아 상인이었다. 베네치아 상인들은 이슬람권과의 무역을 장악하고 있었으므로 이스탄불에서 유럽 최초로 커피를 수입하여 베네치아에 팔았던 것이다. 당시 베네치아 상인들은 커피를 만병통치약처럼 선전하여 막대한 이득을 챙겼다. 또한 커피 외에 레모네이드, 오렌지에이드 등도 수입해서 판매함으로써 부가가치를 더욱더 발생시켰다. 이후 베네치아는 계속 번영을 누려 현재까지도 이탈리아를 대표하는 상인 도시로서 자리 잡게 된다. 갈릴레오가 망원경을 만들 수 있었던 것도 베네치아 상인들 덕분이었다. 당시 베네치아는 유리 세공이 가장 발달한 도시였는데 바로 그 유리 세공업자들에게 렌즈 제작을 부탁하여 망원경을 설계, 제작하였던 것이다. 지금도 베네치아는 유리 공예로서 유명한 도시이며, 또한 유리 공예 공방이 이탈리아 전체에서 가장 많은 곳이기도 하다. 이러한 역사와 전통에 힘입어 오늘날 베네치아에는 산마르코 광장을 중심으로 유리 공예로 유명한 카뮤포 등 100년 이상 된 가게가 150여 개 정도 포진해 있다.

3) 메디치 가문이 일으킨 도시, 피렌체의 상인들

피렌체 역시 베네치아 못지않게 상인의 도시로서 역사가 깊다. 특히 12세기경부터 모직물 산업이 발전하여 직물 상인과 귀금속 상인이 각기 상인 조합을 만들 정도로 이탈리아의 상공업, 금융업의 중심 도시였다. 그러나 피렌체가 본격적으로 발전한 것은 메디치 가문 때문이다. 1230년대 피렌체 정부의 평의회 의원이 남긴 기록에서 메디치 가문의 이름이 처음으로 등장하는데 피렌체 북쪽의 농촌인 무겔로에서 왔다고 전해진다. 본래 메디치 가문은 약국을 경영하던 약품 상인 출신으로 메디치라는 말 자체가 의

사, 의학, 의약이라는 의미인 것처럼 메디치가의 선조들은 약 도매상으로 빨간 구슬 같은 환약을 조제하여 팔아 돈을 번 것으로 알려져 있다. 이후 고리대금업에 진출하여 14세기에 들어서는 가장 큰 은행업자로 성장하였으며 프랑스와 스페인 등지에서 모직물 무역을 하였다. 이때까지만 해도 아직 당시 유력자였던 알비치 가문이나 스트로치 가문보다는 세력이 약한 집안이었다. 오늘날 메디치 가문은 1대조라고 알려져 있는 조반니 디 비치(1360~1429)의 대에 은행업으로 큰 성공을 거두었다. 조반니의 메디치 은행은 초기에는 로마, 베네치아에 지점을 내는 정도였으나 훗날 유럽의 주요 16개 도시에 지점을 설립하여 유럽의 금융을 장악하게 된다. 또한 그 자신이 1410년에 로마 교황청 회계원의 재무 관리자가 되어 교황청 금융 업무의 실력자가 되었다. 여기에서도 막대한 돈을 벌게 된다. 이후 1422년에는 로마 교황으로부터 백작 작위를 받기도 하였으나, 조반니 자신이 정치에는 관심이 없어 백작에서 스스로 사퇴하고 일개 시민으로 남았다. 메디치 가문은 막대한 자산을 바탕으로 본격적으로 장사에 나섰는데 이미 창업 당시부터 장사에는 천재들이었다고 전해진다. 돈이 되는 사업에는 모조리 손을 대 아랍산 말, 노예 등을 사다 팔았고, 낙타, 기린 등 야생동물까지 판매하였으며 향신료, 비단, 설탕 등 동양에서 온 물건을 독점 판매하는 한편 유리, 모피, 염색 산업 등에도 실력을 발휘했다. 심지어는 노래를 잘하는 성가대 소년들을 잡아와 팔기도 하였다.

메디치 가문의 성공은 조반니의 장남인 코시모 데 메디치 (1389~1464) 때부터이다. 오늘날 메디치 가문이 르네상스 문예 부흥운동을 일으켜 존경을 받는 것은 단적으로 말하면 제2대째였던 코시모 덕분이다. 코시모는 가난한 건축가, 화가들을 자신의 궁전에 초빙하여 먹여 주고 재워 주는 한편, 그들이 필요로 하는 도구 일체 및 생활 전반을 챙겨 주었다. 이것은 단순히 예술가를 우대한 것이 아니라 정치적으로 예술가를 보호해 주었다는 의미가 있다.

코시모 데 메디치는 르네상스 문예 부흥 운동을 일으킨 장본인으로 오늘날에도 존경받고 있다. 그는 당대의 여러 예술가들을 후원했으며 유럽 각국과 비잔틴 제국으로 사람을 보내어 돈을 아끼지 않고 고문서를 수집하기도 했다.

그러나 메디치 가문이 모든 예술가들에게 적극적인 후원을 해 준 것은 아니다. 레오나르도 다빈치의 경우 '동방박사의 경배'라는 그림을 메디치 가문으로부터 주문받아 그리던 도중, 작품의 완성도가 떨어지자 메디치 가문에서 내쫓겨 이탈리아 밀라노로 떠나게 된다. 즉, 성과를 내지 못하는 예술가는 가차 없이 후원을 끊어 버린 것이다.

코시모 역시 아버지의 뜻에 따라 가업을 물려받아 집안을 번영시키는 한편 산타마리아 델리 안젤리 수도원 학교에서 신학, 문학, 역사, 철학 등을 수학하여 인문학적 교양을 갖춘 지식인이 되었다. 어학에도 조예가 깊어서 라틴어, 헬라어, 히브리어, 아랍어에 능통했다. 이러한 소양 덕분에 그는 학자, 예술인들과 깊이 사귀게 된다. 그들로부터 영향을 받은 코시모는 유럽 각국과 비잔틴 제국에 사람을 보내어 고문서 수집에 돈을 아끼지 않았다. 팔기를 거부할 경우에는 그것을 베껴 오도록 했으며 그렇게 수집한 고문서들을 45명의 전문가가 옮겨 써서 문서로 보관하도록 했다. 그렇게 만들어진 책들은 1443년 산마르코 수도원 내에 있었던 메디치 가문 도서관에 보관, 열람하도록 했다. 이 도서관은 코시모가 건축가 미켈로초와 함께 설계, 완공한 것으로 절제된 그리스 고전 양식으로 현재에도 뛰어난 건물로 손꼽히고 있는데, 이탈리아 최초의 공공 목적의 도서관이기도 하다. 메디치 가문의 도서관에는 고대 그리스 철학자들의 각종 서적과 문서를 비롯하여 로마의 철학서들을 비치해 놓고 있었고 그것이 원동력이 되어 르네상스 시대를 열게 된다. 이 도서관은 이후 유럽 정신사의 메카가 되었다. 코시모는 이 도서관을 완성하는데 1만 2천 피오리노를 썼는데 현재 돈으로 환산하면 수천억 원에 해당한다. 또한 그 자신이 철학에 조예가 있어 비잔틴 제국에서 온 그리스 철학자 게미스토스 플레톤으로부터 플라톤 철학과 아리스토텔레스 철학의 차이를 공부하였으며 자신 소유의 카레지 별장을 플라톤 철학을 연구하는 플라톤 아카데미로 운영하도록 하였다. 플라톤 아카데미는 1439년에 건축을 시작하여 장장 23년에 걸쳐 완공하였으나 그리스어를 구사하는 사람이 없어서 피치노라는 젊은 학자에게 그리스어를 배우게 한 후 플라톤의 저서 전체를 구해서 연구하도록 하였다. 그는 아카데미의 경영에는 일체 간섭하지 않는 등 학자들에게 자율권을 주었고, 예술과 문화인 외에 교회에도 많은 후원을 아끼지 않았다.

코시모 시대에는 당시 피렌체 시민의 절반이 메디치 가문이 설립한 회사에서 일할 정도였다. 메디치 가문이 설립한 은행은 유럽 전체에서 가장 자금이 풍부했으며, 경영 방식 또한 가장 선진적이었다. 오늘날 은행에서 사용하는 복식부기 시스템이 바로 메디치 은행에서 일하던 회계사들에 의해 만들어졌고 사용되었다.

메디치 가문의 3대 계승자인 코시모의 아들 피에로 데 메디치(1416~1469)는 어렸을 때부터 건강이 좋지 않았는데, 1464년부터 단 5년간 메디치 가문의 경영을 책임지다가 일찍 사망하게 된다. 이후 메디치 가문은 제4대 로렌초 데 메디치(1449~1492)에게로 넘어가게 된다. 로렌초는 사업가로서뿐만 아니라 정치적으로도 지도력이 뛰어난 인물로 사후 그의 별명은 '위대한 로렌초'였다. 이후 5대째인 졸리오 데 메디치(1478~1534) 때인 1494년 메디치 은행이 망하면서 경제력을 상실하기 시작했으나 그래도 여전히 영향력을 발휘하여 교황 레오 10세(조반니 데 메디치, 1475~1521), 클레멘스 7세(줄리오 데 메디치, 1478~1534), 레오 11세(알레산드로 오타비아노 데 메디치, 1535~1605) 등을 배출했고, 카트린느 드 메디시스(1519~1589), 마리 드 메디시스(1573~1642)는 프랑스의 왕비가 되는 등 유럽을 대표하는 명문 가문으로서 400년간 번영하였다. 그러나 1737년 제7대 토스카나 왕국의 대공이었던 잔 가스토네(1671~1737)가 후계자 없이 사망하자 토스카나 대공의 지위를 로트링겐가의 신성로마제국의 프란츠 1세 황제인 프란츠 슈테판이 계승하게 되고 이로써 서부 유럽에서의 메디치 가문의 이름은 단절되어 역사 속으로 사라진다.

이렇듯이 메디치 가문은 금융, 모직, 예술, 철학 등 전 분야에 걸쳐 유럽의 문화를 중흥시키는데 큰 역할을 남겼다. 그들은 막대한 재력을 축적했으나 그 돈을 인문학자와 예술가에게 후원함으로써 오늘날 유럽 문명의 기틀을 만드는 데 이바지한 공로로 현재에도 유럽인들에게 존경받는 가문으로 남아 있다.

"신용과 겸손." 이것이 메디치 가문의 경영 철학이다. 의외로 간단명료하고 단순하다.

"공식적인 자리에서는 항상 몸을 낮춰라."

천하의 거부이자, 유럽을 쥐락펴락하는 권력자였지만 뜻밖에 메디치가의 사람들은 겸손하게 자신을 낮춤으로써 적을 만들지 않고 무려 400년간이나 번영할 수 있었던 것이다.

메디치 가문 외에 많은 상인들이 노력하여 오늘날 피렌체는 이탈리아를 대표하는 상인 도시가 되었다. 현재 피렌체는 시뇨리아 광장을 중심으로 여전히 상업과 금융업이 발달해 있으며, 1221년에 문을 연 노벨라 약국이 현재까지도 영업을 하는 등 이탈리아의 내로라하는 오래된 노포들이 많이 자리 잡고 있다.

4) 제노바 상인

제노바는 기원전 7세기경부터 항구 도시로 발전했으나 본격적으로 발전한 것은 11세기부터이다. 그들은 상인과 귀족이 결탁한 자치 도시이자 무역 중심의 자유 도시를 만들면서 본격적으로 발전하기 시작했고, 1277년경에는 제노바 상인이 벨기에의 브뤼헤까지 진출하여 브뤼헤에 은행을 세우는 한편 무역을 하기 위한 사무소와 창고 등을 짓기도 했다. 또한 제노바 상인들은 러시아의 흑해 연안까지 진출하여 그곳에 살던 체르케스족에게 소금, 갑옷, 각종 공구 등을 내다 팔고 대신 현지에서 철갑상어, 모피, 과일 등을 수입해서 이탈리아의 항구 도시에 되팔았다. 십자군 원정 이후 항구 도시의 이점을 살려 바다로는 동지중해의 인접 국가 도시와 무역을 했으며, 이슬람 상인과 결탁하여 중동과 터키에도 진출해서 향신료 무역을 하는 한편 원나라와는 비단, 도자기, 차

무역에도 앞장서서 베네치아와 함께 중세 유럽의 무역항으로서 번영하였다. 또한 터키의 내륙 도시이자 비잔티움 제국의 계승국인 트라페주스 제국의 수도였던 트라브존에 가서 비단, 모직물 등을 팔기도 했다. 비단과 벨벳 무역을 통해 번 돈으로 14세기경에는 도나우 강에 은행을 설립하는 등 상업, 금융, 해군력 등으로 지중해를 대표하는 도시가 되었으며 이탈리아 북부에도 영토를 확장하여 무역 강국으로서 크게 성장하였다. 그러나 1380년 키오지아 해전에서 베네치아에 패배한 뒤 쇠퇴하기 시작한다.

아메리카 대륙의 발견자인 크리스토퍼 콜럼버스도 바로 제노바 출신의 상인이었다. 그는 제노바를 떠나 스페인으로 가서 이사벨라 여왕의 후원 하에 아메리카 신대륙을 발견하게 되는데 아이러니하게도 훗날 아메리카 신대륙의 발견이 무역항으로서의 제노바를 쇠퇴시키는 결과를 가져온다. 이탈리아 북부의 제노바가 유럽의 중북부 국가와 무역을 하던 것에서 유럽 중북부 국가들이 아메리카와 직접 교역에 나서게 되면서 제노바가 쇠퇴하게 된 것이다.

그러나 오늘날 제노바는 이탈리아 북부의 패션 도시인 밀라노, 자동차 도시인 토리노와 더불어 제철, 석유화학, 기계공업, 선박 등으로 북부 이탈리아의 3대 공업 도시 중 하나로 다시 거듭났다. 제노바에도 100년 이상 된 노포들이 20여 개 존재하는데 그 대표적인 가게가 1882년에 문을 연 바바리아 이발소이다.

5) 밀라노 상인

밀라노는 뉴욕, 파리와 더불어 세계 패션을 주도하는 3대 도시 중 하나이다. 패션뿐만 아니라 전통적인 섬유공업 외에 금속, 화학, 기계, 중화학공업도 발달한 이탈리아에서 가장 큰 도시이자 인구 4백만이 넘는 대도시이다. 밀라노는 이미 11세기부터 북부 이탈리아에서 가장 큰 도시였다. 그러다가 19세기 후반 근대 공업이 발전하기 시작하면서 급속도로 성장해, 이탈리아를 대표하는 도시로 자리 잡았다. 밀라노의 중심가인 두오모 성당에서 비토리오 에마누엘레 2세 갤러리아로 가는 길인 몬테나폴레오네 거리에는 루이뷔통, 불가리, 엠포리오, 살바토레 페라가모, 조르조 아르마니, 구찌, 다미아니, 버버리, 아이스버그, 크리스티앙 디오르, 보테가 베네타, 샤넬, 제냐, 막스 마라, 베네통 등 세계적인 명품을 파는 가게들이 즐비하다.

2. 명품을 만드는 장인 정신

1) 명품 양복

이탈리아를 대표하는 명품 수제 양복으로는 브리오니, 키톤, 아르마니, 장 프랑코 페레, 제냐 등이 있다. 이중에서 브리오니와 키톤은 전 세계가 인정하는 최정상의 정장 브랜드이다. 양복은 그 품질에 따라 퍼스트 라인, 블랙 라벨 외에 하위 라인들로 구분된다. 이중 퍼스트 라인과 블랙 라벨은 핸드메이드 제품이고 하위 라인은 공장에서 생산된 기계 제품들이다. 현재 이탈리아에서 양복을 가장 잘 만드는 지방은 밀라노와 나폴리로 알려져 있다.

장 프랑코 페레의 경우 살아 있는 거장이라고 불릴 정도로 양복의 품질이 뛰어난 것으로 정평이 나 있다. 제냐의 경우 세계에서 가장 우수한 양 1만 마리를 골라 거기에서 뽑은 양털로 양복을 만드는 것으로 유명하다. 브리오니의 경우에는 갓 태어난 새끼

양의 털로 양복을 만들어 최상의 부드러운 양복을 만든다. 브리오니 양복은 갤러리아 백화점에 현재 입점해 있다. 브리오니의 특징은 힘이 넘치는 남성적 분위기이다.

1945년 이탈리아의 로마에서 시작된 브리오니는 전 세계 다섯 손가락 안에 드는 명품 정장 브랜드로 최고급 양모의 공급량에 따라 1년에 10벌에서 100벌 내외의 정장만을 생산한다. 브리오니의 대표작은 클래식한 디자인을 추구하는 더블 브레스티드 슈트(앞여밈 단추가 두 줄로 된 슈트)인데, 이른바 제임스 본드의 슈트로 널리 알려져 있다. 브리오니라는 말은 지중해 연안의 호화로운 휴양지로 알려진 크로아티아령의 브리오니 군도에서 이름을 따 왔다.

브리오니의 고객 중에는 영화 「바람과 함께 사라지다」의 주인공이었던 클라크 케이블, 서부극의 대명사 헨리 폰다, 존 웨인, 케리 쿠퍼 등 왕년에 미국을 대표하던 영화배우들과 당대의 정계와 재계 인사들이 총망라되어 있다. 브리오니 양복은 1960년대 양복이 기계화되는 산업화의 흐름 속에서 오히려 더 자연 환경이 좋은 지방으로 내려가 펜레 지방에 본사를 이전, 클래식 로망 슈트 생산 라인을 확장했으며 그 지역의 전통 자수 방식을 도입하여 재단 기술을 더욱더 완벽히 추구하고 있다. 가족 기업으로 출발하여 세계 각국에 매장을 갖고 있지만 지금도 여전히 장인 정신에 의존한 가족 경영 방식을 유지하고 있다.

브리오니보다 비싼 양복으로는 카라체니, 아톨리니, 키톤 등이 있다. 키톤은 한 벌당 최하 4백만 원 이상에서 최고 3천만 원을 호가한다. 카라체니와 아톨리니는 5백만 원 이상이다. 현재 카라체니와 아톨리니는 한국 백화점에 입점되어 있지 않다. 아톨리니의 경우 전체 수공 비율이 가장 높으며 비접착 슈트이다.

로로 피아나 역시 세계 최고급 원단을 사용하는데 매년 세계에서 가장 품질이 좋은 양 1만 마리에서 추출한 양모로 원사를 만들어 초극세사의 품질을 자랑하며 1년에 35벌밖에 생산하지 않는다. 정장 한 벌을 만드는 데 25시간의 수작업으로 진행되며 세계 최고의 양복 브랜드로 손꼽힌다. 양복 정장 한 벌의 가격은 5천만 원이며 한국에서 이 양복을 주문한 사람은 아직 한 명도 없다.

아톨리니는 1930년 나폴리의 빈센초 아톨리니가 만든 양복이다. 빈센초 스타일은 클래식과 모던을 적절하게 조합한 것이 특징으로 현재는 손자인 주세페가 경영을 담당하고 있고, 마시 밀리아노는 크리에이티브 디렉터 역할을 맡아 공동 경영을 하고 있다. 이 양복은 영화배우 숀 코넬리, 알 파치노, 해리슨 포드와 러시아 대통령 푸틴, 인도의 철강 재벌인 락시미 미탈 등이 입은 것으로 유명하다. 아톨리니는 나폴리 스타일의 계승자이고, 그의 테일러링 기술은 허리보다 어깨를 강조한 라인으로 V 라인을 자연스럽게 살려 마이스터 장인의 기량이 한눈에 느껴지는 그러한 분위기를 연출하고 있다.

반면에 후발주자인 브리오니와 키톤은 주식회사로 공적 자본과 마케팅을 통해 일본과 미국 등지에 진출하여 명성을 떨치고 있으나 나폴리 공법을 고집하는 아톨리니에 비해서는 품질이 떨어지는 양복으로 평가받는다. 아톨리니는 자신들의 테일러링 철학을 이해하는 소수의 VVIP 고객에게만 공급한다는 원칙과 자부심을 가지고 있다.

키톤의 경우 철두철미한 자기 자신만의 패턴과 최고급 원단의 사용을 통해 "한번 키톤을 입으면 반드시 키톤의 단골 고객이 되도록 만들라"라는 말처럼 수작업 기술자들의 열정과 DNA가 느껴지는 양복을 생산하고 있다. 키톤은 여전히 자신들만의 고유한 슈트 제작 기법을 고집하고 있지만 경영 방식은 과거와 달리 전 세계를 대상으로 하는 글로벌 스타일로 가고 있다.

이외에도 양복의 조르조 아르마니, 구두의 페라가모 등이 유명하다.

2) 구찌

오늘날 세계의 명품 시장은 프랑스의 루이뷔통 그룹, 스위스의 리치몬드 그룹, 이탈리아의 대표적 브랜드인 구찌를 소유한 PPR 그룹이 장악하고 있다. PPR 그룹은 2000년대 프랭탕 백화점을 운영하던 프랑소와 피노에 인수되어 프랑스 기업이 되었다가 다시 매각되기도 하였다. 구찌 그룹이 소유한 브랜드는 이브 생 로랑,

세르지오 로시, 구쉐론, 보테카 베네타, 푸마, 구찌, 발렌시아가, 스텔라 메카트니, 알렉산더 맥퀸 등이 있다.

구찌는 구찌오 구찌(1881~1953)가 1921년 이탈리아의 피렌체에서 설립한 세계적인 패션 기업이다. 2011년 이후부터는 프랑스의 PPR 그룹에 인수된 자회사 브랜드로 주력 상품은 핸드백, 구두, 지갑 등의 피혁 제품 외에 남녀 정장 및 각종 패션, 보석류, 시계, 향수 등이다. 구찌는 1921년 피렌체의 구둣방으로 출발했다. 이미 당시부터 세계 최초로 품질 보증을 위해 디자이너의 이름을 상품 속에 인쇄했을 정도로 철저한 신용을 지킨 장인이었다. 본래 구찌오 구찌는 1881년 피렌체에서 밀짚모자를 만들던 영세한 모자 가게에서 태어났다. 그러던 구찌는 런던에서 사업을 하기로 결심하고 증기 기선의 기관장 조수가 되어 런던으로 건너갔다. 그는 런던에서 막노동을 하다가 최고급 호텔인 사보이 호텔에 취직하게 된다. 이후 구찌는 직장 생활을 성실하게 하여 말단 사원에서 지배인까지 올라 성공했으나 39세 때 돌연 사표를 내고 고향인 피렌체로 돌아와 가업을 잇게 된다.

당시 구찌의 가게는 마구를 만들고 있었는데 마구가 큰 인기를 끌자 로마와 밀라노에 지점을 내는 등 사업 규모가 커졌다. 구찌의 네 아들 중에서 알도, 로돌프는 장차 미국 시장이 폭발적으로 성장할 것을 예상, 뉴욕에서 가게를 열게 된다. 그들은 뉴욕에서 핸드백을 만들어 팔았는데 미국 대통령 부인인 재클린 케네디 오나시스가 그들이 만든 핸드백을 사용한다는 것이 알려지면서 이른바 재키백으로 큰돈을 벌게 되었다. 그들은 지점을 런던, 파리, 로스앤젤레스, 도쿄 등에도 열었고 이때부터 구찌의 상징인 GG 마크가 탄생하게 된다. 이것이 세계적으로 알려진 구찌의 본격적인 출발이다.

이후 구찌는 1970년대까지 이탈리아를 대표하는 럭셔리 브랜드로 성장했고, 1970년대 말부터는 장신구, 향수 사업을 시작하였다. 액세서리 사업부에서는 화장품용 백, 라이터, 필기도구 등도 만들어 팔았다. 그러나 이 액세서리 사업부는 뜻밖에 구찌 본연의 사업을 잃어버리는 결과를 가져온다. 패션잡지 「베니티 페어」의 편집장은 "구찌는 오드리 햅번, 재클린 케네디, 그레이스 켈리와 같은 패션 아이콘들 덕분에 시크함의 절정에 늘 서 있었다. 하지만 1980년대 구찌는 조잡한 공항 면세점 브랜드가 되어 그 매력을 잃어버렸다"라고 혹평했다.

1980년대 이후 구찌가의 형제들이 제각각 경쟁을 벌이면서 구찌 라이선스를 남발하여 각기 대량 생산 제품을 만들어 팔아 브랜드의 이미지가 크게 실추되었다. 1983년부터 창업자의 아들과 손자들이 사업권을 놓고 재산 분쟁을 하면서 값이 싼 제품인 구찌 플러스와 같은 브랜드를 출시하자 구찌는 하향길에 접어든다.

그러나 1989년 손자인 마우리치오 구찌가 제프리 빈, 캘빈 클라인, 톰 포드 등 젊고 능력 있는 디자이너를 대거 영입하면서 반격에 나서 새로운 구찌의 이미지를 구축하는데 성공했다. 1990년대 이후에는 미국 태생의 톰 포드가 디자인을 맡고 경영은 구찌 가문의 도미니크 데졸레 구찌 회장이 맡으면서 다시 한 번 전성기를 맞는다. 톰 포드는 구찌의 여성복 디자이너 출신으로 그 실력을 인정받아 크리에이티브 디렉터까지 오른 세계적인 디자이너이다.

"나는 패션디자이너이다. 내가 하는 일은 예술적이지만, 예술가는 아니다. 왜냐하면 나는 팔리고, 마케팅되고, 사용되고, 궁극적으로는 폐기될 것을 만들어 왔기 때문이다." 이 말은 톰 포드가 디자이너로서 예술적인 재능만 뛰어난 것이 아니란 사실을 짐작할 수 있는 대목이다.

그는 1997년 구찌의 경영권을 인수받은 도미니크 데졸레 회장으로부터 인정받아 구찌 브랜드를 섹시, 모던의 이미지로 탈바꿈시켰고 여타의 브랜드들은 과감히 정리하기 시작했다. 톰 포드는 수석 디자이너로서 구찌 그룹이 보유하고 있는 브랜드인 구찌 외에 이브 생 로랑, 세르지오 로시 등 모든 브랜드의 디자인을 총괄하면서 구찌의 새로운 이미지 구축과 광고, 매장 설계에 이르는 전체적인 CIP 작업을 완성시켰다. 이것이 제2의 도약의 발판이 되었다. 그러나 2004년 초 최고 경영자였던 도미니크 데졸레와 톰 포드는 대주주였던 프랑스의 PPR 그룹과 의견이 맞지 않아 전격 사임하였다. 두 사람은 사임 직전 PPR 그룹과 마지막 협상을 벌여 구찌라는 브랜드를 복수 브랜드 그룹으로 존속시키기로 합의한다. 이후 구찌는 PPR 쪽의 신임을 받고 있던 톰 포드의 수제자인 존 레이(2006년 사임)가 디자인을 맡았고, 신임 사장에는 폴 레트가 부임했다. 그러나 구찌의 명품을 향한 장인 정신은 지금도 계승되고 있다. 예컨대 구찌의 장인이 만든 뉴 뱀브 백은 장인 한 사람이 140여 개에 이르는 가죽 조각과 부품을 13시간의 수작업을 통해 완성한다. 이러한 모습은 피렌체 공방에 있는 구찌 장인 코너에서도 볼 수 있다. 오늘날 구찌는 2009년 기준 전 세계 300여 개의 직영점을 운영 중이며 한국에도 20개 이상의 매장을 운영하고 있다. 2009년 매출은 42억 유로이다.

2008년 구찌 가문의 증손자인 구지오는 새로운 패션 브랜드인 토벡(TOBEG)이라는 브랜드를 만들어 독립했으며 또 다른 증손자인 로베르토 구찌는 하우스 오브 플로렌스를 창업해 각기 다른 길을 가고 있다. 현재 구찌 가문은 구찌에서 완전히 손을 떼었고, 구찌 그룹 자체도 PPR 그룹의 계열사가 되었지만 여전히 구찌라는 브랜드로 전 세계의 명품 시장을 공략하고 있다.

3) 아 테스토니 구두

12세기에 볼로냐는 밀라노와 피렌체를 오가는 교통의 요충지이자 이탈리아 북서부의 중심 도시로 큰 시장이 형성되어 있었다. 당시 볼로냐 시민들을 고객으로 하는 구두 장인들과 가죽 생산업자들이 길드 조직을 만들었는데, 이후 수천 명에 달하는 가죽 기술자가 구두를 만들면서 1600년대가 되면 볼로냐의 중심 산업이 될 정도로 성장하게 된다. 당시 볼로냐에는 150개가 넘는 구두 공방들이 도시 중심부에 자리 잡아 상권을 형성했다. 이곳 구둣방들은 150여 가지가 넘는 구두 공정을 모두 수작업으로 직접 제작했다. 지금도 볼로냐 시내 중심에는 여전히 가죽 장인과 구두 장인들이 구둣방을 운영하고 있다. 이중에서 전 세계에 가장 잘 알려져 있으며 비싼 구두로 인정받는 것이 아 테스토니이다.

아 테스토니 구두는 아마데오 테스토니가 1929년 이탈리아의 볼로냐에서 구둣방으로 시작한 명품 브랜드이다. 창업 당시 구둣방에서 그의 아내와 네 명의 숙련된 장인이 하루 네 켤레의 구두를 만든 것이 그 시작이었다. 이탈리아의 성악가 루치아노 파바로티, 로널드 레이건 전 미국 대통령, 나카소네 전 일본 수상 등 세계적으로 유명한 정계, 재계의 인사들이 이 구두의 고객으로 알려져 있으며, 가장 비싼 신부용 드레스 슈즈는 켤레 당 3만 8천 달러(약 4,200만 원)를 호가하는 것으로 알려져 있다.

아 테스토니 구두가 이처럼 비싸게 팔리며 90년 동안 세계적인 명성을 이어올 수 있었던 것은 30년 이상의 경력을 가진 300여 명의 장인이 가죽 선별, 가공, 제품 디자인, 몰딩, 바느질 등 177개의 공정을 일일이 수작업을 통해 완성해 내기 때문이다. 아 테스토니 구두는 짧게는 10년에서 40년 동안 근무한 숙련공들이 구두를 만들고 있다. 어린 송아지가죽과 양가죽 중에서 가장 우수한 자재만을 사용하는데 어린 송아지가죽의 경우 그 실핏줄까지 보일 정도로 부드러운 재료를 선별한다. 가죽을 재단하는 기술자의 경우 구두 한 켤레에 필요한 부위를 잘라 내는 데 총 4시간이 걸릴 정도로 섬세한 손길이 필요하다.

"누구의 손도 빌리지 않고 우리 기술자의 손으로 세상에서 가장 아름다운 제품을 만들라. 누구라도 따라 할 수는 있지만 그 누구도 똑같이 만들 수는 없는 제품을 만들어야 한다"라는 것이 아 테스토니의 정신이다. 이런 정신이 여타의 가죽 제품과 차별화된 명품을 만들어 낸 원동력이었다. 아 테스토니 구두가 탄생한 볼로냐 지역은 볼로냐 공법이라는 독특한 제화 방식을 12세기부터 가지고 있었다. 이 공법은 맛케이 공법을 발전시킨 것으로 가죽의 밑부분에 속주머니를 실로 꿰매어 넣어 유연성이 풍부해지고 맞춤 구두의 부드러움을 가지게 되며 발이 편안하고, 디자인적으로도 뛰어나다. 스위스 구두에서도 이 방식을 채용하고 있는데 역시 그 원조는 볼로냐이고 그 전통을 되살린 것은 아 테스토니라고 평가받고 있다.

볼로냐 공법은 일명 주머니 공법이라고도 불린다. 구두 안쪽에 부드러운 염소 가죽을 손으로 직접 꿰매어 주머니 모양으로 만들어 신발 밑창에 넣어 주기 때문이다. 일반적인 경우 신발 밑창과 윗부분이 따로 떨어져 있지만 볼로냐 공법은 신발 안쪽의 위, 아래가 박음질 없이 하나로 붙어 있다. 이럴 경우 마치 딱 맞는 장갑을 낀 것처럼 착용감이 다른 제품과는 확연하게 달라진다. 이런 볼로냐 공법은 후세로 이어지지 못하고 명맥이 끊어져 버렸었다. 하지만 2차 세계대전 이후 아 테스토니는 자신만의 주머니 공법 개발에 착수하여 현재까지 주머니 공법을 사용한 구두를 제작하고 있다.

이 주머니 공법은 모든 구두에 적용되는 것은 아니고 가장 비싼 구두인 블랙 라벨의 경우에만 적용한다. 기성화가 아닌 맞춤 구두이기 때문에 과거 한국에 매장이 없을 때에는 아 테스토니 구두를 신기 위해서 한국에서 신청한 고객이 20명이 넘어야만 가능했다. 신청자가 20명이 넘으면 이탈리아에서 기술자가 건너와 발가락의 길이, 두께, 발등의 높이, 복숭아뼈, 뒤꿈치 등 28군데의 치수를 직접 재어 갔다. 주머니 공법으로 만들어진 구두는 가격이 최하 8백만 원 이상의 고가품이지만, 제품의 완성도가 높아 고객들이 그 품질을 인정하고 있기 때문에 어떠한 불황에도 아 테스토니는 불황을 탄 적이 없다. 해마다 매출이 신장되고 있는데, 한국에서의 경우 롯데 백화점, 갤러리아 백화점의 고객이 60~70퍼센트씩 늘어나고 있다.

이탈리아에는 아 테스토니 구두 외에도 세계적으로 인정받는 명품 수제 구두들이 많다. 예를 들면 엔조 보나페, 칼로제로 마니나, 살바토레 페라가모, 헤리스, 바레트, 보노라, 볼리니 등이 그러하다.

3. 자동차와 디자인 강국

　토리노는 1800년대 전반까지 이탈리아의 수도였다. 지금은 이탈리아 북부에 있는 피에몬테 지방의 중심 도시이자 이탈리아에서 자동차 공업이 가장 발달한 도시이기도 하다. 이탈리아를 대표하는 자동차 회사인 피아트 자동차 공장이 토리노에 있다. 피아트 공장이 토리노에 설립된 것은 1899년으로 공장 설립 이후 토리노는 공업 도시로서 활기를 띠고 있다. 현재 토리노의 자동차 생산량은 이탈리아 전체의 85퍼센트를 차지하며 이 외에 이탈디자인 주지아로, 피닌파리나 등 세계의 자동차 디자인을 대표하는 회사들이 있다. 자동차의 도시답게 금속, 화학, 기계, 항공기 산업도 매우 발달해 있다. 이탈리아의 자동차 공업은 한때 세계적인 수준이었으나 2011년에는 세계 21위로 밀려났다. 2007년까지만 해도 이탈리아의 자동차 생산은 128만 대였으나 2008년에 102만 대로 줄었고 2010년에는 83만 8천 대로 격감했으며, 2011년에는 79만

대로 다시 줄어들었다. 이렇듯 이탈리아의 자동차 산업은 날로 퇴보하고 있지만 자동차 디자인에 관해서는 단연 세계 최고의 수준을 자랑한다. 그 대표적인 자동차 디자인 회사가 이탈디자인주지아로와 피닌파리나이다.

1) 피아트 자동차

오늘날 이탈리아를 대표하는 자동차 회사는 단연 피아트이다. 피아트는 세계 11위의 자동차 생산 회사로서 2010년 승용차 178만 대, 소형 상용차 49만 9천 대, 대형 상용차 9만 1천 대 등을 포함하여 총 241만 대의 자동차를 생산했다.

"19세기 말 세계 자동차 산업의 태동부터 현재까지 피아트가 자동차 산업의 주역이 될 수 있었던 것은 혁신 덕분이었다."

피아트의 경영 전략은 혁신이다. 피아트는 1899년 지오반니 아그넬리를 비롯한 토리노의 부호 9명이 설립한 회사이다. 승용차의 란치아, 아우트 비앙키 외에 트럭의 OM을 생산하고 있다. 전세계 61개국에 지사를 두고 있으며 전체 종업원은 22만 3천 명이다. 또한 생산 공장은 총 242개이며 연구소 및 기술 개발 센터가 131개이다. 현재 자동차 생산량의 46퍼센트가 이탈리아를 제외한 제3국에서 이루어진다. 자동차 외에 농업, 건설 기계, 야금, 항공,

출판, 보험 등 10개 조직으로 나누어져 있으며 2000년에는 미국의 제너럴 모터스 사와 자동차 구매, 엔진 개발, 자동차 금융 리스 등에 관한 전략적 제휴를 체결한 바 있다.

2) 페라리

페라리는 주로 스포츠카 부문에서 세계 최고의 실력을 보이고 있다. 1929년 엔초 페라리가 설립한 이 회사는 1947년 페라리 S.P.A라는 이름으로 도로 운행이 허가된 최초의 자동차를 생산했다. 그 이후 스포츠카 레이싱 경기인 F1 대회에 출전하여 세계적인 명성을 얻기 시작했다. 1957년에 생산된 250 테스타로사 모델이 그로부터 52년이 경과한 2009년 5월 영국의 소더비 경매에 출품되었는데 무려 1,210만 달러에 낙찰되어 당시로서는 가장 높은 금액을 기록했다. 그 이후 세계 최고가로 낙찰된 자동차는 2010년 2,800만 달러에 팔린 부가티 애틀란틱이었다. 1999년 페라리는 전 세계에 3,775대의 스포츠형 레이싱카를 판매했고 2008년 6,587대로 최대 판매 기록을 갱신한 후 2011년에는 전 세계에 7,195대의 차량을 팔아 22억 5,100만 유로(약 3조 3,377억 원)의 매출로 사상 최고의 실적을 기록했다.

페라리는 최고 속도 시속 325킬로미터로 세계에서 두 번째로 빠른 승용차이다. 특히 페라리 50은 1997년 생산이 종료될 때까지 349대만 만들어진 명품 스포츠카로 나사 하나까지 수작업으로 만들어졌으며 당시 대당 판매 가격은 48만 달러였다. 바디와 섀시는 탄소섬유이며 V12 엔진블럭, 5 밸브 DOHC 엔진으로 구성되어 있다. 디자인은 토리노에 있는 세계적인 자동차 디자인 메이커인 피닌 파리나가 담당했다. 또한 페라리가 생산한 F355 모델은 최고 속도 280킬로미터로 1995년부터 1999년까지 1만 2천 대를 생산한 세계적인 명품 스포츠카이다. 이 외에 페라리 550, 페라리 348 시리즈 등을 발매하여 세계 최고의 스포츠카로 인정받고 있다.

"수요보다 1대 모자라게 팔아라."

이것이 페라리의 마케팅 철학이다. 팔 수 있는 고객이 한 사람 더 있지만 그 고객이 페라리를 못 사 안타깝게 만드는 바램(desire) 마케팅을 한 것이다. 차를 팔기 위해 고객을 따라 다니는 것이 아니라 고객이 먼저 찾아오도록 유도하는 마케팅 전략이다. 이러한 전략이 주효해서 여타의 고급 스포츠카 회사들이 도산하거나 적자를 보는 가운데 유독 페라리만은 승승장구하고 있다.

3) 람보르기니

이탈리아에서 페라리와 더불어 쌍벽을 이루는 스포츠카 제조 업체로는 람보르기니가 있다. 1962년에 농업 기계인 트랙터를 제조하던 람보르기니는 1963년 10월 토리노 모터쇼에서 승용차 350GTV를 선보이기 시작하면서 자동차 산업에 뛰어들었다. 스포츠카를 생산하기 직전 람보르기니는 선두 업체였던 페라리의 사장 엔초 페라리를 만나 스포츠카 제조의 노하우를 배우려다가 거절당했고, 거기에 자극을 받아 페라리를 능가하는 스포츠카를 만들기로 결심한다. 그 후 그는 페라리의 엔진 디자이너를 막대한 연봉을 주고 영입하여 페라리보다 우수한 성능의 엔진 개발에 성공했다. 그로부터 4년 후인 1966년 람보르기니는 제네바 모터쇼에 미우라를 출품했다. 6.2초만에 시속 100킬로미터에 도달하며 최고 속도가 시속 280킬로미터에 이르는 당시로서는 전 세계에서 가장 빠른 스포츠카였다. 이어 1974년에 생산된 카운타크는 최고 시속 300킬로미터를 돌파, 지상 최고의 스포츠카라는 영예를 얻었다. 그러나 람보르기니는 1972년 경영에 어려움을 겪게 된다. 람보르기니가 경영난에 빠진 것은 남미의 볼리비아 정부로부터 5천 대의 트랙터 주문을 받아 생산했으나 볼리비아에 쿠테타가 발생, 계약이 일방적으로 파기되어 급속한 자금난에 빠진 탓이었다. 하는 수 없이 람보르기니는 자신의 스포츠카 부문의 주식을 피아트 사에 넘기게 된다. 이후 자동차 부분의 51퍼센트를 스위스의 투자가 조지 헬리 로제티에 다시 넘기게 되었고, 1974년에는 오일 쇼크로 인해 로제티의 친구였던 레이네 레이마에게 남은 49퍼센트의 주식을 양도한다. 1978년에는 독일의 BMW로부터 위탁받은 M1 차의 생산이 지연되어 계약이 파기되면서 완전히 도산하게 되고 이후 이탈리아 정부의 관리로 넘어갔다. 1981년에는 프랑스의 실업가 패트릭 뮬란이 250만 달러에 람보르기니를 매입했고, 1987년에는 미국의 크라이슬러에 합병된다. 이러한 복잡한 우여곡절 끝에 1998년에는 폭스바겐 그룹 아우디 산하의 계열 회사가 되었다.

'남성적 직선 디자인'으로 인기를 끌던 람보르기니가 이처럼 매물로 팔려 다니게 된 것은 페라리와 같은 마케팅 전략의 부재 때문이다. 디자인이 아무리 우수해도 역시 마케팅이 뒷받침되지 않으면 비정한 시장경쟁에서 존립하기 힘들다는 것을 입증하는 사례다.

지금은 람보르기니가 아우디에서 생산되고 있는데 스포츠카로서는 가장 빠른 속도에 대당 3억 원이 넘는 가격에 판매되고 있다.

4) 이탈디자인주지아로

세계적으로 명성이 높은 이탈디자인주지아로은 1968년 20세기 최고의 자동차 디자이너로 손꼽히는 조르제토 주지아로와 알도 만토바니가 공동으로 설립한 회사이다. 주지아로는 이탈리아 가레시오에서 출생한 이후 17세의 나이에 피아트 자동차에 입사

하여 일하다가 24세 때 이
탈리아 자동차 디자인의 거
장이었던 루치오 베르토네
에게 발탁되어 알파로메오
쿠페 2000, 페라리 250GT,
BMW 3200CS, 피아트 850
스파이더 등을 디자인하면
서 실력을 쌓았다. 첫 작품
은 세계적인 스포츠카인 알
파로메오 사의 알파 수드였

조르제토 주지아로는 이탈리아 가레시오
에서 출생한 이후 피아트 자동차에 입사해
서 이탈리아 자동차 디자인의 거장이었던
루치오 베르토네에게 발탁되어 폭스바겐
의 골프, 사부 9000을 비롯해 유수의 명차
를 디자인했다. 그는 사진에서 보이는 한
국의 포니를 1974년 당시 100만 달러의
디자인료를 받고 만들어 주기도 했다.

다. 이어 1969년에는 첫 양산차인 일본 스즈키 자동차의 캐리를
디자인했다. 그 후 세계적으로 유명한 경차인 폭스바겐의 골프,
사부 9000의 디자인을 했고, 한국의 포니를 1974년 당시에 100만
달러의 디자인료를 받고 만들어 주었다. 이 차는 1976년에 에콰
도르에 6대를 수출한 이후 총 29만 7,903대를 생산했다. 이어 현
대차의 스텔라, 소나타, 라노스, 레간자 등 100대 이상의 대중차
를 디자인하였다. 1970년대 후반에는 산업디자인 분야로까지 진
출, 당시 카메라의 대명사였던 니콘의 F3, F4를 디자인해 주었고
이후 시계, 전자제품, 화장품 용기 등 다양한 제품들을 디자인해
주었다. 1980년대 주지아로는 당시 자동차 스타일을 대표하는 피
아트의 판다를 디자인했는데, 이 자동차는 1980년에 시판되기 시

작하여 2003년까지 무려 4백만 대가 팔린 전설적인 자동차가 되었다. 2003년 이후에는 뉴판다로 자동차 명칭을 변경하여 2004년에는 올해의 유럽 자동차로 선정되었다. 이처럼 주지아로는 세계적으로 명성을 날리고 있는 자동차를 디자인했고, 오늘날에도 이탈리아의 예술 감각과 상업성을 잘 접목시킨 자동차 디자인의 전설로 추앙받고 있다. 2000년대 이후에는 식탁, 소파 등 가구와 침대, 화장대, 커튼 블라인드의 시공 부문에 진출, 한국의 건설 업체에까지 공급하고 있다.

이탈디자인주지아로는 스타일린, 엔지니어링, 프로토타입 등 6개 부문 30개 부서로 이루어져 있으며 본사에 761명이 근무하고 있고, 3개의 생산 라인에서 연간 150대 정도의 프로토타입을 만들고 있다. 해외에도 디자인 스튜디오를 세워 스페인과 미국 캘리포니아에 지점을 두고 있다.

5) 피닌파리나

피닌파리나는 자동차의 바디 디자인을 예술의 경지로 높였다는 평가를 받는 바티스타 피닌파리나(1893~1966)가 1930년에 설립한 자동차 디자인 회사이다. 바티스타 피닌파리나는 1893년 토리노에서 출생하여 형이 경영하던 자동차 공장에서 일을 하다가 회사를 설립하여 수제 자동차를 만들었다. 1940년대 이후에는 회사의 주력 사업을 자동차의 바디만 만드는 것으로 전환하였다. 피닌파리나는 안전, 공기역학, 작다는 뜻의 피닌이 가리키듯 작은 차체, 넓은 실내 공간이라는 네 가지의 중점 요소를 디자인 포인트로 설정, 자동차 및 선박, 생활용품 등을 디자인하는 세계적인 기업이다.

1940년대까지 피닌파리나는 모두 수작업에 의한 스페셜 카의 차체 디자인을 위주로 하였으나 2차 세계대전 이후부터는 대량 디자인 시스템을 갖추었다. 1947년 당시 자동차 디자인의 표준으로 평가되었고, 곡선형의 유려한 디자인 때문에 움직이는 예술로 추앙받은 치시탈리아를 디자인하면서 세계적인 명성을 얻게 되었다. 1952년에는 미국 네시 자동차의 엠버서더를 디자인했다. 이어 같은 해 스포츠 카 페라리에 212 모델의 디자인을 제공한 후 이 제품으로 피닌파리나와 페라리 모두 동반 성장을 하는 계기가 되었다. 그때부터 의기투합한 두 회사는 당대의 명차로 평가받는 테스타로사, 미토스 356 T/4 등의 모델들을 잇달아 출시했다. 이후 피아트의 130 쿠페, 란치아의 베타 본테카를로, 제너럴 모터스의 크로노스 등 독창적이고 빼어난 선의 아름다움을 강조한 디자인을 했으며, 한국의 대우 자동차가 생산하는 소형 미니 밴 레조도 피닌파리나의 작품이었다.

창업주인 바티스타 피닌파리나의 아들인 세르지오 피닌파리나는 1950년 피닌파리나에 입사한 이후 회사를 이끌었다. 그리고 1961년에는 피닌파리나의 CEO, 창업자인 바티스타 피닌파리나가 사망한 1966년에는 회장까지 맡았다.

"단순하게, 어울리게", "아름다운 자동차는, 아름다운 여인과 같이 언제나 아름답습니다"라는 말로 그는 자동차 디자인에 대한 생각을 표현했다. 2000년대로 넘어오면서 피닌파리나는 경영의 어려움을 겪으면서 지분을 매각하기 시작한다. 결국 오늘날 피닌파리나는 회사는 존재하지만 피닌파리나 가문이 소유한 지분은 1.2퍼센트에 불과하다. 이 회사는 매달 한 대씩의 프로토타입을 만드는 것 외에 연간 약 5만 대의 자동차를 생산하고 있다. 오늘날 피닌파리나는 기술과 디자인을 개발하는 피닌파리나 스터디 에 리체르케와 제품 생산을 담당하는 인더스트리 피닌파리나, 설계 전담 회사인 프로플스 등이 있으며, 미국과 독일에 현지 법인을 가지고 있고, 영국, 프랑스, 독일, 일본 등에는 연구소를 보유하고 있다. 현재 전체 직원은 2만 명 수준이다.

2009년 매출은 1억 8,600만 유로이며 영업이익은 −3,587만 유로이다.

4. 이탈리아의 노포들

이탈리아에도 오래된 노포들이 많다. 우선 서기 1040년에 창업한 종(鐘) 가게인 마리넬리가 아그노네에서 지금도 종을 만들고 있고, 리카솔리 와인이 1141년에 창업해 현재에도 와인을 생산하고 있다. 리카솔리 와인은 전 세계에서 두 번째로 오래된 와인 회사로 리카솔리 가족에 의해 경영되고 있다. 이탈리아의 치안티에 있으며 포도밭의 면적은 240헥타르(약 72만 평), 올리브 밭은 26헥타르(약 7만 8천 평)에 달하고 친환경 농법으로 재배하고 있다. 2011년에 생산된 해산물 요리에 어울리는 핑크빛 와인인 알비아 로제 와인의 경우 750밀리리터 6병 세트에 67.05유로에 판매하고 있는데 가격 대비 최상의 품질을 자랑한다. 그만큼 역사와 관록이 있기 때문이다. 리카솔리 와인은 클럽 1141을 운영하고 있기도 하다. 이 회사의 라벨 문양은 1584년에 만들어졌는데 라벨의 이름을 가리켜 가족 나무라고 한다. 즉, 1141년부터 시작된 자신의 직계, 방계 친지들의 이미지를 형상화하여 만든 심벌마크를 지금까지 약 430년간 쓰고 있다.

노벨라 약국은 1221년 피렌체에서 창업해 현재까지 영업을 하고 있으며 이탈리아 유리 공예를 대표하는 바로비에르&토소(1295년), 오르소 그리지오 호텔(1300년), 토리니 보석(1369년) 등 100년 이상의 역사를 가진 350개의 노포가 로마, 밀라노, 피렌체, 베네치아 등지에서 현재까지 영업을 하고 있다.

이 외에도 철제 대문, 계단의 손잡이, 창문의 쇠창살 등을 예술적으로 디자인 한 자니니 주물(1586년), 400년간 민박집 형태로 운영하는 호텔 바이세 릴리(1611년), 남녀 와이셔츠 등을 제작하고 있는 마리오 보셀리(1655년), 피렌체의 카페 플로리안 레스토랑(1720년), 캐시미어 코트로 세계적인 명성을 얻고 있는 피아첸차 의류(1733년), 테이블용 식기로 유명한 리차드 지노리 자기(1735년), 캐쥬얼 와이셔츠로 유명한 크레스피(1797년), 등산용 신발·피켈·아이젠 등으로 유명한 그리벨 산악용품(1818년), 전 세계 유명인사들이 즐겨 찾는 최고급 양복지로 잘 알려진 로로 피아나(1819년), 오늘날 남아 있는 이탈리아의 가장 오래된 밀라노의 손목시계 회사인 키엔츨레(1822년), 당구대만을 전문적으로 생산하여 세계적인 명성을 떨치고 있는 밀라노의 헤르메린(1825년)이 있다.

식탁보, 타월, 커튼, 소파천 등의 생산으로 유명한 회사인 부사티(Busattis)는 레오나르도 다빈치, 미켈란젤로, 라파엘로 등 회화의 3대 거장을 배출해 낸 토스카나 지방에 그 본사가 있으며, "언제까지고 영원히 사랑받는 전통의 수제품"이라는 슬로건으로 1842년 창업, 지금까지 가족 경영으로 운영되는 기업으로 유명하다. 따라서 직원의 대부분이 친족이어서 "나는 부사티를 위해서 일하는 것이 아니고 부사티와 함께 일하고 있다"라는 자부심으로 자신들을 표현한다.

또 500석 규모의 이동식 텐트를 가지고 공연을 하는 가장 오래된 이탈리아의 전통 서커스단이자 이탈리아의 마지막 서커스단이라고 불리는 조페가 1842년에 창업한 이후 지금까지 조페 패밀리에 의해 가족 기업으로 공연을 하고 있다. 현재 조페는 이탈리아뿐만 아니라 미국에서도 공연을 한다. 그들은 지난 170년간 자신들이 서커스 공연을 해 온 것에 대해 "우리는 공연을 하는 동안 모든 사람들의 감정을 어루만지고, 그들을 웃기며, 울리고 또 다른 삶을 느낄 수 있도록 노력한다"는 신조를 가지고 있다. 이러한 노포들 외에 이탈리아에는 최소한 100년 이상 지속된 노포가 300개가 넘는 것으로 추정되고 있다.

1000 Marinelli Italy Foundry
1141 Ricasoli Italy Wine
1295 Barovier&Toso Italy Glass
1300 Orso Grigio Italy Hotel
1369 Torrini Italy Jewelry
1375 Al Cappello Rosso Italy Hotel
1385 Antinori Italy Wine
1461 Hotel Lilie Italy Hotel
1472 Monte dei Paschi di Siena Italy Bank
1500 Ubaldo Grazia Italy Pottery
1526 Beretta Italy Firearms
1586 Zanini Italy Wrought iron
1611 Weisse Lilie Italy Hotel
1612 Santa Maria Novella Italy Pharmacy
1615 Cartiera Mantovana Italy Papermaking
1625 Renato Gamba Italy Firearms
1655 Marioboselli Italy Cloth
1674 Sabatti Italy Firearms
1675 Tiefenbrunner Italy Wine
1700 Borgo Antico Italy Hotel
1720 Antico Martini Italy Restaurant
1731 Amarelli Italy Confectionery
1733 Engl Werkzeugbau Italy Tools
1733 Piacenza Italy Cloth
1745 Colbachini&Figli Italy Foundry
1770 Silca Italy Keys
1779 Nardini Italy Distillery
1781 Papiro Italy Papermaking
1797 Crespi Italy Cloth
1818 Grivel Italy Mountaineering

1819 Loro Piana Italy Wool
1822 Kienzle Italy Watches
1825 Hermelin Italy Billiard tables
1826 Caffarel Italy Chocolate
1834 Excelsior Vittoria Italy Hotel
1835 Sorelle Nurzia Italy Confectionery
1842 Busatti Italy Cloth
1842 Zoppe Italy Circus
1845 Fernet Branca Italy Distillery
1847 Vallero Italy Drums
1850 Hotel d'Inghilterra Italy Hotel

제8부

유럽의 경제 대국
– 독일의 상도

국가 개요

인구	8,114만 명
실업률	5.98퍼센트, 세계 70위
경제 성장률	3.1퍼센트(2011)
국민 총생산	3조 3,090억 달러, 세계 4위(2010, 세계은행)
1인당 소득 수준	4만 4,110달러, 세계 18위(2011, IMF)
환경 배려국	66.91점, 세계 11위(2012, EPI)
국제 경쟁력 지수	세계 6위(혁신성과 세련도 세계 4위)
달러 보유고	2,341억 달러, 세계 12위
경상수지	2,039억 달러 흑자
자살률	10만 명당 남자 14.9명, 여자 4.4명, 세계 50위
금 보유량	3,395톤, 세계 2위
경제 자유 지수	세계 26위
남녀 평등 지수	0.75, 세계 11위
여성 국회의원 비율	33퍼센트, 세계 21위
국제 특허 출원	18,568건, 세계 3위(2011, WIPO)
노벨상 수상자	총 81명, 세계 3위
법인세율	30.18퍼센트(국세 15.83퍼센트, 지방세 14.35퍼센트), 세계 5위
국가 이미지 조사	세계 11위(2012, BBC 방송)
인공위성 보유 수	42대, 세계 7위

1. 마이스터 제도

독일의 마이스터 제도는 그 뿌리가 깊다. 독일의 중세는 보통 서기 375년 게르만 민족의 대이동 시기부터 1517년 종교 개혁에 이르기까지의 기간을 일컫는데, 이 기간 동안에 유럽은 십자군 전쟁 (1096~1272)으로 인해 아시아로 이르는 동서 교역의 길이 열려 아랍 지방으로부터 막대한 상품이 유입되었다. 이러한 상품들을 수입하고 판매하는 상인들이 탄생하면서 이른바 도시 경제가 발달하게 된다. 물건을 팔기 위해 상인들이 도시로 몰려들었기 때문이다. 그 무렵인 1254년에 라인도시동맹이 탄생하게 된다. 쾰른, 마인츠, 보름스 등 라인 강 유역 100여 개 도시가 참가하여 강력한 해군력을 갖추게 된 것이다. 상인들의 무역권을 보장해 주기 위해서였다. 그러나 이 라인도시동맹은 4년 만에 해체되었고 다시 슈바벤도시동맹, 신라인동맹 등을 거쳐 마지막으로 탄생한 것이 바로 한자동맹이다. 독일의 경우 상인과 업자들이 자신들이 수입한 물품을 판매하기 위한 상점과 해외에 내다 팔기 위한 제품을 만드는 수공업 등을 보호하기 위해 춘프트(Zunft)라는 조합도 만들게 된다.

당시 수공업자가 되기 위해서는 마이스터만이 가능했다. 즉, 연방 정부로부터 마이스터 자격을 받아야 수공업자로서 춘프트에 가입할 수 있었던 것이다. 마이스터가 되려면 첫 3~7년까지는 선배 마이스터와 한집에서 먹고 자면서 일을 배워야 했고, 10년이 되면 또 한 사람의 마이스터로서 독립할 수 있었다. 이렇게 독립한 마이스터는 수공업 조합인 춘프트에 가입할 자격이 주어지고 그는 또다시 새로운 가게를 열어 직원들을 가르쳤던 것이다. 오늘날에도 독일의 마이스터 제도는 독일 산업의 근간을 지탱하는 시스템이다. 독일은 초등학교 교육 기간이 4년이다. 그 4년 동안 담임교사는 수업을 하면서 학생 한 사람, 한 사람을 관찰하게 된다. 그리고 졸업할 무렵이 되면, 학부모를 불러 자녀의 진학에 대해 상담을 한다. 이때 교사는 자신이 발견한 학생의 적성을 설명하면서 장차 어떠한 분야에서 일하는 것이 좋겠다는 의견을 제시하고 학생이 진학할 상급학교를 추천해 준다. 말하자면 초등학교 졸업 때 이미 학생의 진로가 결정되는 것이다. 담당 교사가 대학 진학이 아닌 직업학교를 추천할 때에도 학부모들은 교사의 의견에 따른다. 이것이 한국과 독일 교육의 다른 점이다.

이렇게 해서 상급학교에 진학하는 학생은 중학교 3년, 고등학교

3년 혹은 중고교 5년 동안 자신의 적성에 맞는 학교에 진학하여 공부를 하게 된다. 이때까지가 독일의 의무교육 기간이다. 이 의무교육 기간이 끝나면 학생은 스스로 자신의 직업을 선택하여 직장생활을 하거나 아니면 또 다른 공부를 할 수 있는 교육 과정을 선택하게 된다. 여기서 그들이 선택할 수 있는 학교는 세 가지이다.

첫 번째는 직업학교이다. 이 과정은 통상 2~3년이다. 여기서는 주로 실습을 하게 되는데 이 과정이 끝나면 한 차원 높은 전문학교로 진학할 수 있다. 두 번째는 6학기 기간 동안 실시되는 직업아카데미가 있다. 여기서도 기술을 집중적으로 연마하게 된다. 또다른 하나로는 4년간에 걸친 전문학교이다. 여기서도 주로 실습위주로 학업이 전개된다. 독일의 교육 제도가 여타의 국가와 다른것은 직업학교에 재학 중에도 이론과 기술을 병행한다는 것이다. 직장을 다닐 경우에도 학교에 가서 이론을 별도로 배울 수 있다. 이것이 한국과 다른 점이다. 이처럼 복잡한 수업을 받는 것은 '연습이 대가를 만든다'는 독일식 도제 교육 시스템의 정신 때문이다.

이후 학생들은 마이스터 시험 과정을 거쳐 한 사람의 직업인으로 성장하게 된다. 마이스터 시험은 실기, 전문 이론, 경제와 법률, 직업과 노동에 관한 교육 등 4개 분야의 시험을 치러야 한다. 오늘날 독일에는 총 93개의 직업군, 97만 개의 사업장이 있는데 이중 41개 직업군은 반드시 마이스터 자격증이 있어야 일할 수 있다.

현재 독일에서 마이스터 자격증이 필요한 41개 직업군 중에는 기계, 전기, 자동차는 물론 카메라 렌즈, 정원 관리, 구두에 이르기까지 다양하다. 현재 97만 개의 사업장에 종사하는 노동자는 약 5백만 명이다. 실제로 마이스터 자격증이 없는 경우보다는 있는 경우가 압도적으로 많다. 전체 등록된 사업장 중 99.7퍼센트의 주인이 마이스터이다. 이들 마이스터가 주인인 중소기업은 종업원 250명 미만, 연간 5천만 유로 이하 매출의 사업장을 가리키는데 이는 독일 전체 매출의 42퍼센트를 차지하고 있으며 실습 교육을 받는 견습생의 68퍼센트가 바로 중소기업에서 일을 하고 있다. 이러한 기술 도제 시스템이 오늘날 독일을 세계적으로 강력한 국가로 탄생시켰다.

예컨대 정규 교육 과정으로 다름슈타트 공대가 있다면 바로 그 이웃에는 마이스터 전문학교인 다름슈타트 파호 흐슐레가 있다. 정규 대학인 다름슈타트 공대에서 경영학이나 건축, 전자 공학 등을 가르친다면 다름슈타트 파호 흐슐레에서는 그것보다 좀 더 구체적으로 전자 경영학, 전자 물리학 등을 가르친다. 이처럼 마이스터 전문대학은 전국에 퍼져 있는데, 오펜바하의 조형예술대학, 드레스덴의 미술 전문학교 등이 그 예이며 비스바덴에 있는 라인마인 파호 흐슐레처럼 포도 제조학, 와인 경제학 등 와인만을 전문적으로 가르치는 마이스터 학교도 있다. 마이스터 학교는 통상 2년제가 많지만 그 교육의 질과 양에 따라 2~4년으로 교육 연한이 전부 다르다. 이 마이스터 전문대학을 나오면 본인이 원할 경우

즉시 석사 및 박사 학위 과정으로 입학이 가능하다. 따라서 마이스터 전문대학 졸업생이라고 해서 차별받는 경우는 없다.

2. 독일의 상인과 상인 정신

독일에는 춘프트라는 것이 있다. 프랑스, 벨기에 등에서 길드라고 부르는 것과 거의 같은 성격의 조직이다. 이탈리아, 프랑스, 벨기에의 길드는 10세기 말에서 11세기 초에 같은 직종에서 일하는 상인과 수공업자들이 만든 동업자 조직이다. 프랑스의 발랑시엔에서 유럽 최초의 상인 길드가 국가의 공인을 받아 탄생했고, 이어 생토메르에서는 1072년에서 1083년 사이에 상인 길드가 탄생하면서 그 규약을 최초로 만들게 된다. 이러한 상인 길드는 영국과 독일, 벨기에의 브리쥬 등에서도 생겨났다. 독일에서는 11세기경부터 수공업자가 급격히 늘어났는데 이들 수공업자와 상인들이 자신들의 이익을 도모하기 위해 만든 상인 조합이 춘프트이다. 쾰른에 61개, 뉘른베르크에 50여 개의 춘프트가 탄생하면서 본격적인 상인 조합들이 만들어졌다. 그들이 춘프트를 만든 것은 도시 내에서 다른 수공업자가 똑같은 물건을 만들지 못하게 하여 자신들의 이익을 도모하는 데 있었다. 그때 만든 것이 춘프트 규정이다. 그 규정의 내용은 다음과 같다.

1. 원료는 공동으로 구입하고, 선매(先買)를 금지한다.
2. 주인이 고용할 수 있는 직인(職人)과 도제(徒弟)는 일정한 제한(1~3명)을 넘을 수 없다.
3. 사용하는 도구의 종류 수를 규제한다.
4. 노동 시간을 정하고 조조(早朝) 및 야간의 노동을 금지한다.
5. 제품을 시장에 반출하기 전, 반드시 품질 검사를 받아야 하고 스탬프가 찍혀 있지 않은 물건은 판매할 수 없다.
6. 반드시 공정 가격으로 판매해야 한다.

물론 이러한 규정을 만든 것은 자신들만이 해당 영업을 독점하여 이익을 많이 내기 위한 것이었다. 일종의 독과점을 노린 전형적인 횡포이다. 그러나 이러한 춘프트는 훗날 독일의 마이스터 시스템의 원형이 된다. 예컨대 이발소의 경우 견습 사원을 받는데 13세 때에 이발소에 들어온 직원은 청소부터 배우기 시작하여 이어 손님의 머리를 감겨 주게 되고, 그 후 면도를 배우게 되며, 그 과정이 끝나면 가위로 머리를 자르는 최고의 직위에 올라가게 된다. 최고의 직위에 올라간 직원은 춘프트가 정한 자격 시험에 합격해야 정식 이발사가 될 수 있었고, 이때야 비로소 마이스터라는 명칭을 얻게 되어, 자신만의 이발소를 차릴 수 있는 자격이 부여되었다. 이것은 이발소뿐만 아니라 옷감을 짜는 수공업자나 대장간에도 그대로 적용되었다. 옷감 제조 수공업자의 집에서도 12~13세에 처음 입문한 견습 사원들에게 청소부터 가르치기 시작하여 옷감을 나르고, 실을 고르거나 세탁하는 허드렛일을 하다가 어느 정도 숙련이 되었을 경우 비로소 직조기에 앉아 옷감을 짜게 되는 것이다. 그들 견습 사원, 즉 도제들은 주인의 집에서 먹고 자면서 기술을 배우는 것이 전부였으며 월급은 없었다.

이러한 방식은 놀랍게도 일본의 견습 사원 시스템인 뎃치와 거의 100퍼센트 동일하다. 8~9세경의 어린이가 일본의 장인 집안에 기술을 배우기 위하여 입문하면 처음에는 청소, 아이 돌보기 등을 하다가 기초 단계에서부터 10년간 배운 후 17~18세가 되면 한 명의 기술자가 되는 것과 같다. 오늘날 일본에 존재하는 2만 3천 개의 100년 이상된 노포의 경우 그러한 도제 시스템을 통해 후계자들을 양성해 온 것이다.

이러한 도제 시스템이 발달하면서 춘프트의 조직은 더욱 공고해졌고 오늘날의 마이스터 제도가 확립되었다. 당시 독일에서는 도제의 수업 연한을 최하 3년으로 정해 놓고 그러한 과정을 거친 후에야 비로소 기술을 가르쳤다. 이러한 춘프트가 각 분야별로 결국 전문가들을 양성했고, 그 전문가들이 오늘날 독일 중소기업의 모태가 된 것이다.

한자동맹

독일에서 가장 큰 도시는 베를린이고 두 번째로 큰 도시는 함부르크이다. 함부르크 시의 공식 명칭은 자유 한자 도시 함부르크로서 상인의 도시임을 지금도 여실히 보여 준다. 함부르크는 무역항으로서 번성한 도시이자 독일에서 가장 먼저 한자동맹에 가입한 도시였다. 1230년의 뤼베크–함부르크 간의 조약이 그 출발이다. 그러다가 14세기 전반 네덜란드의 플랑드르 지방에서 압박을 받은 독일 상인이 본국 도시에 지원을 요청한 것이 직접적인 계기가 되어 한자동맹이 성립하게 된다. 이후 1358년 전 유럽이 플랑드르 지방에 대한 상업 봉쇄를 선언하게 되는데 이때 라인 강 연안의 항구 도시부터 북해, 발트 해 연안에 있던 도시가 독일 한자동맹에 참여하면서 동맹은 더욱 공고해진다. 그 이후 1366년부터 한자 무역의 특권은 한자동맹에 가입한 도시민에 한한다는 규정이 생기면서 그들만의 독점력을 강화하였다. 바로 그 무렵 독일을 대표하던 도시가 바로 함부르크였다.

"뮌헨 사람들이 밍크 목도리를 겉에다 두른다면 함부르크 사람들은 옷 속에다 두른다"는 말이 있다. 상인의 도시답게 실속을 챙긴다는 뜻이다. 이와 비슷한 의미의 독일 말도 있다. '한자적인(Hanseatisch)'이라는 말이 그것인데, 한자동맹에 소속된 상인 도시 사람들의 특징을 그렇게 표현한 것이다. 한자적인 사람은 나서기를 싫어하며 상황을 끝까지 주시하고 섣부른 결론을 내리지 않는다. 지킬 수 없는 약속은 하지 않고 또 한번 한 약속은 반드시 지킨다. 상인으로서의 노회함과 철저함이 있는 것이다. 함부르크에는 600년 전통의 상인 클럽이 있다. 이 클럽의 이름은 디 한세(Die Hanse), '한자동맹'이라는 뜻으로 600년 전 한자동맹이 본격화될 무렵 출범하여 독일의 함부르크를 비롯해서 10여 개 도시와 덴마크, 스웨덴의 10여 개 도시들이 동맹에 참여한 이후 지금까지 서

한자동맹은 14세기 전반 네덜란드의 플랑드르 지방에서 압박을 받은 독일 상인이 본국에 지원을 요청한 것을 계기로 성립하게 된다. 라인 강 연안의 항구 도시부터 북해, 발트 해 연안의 도시까지 참여하면서 독일의 한자동맹은 공고해지고 그들만의 독점력도 강화되었다. 위 사진은 한자동맹을 상징하는 5마르크 동전이다.

로 우의를 다지며 협력하고 있다. 회원이 약 1천 명에 달하는 이 클럽의 규칙에는 다음과 같은 내용이 있다.

1. 신의를 지킨다.
2. 개방된 자세로 사업에 임한다.
3. 한번 한 약속은 반드시 지킨다.
4. 돈을 벌면 그 돈으로 사회봉사를 한다(오늘날 함부르크에는 무려 1천 개가 넘는 자선 재단이 있는데 과거 500년 전부터 상인들은 자

신들이 번 돈의 일부를 장애자, 빈민, 문화 예술 산업에 기부해 왔다.)

5. 사회, 경제 질서 유지에 책임을 다하며 매점매석, 폭리 등 상
인으로서 어긋난 행위를 하지 않는다.

함부르크는 상인의 도시답게 시의회 의원 대부분이 상인이다. 또
한 도시 곳곳에 상인 정신이 넘친다. 그러나 자존심이 매우 세서
과거 황제나 성주에게도 무릎을 꿇는 인사는 절대 하지 않았다.

함부르크의 상인 정신을 잘 드러내는 기업으로 유통 업체 오토
(OTTO) 사를 들 수 있다. 이 회사는 매출이 많고 적음을 중요하
게 생각하지 않는다. 사업 진출에서 가장 중요한 것은 이익이 나
는가, 그렇지 않은가이다. 즉, 매출이 크다고 해서 좋은 회사가 될
수 없다는 것이다. 따라서 무리한 사업 확장을 하지 않는다. 신규
사업 진출의 판단 기준은 이익의 여부이다.

3. 세계 최강의 독일 경제

　지금까지 생산성 패러다임의 최강자는 독일과 일본이다. 2013년 독일 경제는 여전히 파란불이다. 독일은 유럽의 재정 위기에도 아랑곳없이 쾌속 질주 중이다. 오늘날 라인 강의 기적, 명품 자동차, 맥주, 광학기술 등으로 잘 알려진 경제 대국 독일의 이면에는 독일 상인만의 상인 정신이 있다. 조직, 규율, 효율, 정확성 등이 독일 상인의 특징이다. 그들은 이러한 철학적 바탕 위에 오직 한 우물만 판다는 정신을 가지고 있다.

　독일의 산업 중심은 크게 보면 뮌헨을 중심으로 한 전자, 자동차, 우주 항공 산업 지구와 슈투트가르트를 중심으로 한 자동차, 기계 산업 중심지, 함부르크를 중심으로 한 해운, 무역, 미디어, 출판, 서비스 산업 등 세 곳으로 나눌 수 있다. 독일은 벤츠, BMW, 아우디, 포르쉐를 비롯한 세계 1위의 자동차 대국이다. 자동차뿐만 아니라 기계, 전자의 강국이기도 하다. 자동차 부품의 보쉬, 가전의 지멘스, 기계의 AEG 등이 그러하다. 또한 철강과 화학 부문에서도 두각을 나타내고 있다. 철강에서는 세계 최정상급의 티센 쿠르프 철강 그룹이 있으며, 화학에서는 바스프, 바이엘, 이온(E-on) 등이 있다. 또한 금융에서 세계 총 자산 1위인 도이체 방크, 코모츠 방크, 포스테 방크 등도 유명하다.

독일은 제약에 관한 한 세계적인 강국이다. 세계 3위의 제약 회사인 머크 제약과 바이엘 약품, 바스프, 베링거 잉겔하임, 훼히스트 제약 등이 포진해 있다.

그러나 독일이 이처럼 세계적인 강국이 된 것은 그리 오래된 일이 아니다. 오늘날 독일을 세계적인 강국으로 만든 사람은 철혈재상으로 알려진 비스마르크(1815~1898)였다. 그는 1862년 초대 프러시아 수상이 되었고, 1871년엔 독일 연방 공화국의 초대 수상이 된 인물이다. 1860년대 전반까지 유럽에서 가장 못사는 나라 중 하나였던 독일에 그는 부국강병만이 살아남는 길이라고 선포하고 강력한 경제 정책을 펼쳤고, 1890년 퇴직할 때까지 근대화 정책을 강하게 밀어붙였다. 물론 그 이전에도 독일의 근대화는 상당 부분 진행된 상태였다. 1848년에 독일은 이미 5천 킬로미터에 달하는 철도망을 완성해 놓고 있었다. 독일은 영국, 프랑스에 비해 철도 부설을 뒤늦게 시작했으나 가장 먼저 철도망을 완성했고 그 규모는 프랑스 철도 규모의 두 배, 오스트리아의 네 배에 달했다. 이 완성의 뒤에는 오늘날 독일의 최대 가전 기업인 지멘스가 큰 역할을 했다. 지멘스 창업자의 동생이었던 빌 헬름이 강철을 만드는 데 필요한 평로법을 개발했던 것이다. 이 평로법의 개발이 당시 독일의 철도를 확장하는 데 큰 역할을 했다.

비스마르크는 독일인에게 산업의 근대화를 위해 근면, 질서, 마이스터 정신, 절약 등등을 강조했다. 그는 국민들에게 근면과 성실을 요구하는 대신 세계 최초로 사회보험 제도를 실시하는, 이른바 당근과 채찍 정책을 썼다. 그런 점 때문에 독일 국민은 비스마르크의 철학에 공감하고 열심히 일했다. 그의 재임 기간 중에 오늘날 독일을 대표하는 여러 기업들이 탄생했는데, 그 대표적인 회사가 티센 철강이다. 그러나 비스마르크의 철혈통치 기간 동안 독일의 경제는 수많은 어려움을 겪었다. 그 첫 번째가 세계 증시 파동이다. 세계 증시 파동은 1873년부터 무려 23년간 이어졌는데, 그 시기 독일은 비스마르크의 강력한 통치 아래 해마다 1~2퍼센트씩 성장하는 저력을 보였다. 비스마르크가 독일 근대화를 완성시킬 무렵인 1896년, 세계 증시가 안정이 되자 독일은 기초 공업의 발전 위에 급속도의 성장을 구가하게 된다. 이때부터 1차 세계대전이 발발하기 전인 1914년까지 독일은 세계 총 생산의 16퍼센트를 차지, 미국에 이은 세계 2위의 강대국으로 성장했다. 또한 1인당 국민 소득도 1,948달러로 당시 세계 1위였다. 일본의 이토 히로부미가 비스마르크를 만나 독일의 근대화를 배워 그것을 일본에 접목시킨 것은 유명한 이야기이다. 이것이 독일의 1차 경제 기적이다.

2차 경제 기적은 1945년부터 시작되었다. 히틀러의 광기로 인해 2차 세계대전을 일으켰던 독일은 막대한 타격을 받았다. 우선 430만 명의 젊은이가 전쟁으로 사망했다. 실종자나 전쟁 포로도 수십만에 달했다. 연합군의 공습과 무차별 포격으로 전 국토의 대부분이 폐허로 변했으며, 그나마 폭격을 받지 않은 공장들은 연합국 정부로부터 몰수당하거나 해체되었다. 2차 세계대전 후 독일은 미국, 영국, 프랑스, 소련 이렇게 4대 강국이 분할 통치하게 되었다.

2차 세계대전이 끝난 1945년부터 독일은 대대적인 국토 재건에 나선다. 1945년부터 1948년까지 모두 9백만 개의 공장이 새롭게 탄생했다. 이후 독일은 물론 유럽도 전쟁 복구에 나서면서 1949년부터 경제 성장을 하기 시작했다. 독일 또한 경제 성장에 나선 지 꼭 10년만인 1955년에 연간 국민 총 생산이 10.5퍼센트 성장하여 사상 최고의 성장률을 보였다. 이때부터 독일의 라인 강의 기적이 탄생하기 시작한다. 이 무렵 독일을 이끌었던 사람은 초대 수상인 아데나워였다.

비스마르크와 아데나워와 같은 뛰어난 정치 지도자가 독일을 재건하는데 앞장서기는 하였으나, 근본적으로 독일인들은 마이스터 제도라는 타고난 시스템을 일찌감치 가지고 있었다. 강력한 정치 지도력을 따라 갈 만한 국민성이 있었던 것이다.

4. 세계를 이끄는 독일의 대표 기업

독일에는 세계 1위의 강소기업이 약 1,600개 사가 있는 것으로 알려져 있다. 이른바 히든 챔피언들이다. 박근혜 정부도 출범 이전인 인수위 시절에 독일의 히든 챔피언들을 집중 분석, 중소기업을 중견기업으로 중견기업을 대기업으로 성장시키기 위해 벤치마킹한 바 있다. 독일은 강소기업 외 세계적인 대기업들도 많다.

1) DHL

"언제나 빠른 길, 크기에 제한 없음."

이것은 DHL의 슬로건이다. 항공 화물로 유명한 DHL은 미국 회사가 아니라 독일 회사이다. DHL은 1969년 독일의 본에서 설립된 기업으로 주로 항공기를 통한 국제 택배, 운수, 로지스틱스 서비스(물류)를 취급하는 국제 수송 물류 회사로 전 세계 228개 도시를 커버하고 있다. DHL이라는 회사명은 공동 창업자였던 아드리안 달세이(Adrian Dalsey), 레리 힐블롬(Larry Hillblom), 로버트 린(Robert Lynn) 이 세 사람의 성을 조합한 것이다. 세 사람은 처음에 미국의 호놀룰루에 택배를 보내는 것으로 사업을 시작하여 이후 아시아와 호주 지역까지 택배 사업을 확장, 대성공을 거두었으며 미국과 유럽에도 진출, 국제 택배 회사로서 대기업으로 성장했다.

1998년 도이치 포스트 사가 DHL의 주식 22.5퍼센트를 획득함으로써 사실상 도이치 포스트 사의 계열 기업이 되었다. 이어 1998년에는 도이치 포스트 사가 스위스의 대기업이자 로지스틱스 회사인 단자스에 흡수되어 지금은 사명이 단자스&DHL로 변경되었다. 이어 2005년에 도이치 포스트 사가 영국 엑셀의 전 주식을 취득하여 사원 50만 명이 넘는 세계 최대 규모의 종합 물류 기업으로 탈바꿈했다. 과거의 엑셀은 이후 DHL 서플라이 체인이라는 브랜드로 변경되었다. 현재 종업원은 약 50만 명에 전 세계 지점 6,500개, 창고 및 터미널 보유수 450개에 7만 6,200대의 차량과 420대의 항공기를 소유하여 전 세계 12만 개의 도시를 연결하여 운항하고 있다.

"CEO는 최고 에너지 책임자이다(Chief Energy Officer)."

"월화수목금금금은 잘못됐다. 일주일에 7일을 일한다고 생각하면, 금세 내 일이 싫어지지 않을까요? 아내, 아이들, 친구와 보낼 시간이 없다면 얼마나 불행할까요?"

단자스&DHL 회장 프랑크 아펠의 말처럼 DHL은 직원의 사기 진작과 복지후생에 관심을 기울이는 기업으로도 유명하다.

2) 훼스토

"마음속에서부터 혁신을 시작하라."

훼스토의 경영 철학은 혁신이다. 독일의 스푸트가르트에 있는 훼스토도 독일을 대표하는 대기업이다. 훼스토는 1925년 코트리부스톨과 알버트 페제르가 설립한 회사로, 처음에는 나무통을 제조하는 회사였으나 현재는 고객의 솔루션을 이용한 엔지니어링 서비스와 오토메이션 시스템 등의 업무 외에 고객의 주문에 따른 기계 설계 및 프로세스 오토메이션 등의 사업을 하고 있다. 또한 공기압 액추에이터와 전기·전자 제품, 반도체, 자동차 프레스·조립·도장 등의 솔루션을 비롯해 2만 8천 가지의 제품을 생산한다.

3) 루프트한자 항공사

1917년에 설립된 독일 최대의 민영 항공사로 본사는 독일의 쾰른에 있다. 1926년 여러 번의 인수 합병을 거쳐 오늘날의 사명인 루프트한자로 재탄생하였다. 초기에는 주로 국내 노선만 운항하다가 1960년 3월 처음으로 뉴욕에 취항하였으며 이어 극동 노선, 방콕, 홍콩, 나이지리아, 남아프리카공화국 등에도 추가로 취항하였다. 1990년 10월 28일 동서독이 통일되면서 독일 최대의 항공사로 성장했고, 1994년 독일 정부가 민영화하였다. 1996년 항공 시장이 날로 경쟁이 치열해지자 대다수의 항공사들이 경영난에 빠졌으나 루프트한자는 대규모 구조 조정을 통해 유럽의 항공사 중 가장 먼저 위기에서 벗어났다. 스타 얼라이언스의 창립 멤버로 항공사 중 최초로 다자간 비즈니스 제휴를 통해 항공사끼리의 경쟁이 심화되자 규제 완화와 세계화를 도모하는데 큰 역할을 했다. 그러나 항공 업계 간의 경쟁이 날로 치열해지면서 2012년에는 3,500명을 감원하기도 했다.

현재 총 319대의 비행기를 보유, 전 세계 89개국 327개 도시를 취항하고 있다. 여객 수로는 유럽에서 프랑스의 에어프랑스–KLM 항공사에 이은 2위의 대형 항공사이다. 회사명인 루프트한자는 '하늘의 한자동맹'이라는 뜻이다. 회사의 심볼 마크는 새 중에서 덩치가 가장 큰 두루미인데, '천국의 심부름꾼, 행운을 부르는 새, 장수의 심볼' 등으로 상징되는 새이다. 회사의 심볼인 두루미 때문에 루프트한자는 야생 두루미를 보호하는 활동도 하고 있다. 이 회사는 주도면밀한 기체 정비로 평판이 높아, 「뉴스위크」지 선정

세계 1위의 가장 안전한 항공 회사로 뽑히기도 했다. 이 회사에서 쓰다가 판매한 중고 비행기도 단연 인기가 높아서 많은 항공사들이 이 회사의 중고 항공기를 구입, 비행기 티켓이 싼 소형 항공 회사를 만들기도 했다. 2009년 10월부터는 독일과 미국의 주요 도시에 취항하는 비행기 전 기종에 무선 네트워크를 접속할 수 있는 네트워킹 서비스를 제공하고 있다.

4) 지멘스

"순간의 이익을 위해 미래를 팔지 않겠다."

이것은 지멘스의 유명한 경영 방침이다. 지멘스를 창업한 베르노 폰 지멘스는 1816년 독일 하노버 근처의 렌테 지역에서 가난한 농가의 10형제 중 장남으로 태어났다. 너무 가난하여 정규 교육을 받을 수 없었기 때문에 그는 군에 입대했다. 여기서 포병학교, 사관 후보생이 된 베르노는 탄도학, 수학, 물리학 등 과학에 대한 기초 교육을 받게 된다. 이후 장교 시절에는 장거리 무선 전신에 쓸 수 있는 다이얼 전신기를 발명하게 되었다. 그 후 군에서 나와 자신의 회사인 지멘스를 설립한다. 지멘스는 1847년에 창업한 세계 3대 가전 회사 중 하나이다. 전 세계에 40만 5천 명의 종업원에 2010년 기준으로 총매출 785억 7천만 유로의 대기업이며, 가전,

전자기기, 정보 통신, 전력, 의료, 시스템 솔루션 등을 생산 제공하는 회사로 본사는 독일 뮌헨에 있다. 최근에는 철도 차량, 정보 통신 기기의 제조와 판매에까지 영역을 넓혔다. 지멘스는 2011년부터 도시 인프라 사업 구축에 나서고 있다. 초고속으로 달리는 도시 기차 회사의 운영과 거기에 필요한 기술 판매, 배전 사업인 에너지 분배 등 도시 인프라 및 서비스 업무를 담당하는 '인프라&시티'를 설립한 것이다. 이 사업부는 향후 매년 25조 원 규모의 매출을 올릴 것으로 예상된다. 회사명은 창업주인 베르노 폰 지멘스의 이름을 딴 것으로 최초에는 텔렉스 등 전신기기 제조 회사로 출발했다. 세계 최초로 전차를 만들었고, 1881년에는 영업 운전을 개시했으며 1861년 독일의 외교 사절이 도쿠가와 막부에 지멘스가 만든 전보 발신기를 제공하면서 아시아 지역으로도 진출하였다. 1887년 지멘스 도쿄 사무소가 개설되었고 지멘스가 생산한 각종 전기 제품들이 일본을 비롯한 아시아에 납품되었다. 그 후 발전, 통신 설비 분야를 중심으로 제품 공급이 계속되었고 특히 일본에 야하타 제철소, 고노다 시멘트, 이세 전기 철도, 일광 발전소, 일본 질소 비료 등에 발전 설비를 공급하였으며, 일본의 체신성에도 전화 관련 기기를 공급했다. 1920년대에는 일본 전국의 도시에 있는 수도국에 지멘스의 계량기가 납품되었고, 도쿄와 오사카 간의 전화 케이블도 지멘스의 제품이었다. 1923년 관동 대지진 후에는 지멘스의 전화 교환기가 전국 각 도시의 관청, 빌딩, 무역상사 등에 다수 설치되었다. 1929년에는 중국 대련 시 우체국에 전신·전화 회사를 만들어 주면서 1936년에는 만주 지역에도 장비를 공급하였다. 일본, 대만, 만주 등의 전신주, 우체국은 모두 지멘스가 공급한 전신 전화기 시스템이 채택되었다. 이처럼 지멘스는 서양의 전기·전자 회사로서는 최초로 아시아에 진출한 기업이다. 지멘스의 이러한 시스템은 훗날 한국에도 채용된다.

5) 밀레 가전

"언제나 최상, Forever Better."

이것은 지멘스와 더불어 독일 가전 회사의 양대 산맥으로 불리는 밀레 가전의 슬로건이다. 밀레 가전은 특히 세탁기 부문에서 세계에서 가장 뛰어나다고 인정받고 있다. 1899년 독일인 카를 밀레(Carl Miele)와 라인 하르트 진칸(Rein Hard Zinkann)이 설립한 회사로 귀터슬로 근처의 방앗간에서 11명의 직원이 초기부터 가정용 생활 도구를 생산했다. 당시 공장장은 카를, 판매와 재정은 라인 하르트가 담당했다. 첫 사업은 크림 분리기 제조 공장의 설립이었다. 1901년에 세계 최초로 나무로 만든 세탁기를 발명, 독일의 주부들에게 큰 인기를 얻었다. 1903년에는 모델 A라는 업데이트된 제품을 판매하였는데 상하운동 추로 교반기가 작동되어 세탁이 한결 편해졌다. 이후 버터 제조기를 발매해 일일이 수작업에 의존하던 농가 주부들의 일손을 대폭 덜어 주었다. 이후 회사의 매출액이 크게 증가하였다.

1925년에는 세계 최초로 석탄으로 가동되는 드럼 세탁기를 개발했다. 이 세탁기는 호텔, 음식점, 병원 등에서도 사용할 수 있는 대용량이었다. 1927년에는 진공청소기를 만들었고 1935년에는 디자인과 작동 방법을 더욱더 업데이트하여 대당 가격마저 낮춰 당시 최고의 판매 상품이 되었다. 1929년에는 세계 최초의 식기 세척기를 발명했고, 1938년에는 나무를 금속으로 바꾼 세탁기를 출시하였다. 1949년 밀레 창립 50주년이 되던 해에 회사는 기념 행사를 생략하는 대신, 전 직원에게 고액의 보너스와 20퍼센트가 인상된 연금을 지급하였다. 이는 경영면에서도 획기적인 사례이다. 1967년에는 공장 및 병원에 살균 세척기 납품을 시작하였으며, 이어 수술 도구 세척기, 실험용 기구 세척기 등도 발매하였다. 1975년부터는 주방 가구를 생산했으며, 1978년 컴퓨터로 조절하는 세탁기, 의류 건조기, 식기 세척기 등을 속속 출시했다. 이때부터 밀레는 주방 가구 및 가사용 가전 부문에서 두각을 나타내었다.

1980년 호주에 지사를 내는 것을 시작으로 미국, 캐나다, 남아프리카공화국 등에 수출을 하면서 이때부터 밀레의 국제화가 진행되었다. 1990년에는 빌트인 가전 브랜드인 임페리얼을 인수했고, 1995년부터는 컴퓨터를 통해 제품을 업데이트할 수 있는 새로운 시스템을 개발했다. 2004년 알레르기 환자를 위한 알러 워시 세탁기를 발매했으며, 바닥의 청결 상태를 표시해 주는 진공 청소기용 알러 고텍 위생 센서를 발명했다. 이 모든 것이 세계 최초였다.

오늘날 밀레는 독일 전역에 9개의 공장, 오스트리아 부근에 2개의 공장을 가지고 있고, 핵심 부품은 자체 공장에서 직접 제조한다. 현재 전 세계 35개의 지사가 있으며 120여 개국에 제품을 수출하고 있다. 밀레가 생산하는 제품은 독일 소비자 조사에서 13년간 연속 고객 만족도 1위를 차지할 정도로 품질을 인정받고 있다. 기존의 세탁기, 의류 건조기, 식기 세척기, 진공청소기 외에 냉장고, 전자레인지 등과 빌트인 주방 용구 세트 전체와 병원용 살균 세척기, 대형 식기 세척기, 업소용 대형 세탁기 등도 생산한다. 밀레의 본사는 독일 북부의 인구 9만 명의 작은 도시 귀테슬로에 있다.

밀레의 경영 특징 중 하나는 바로 가족 경영 체제이다. 밀레는 1899년 창립 이후 공동 창업자인 밀레 가문과 진칸 가문이 번갈아 가며 4대째 가족 경영 체제를 이어오고 있으며 현재 회장은 4대째인 마르쿠스 밀레이다. 그는 가족 경영 체제에 대해 이렇게 말한다.

"가족 경영이냐, 아니냐는 기업 경영의 본질이 아니다. 그 기업의 역사와 사업 특성에 맞게 장기적인 이익을 낼 수만 있다면 경영 형태는 문제가 되지 않는다. 가족 경영은 기업의 단기적인 이익보다는 장기적인 성장을 더욱 추구하는 특징을 갖고 있을뿐더러 강력한 주인 의식을 기반으로 기업가 정신을 구현하는 데도 유리하다."

또한 경영진뿐만 아니라 직원들도 세대를 이으며 일하는 경우가 많아 밀레 공장에 가면 할아버지부터 손자까지 3대가 함께 일하는 모습도 볼 수 있다고 한다.

유럽 재정 위기와 경기 침체로 가전 시장이 영향을 받고 있으나 밀레의 경우는 명품 가전을 주로 생산하는 업체이므로 경기 침체에는 큰 영향을 받지 않는다. 밀레의 소비자들은 품질과 내구성을 중시하기 때문에 가격에는 별 관심이 없다. 현재 밀레는 매년 2퍼센트 이상씩 성장하고 있다. 전 세계 가전 시장 중에서 명품 가전 시장의 규모는 5~25퍼센트에 달한다. 그중 오스트리아가 25퍼센트로 가장 발달되어 있고 아시아 국가는 평균 5퍼센트 이하이다. 그러나 아시아 시장에서의 명품 가전인 밀레의 매출은 큰 폭으로 성장하고 있다. 특히 한국 시장이 그러하다. 아시아 시장에서의 밀레의 매출은 전체의 10퍼센트 정도이다.

밀레의 R&D 규모는 매출의 5~7퍼센트 정도이며 특이한 점은 독립된 R&D 센터가 없다는 것이다. 전 세계의 어떠한 대학 연구소나 공업 연구소라도 필요에 따라 협업하고 공동으로 기술을 개발한다. 이렇게 제휴된 연구 개발 인력은 전 세계에 약 1천 명 수준이다.

밀레 제품의 특징은 소비자가 한번 구입하면 보통 20년을 사용한다는 점이다. 그만큼 내구성이 뛰어나다. 따라서 디자인도 20년 앞을 예상해서 설계한다.

"20년 앞을 내다보고, 그때까지 통하는 디자인의 제품을 만들라"라는 말은 그들의 디자인 철학을 단적으로 보여 준다. 제품 생산 후 20년간 늘 모던하고 세련된 이미지를 유지할 수 있어야 좋은 디자인이다. 그러나 디자인만이 전부는 아니고 기능을 최적화할 수 있도록 설계되어야 한다. 밀레가 지난 100년간 안정적으로 성장해 왔던 것은 이러한 명품 전략 하나만을 추구해 왔기 때문이다.

6) 베르텔스만

독일의 귀터슬로에 있는 또 하나의 유명한 회사로는 베르텔스만이 있다. 1835년에 베르텔스만이 설립한 회사로 처음에는 일반 서적과 종교 서적을 출판하는 회사였으나, 오늘날에는 서적은 물론, 신문, 잡지, 레코드, 영화, CD 등도 발매하고 있다. 초기의 주력 기업인 베르텔스만 출판 기업 외에 50여 개의 자회사를 가지고 있으며 2009년 현재 베르텔스만은 63개국에 200개 이상의 기업, 10만 3천

여 명의 임직원을 둔 기업 집단이다. 세계 미디어 산업 분야에서
가장 큰 다국적 미디어 기업으로 평가된다.

7) 티센크루프 철강

티센크루프 철강은 티센 철강과 크루프 철강이 2000년 합병하
여 탄생한 독일 최대의 철강 기업이다. 크루프 철강은 1811년, 티
센 철강은 1891년에 창업하였다. 본래 크루프는 독일의 철강 무기
회사로 프리드리히 크루프가 에센 지방에 주강 공장을 설립하면
서 출발하였고, 그의 아들 알프레드 크루프가 1851년 주강 대포
를 만들면서 세계적인 기업이 되었다. 1894년 청일전쟁이 벌어졌
을 때 청나라의 주력함이었던 7,335톤의 아시아 최대 거함, 정원함
과 치원함이 모두 크루프 철강에서 제작된 것들이었다. 정원함과
치원함에는 모두 크루프 철강에서 만든 아시아 최대의 함포가 장
착되어 있었다. 황해 앞바다에서 벌어진 청나라와 일본의 함포전
에서 일본이 가장 두려워했던 것이 바로 정원·치원함의 함포였다.
티센 철강과 크루프 철강의 합병은 2차 세계대전 이후 세계 최대
규모의 인수 합병으로 손꼽힌다. 이후 티센크루프 철강은 유럽에
서 가장 큰 철강 기업이 되었으며, 현재는 세계 3위의 철강 기업이
다. 주력 제품은 철강, 자본재, 서비스이다. 철강 부분은 탄소강과

스테인리스강 위주이며, 자본재 부분은 엘리베이터, 자동차 부품, 베어링 등이다. 서비스 분야는 주문 생산 원자재, 환경 서비스, 엔지니어링, 건축 현장의 비개 서비스 등으로 나뉘어 있다. 매출액은 2009년 426억 유로이며 영업이익은 17억 8천만 유로이다. 전 세계 670여 개의 지사를 가지고 있으며 종업원 수는 20만 명이 넘는다.

8) 보쉬

전동 공구로 유명한 보쉬도 독일의 게를린겐에 본사를 둔 세계적인 기업이다. 실제로는 전동 공구보다는 자동차 부품 부문 세계 1위의 기업이다. 로버트 보쉬가 1886년에 창업을 했고, 2012년 매출은 523억 유로(약 75조 원)이고, 매년 8퍼센트 대의 연구 개발비를 투자, 동종 업계 최고 수준이며 종업원은 30만 6천 명에 달한다. 보쉬는 1906년에 세계 최초로 오전 9시 출근, 오후 5시 퇴근이라는 9 to 5 시스템을 만든 회사이다.

"내일의 시작은 오늘입니다. 지금 혁신하십시오." 이 말은 보쉬의 창업주인 로버트 보쉬가 했던 말로, 그의 기업가 마인드를 보여 주고 있다. 즉, 혁신과 신뢰를 바탕으로 기업을 운영한다는 것이다. 작년 12월 보쉬는 쿨팩(Cool Pack) 시스템을 채택한 '4.0Ah 프리미엄 배터리 팩'이라는 제품을 출시했다. 쿨팩 시스템은 보쉬만의 혁신적인 기술로, 배터리 수명을 단축시키는 원인인 배터리의 열을 감지, 온도를 식혀 주어 배터리 성능을 파격적으로 향상시켜 준다. 이럴 경우 최대 100퍼센트까지 배터리 수명이 길어져 오랫동안 경제적으로 사용할 수 있다. 바로 이러한 것이 오늘 당장 시작한 보쉬의 혁신이다.

2010년 12월 보쉬의 CEO인 슈테판 하퉁 전동 공구 사업 부문 사장이 한국을 방문했다. 뜻밖에 그가 한국에서 제일 먼저 찾은 곳은 청계천 공구 상가였다. 보쉬에서 가장 많은 매출을 기록하고 있는 전동 공구 부문은 연간 4조 5천억 원 규모이다. 그는 청계천에서 보쉬의 제품이 어느 정도의 위상을 차지하고 있는지 그리고 판매량, 인기도, 문제점 등을 시장 상인들로부터 직접 들어 보기 위해서 현장에 간 것이다.

"신뢰를 잃는 것보다 돈을 잃는 것이 낫다."

이것은 보쉬 창업주의 말이다. 자신들이 만든 제품을 지역 상인들이 팔아 주는 것에 대해 고마움을 표시하고 문제가 없는지 경청하며 그들과 신뢰를 쌓는 최고 경영자의 현장 방문은 호텔에서 고객들과 만나 회의나 몇 번 하다가 떠나는 여타 기업들의 경영자들과는 큰 차이가 난다.

현재 한국 시장은 보쉬가 생산한 리튬 이온 배터리 제품의 수요가 보쉬 휴대용 전동 공구 판매량의 40퍼센트를 차지할 정도로 그 규모가 크지만 이렇게까지 된 데에는 그만한 공을 들였기 때문이다. 오늘날 보쉬는 에너지 플러스 주택, 전기자동차, 음성 인식 내비게이션, 가솔린 엔진 직접 분사 시스템 등에서도 괄목할 만한 성과를 내고 있는데, 이러한 현장 경영 방식이 중간 도매상, 고객들에게 신뢰를 주고 있는 것도 한 원인이다.

9) 메트로 백화점

메트로 백화점은 독일 뒤셀도르프에 본사를 둔 세계 3위의 유통업체이다. 1위는 미국의 월마트, 2위는 프랑스의 까르푸이다. 메트로 백화점은 현재 유럽, 아프리카, 아시아 등 33개국에 2,100개 이상의 매장을 가지고 있다. 메트로 그룹은 4개의 판매 부문으로 구성되어 있는데, 레스토랑이나 중소 식료품점을 고객으로 하는 도매업 캐쉬&캐리와 식품 하이퍼마켓인 레알, 전자제품 매장인 마크트&세툰, 백화점 체인인 카우푸 호프 등이다. 캐쉬&캐리는 유료 회원들이 현금으로 물건 값을 지불하면 배달해 주는 대신, 싼값에 직접 물건을 사 가는 시스템으로 현재 30개국에 650개 지점을 가지고 있고, 하이퍼마켓인 레알은 독일 내 265개 매장이 있으며, 전자제품 매장인 마크트&세툰은 유럽의 17개국에 800개가 넘는 매장이 있다. 2009년 매출은 655억 유로이며, 영업이익은 16억 8천만 유로이다. 이처럼 메트로가 성장한 배경에는 다섯 가지 지향점이 있다. '변형, 성장, 개선, 확장, 혁신'이 그것이다. 여기서 특이한 것은 변형이다. 어떠한 제품을 판매할 때, 납품받은 대로 판매하는 것이 아니라, 메트로가 추구하는 목표에 맞는 상품을 선택하고, 메트로의 고객들이 원하는 형태로 리포지셔닝하는 것이다. 말하자면 제품을 메트로의 요구대로 별도로 제작해야 한다는 것이다. 단순 납품이 아니라 메트로의 철학, 감각, 고객의 니즈 등이 제대로 반영된 제품만 판매한다는 것이 메트로만의 특징이다. 따라서 메트로 백화점에서 판매되는 제품을 다른 백화점의 매장에서는 살 수 없는 경우가 허다하다. 자신만이 고유한 컬러를 갖고 있는 것이다.

10) 벤츠

독일의 자동차라고 하면 벤츠, BMW, 포르쉐, 아우디, 폭스바겐 등을 들 수 있다. 가장 유명한 것은 역시 벤츠이다. 다임러 벤츠는 1883년 칼 벤츠가 세운 벤츠와 1890년에 설립된 고틀립 다임러가 1926년에 합병한 회사이다.

"발명에 대한 열정은 결코 잠들지 않는다."

"중요한 것은 아이디어가 아니라, 그 아이디어를 실현하는 것이다."

각각은 벤츠의 창업주인 칼 벤츠와 다임러의 창업주인 고틀립 다임러의 말이다.

합병 이후 생산된 모든 자동차는 메르세데스 벤츠라는 브랜드로 판매되었다. 다임러 벤츠는 2차 세계 대전 기간 중에는 항공기, 탱크, 잠수함 엔진 시리즈도 생산할 정도로 기술력이 뛰어난 회사였다. 1970년대 이후 다임러 벤츠는 승용차 생산 기지를 독일 외에 미국과 남미, 남아프리카공화국 등으로 확대했다. 1998년 미국의 자동차 회사인 크라이슬러를 인수하였고, 이때부터 회사명이 다임러 벤츠에서 다임러 크라이슬러로 변경된다. 오늘날 다임러

오늘날의 벤츠는 1883년 사진 속의 인물인 칼 벤츠가 세운 벤츠 회사와 1890년에 설립된 고틀립 다임러가 1926년에 합병하여 만들어진 기업이다. 칼 벤츠는 "발명에 대한 열정은 결코 잠들지 않는다"는 말로 혁신을 강조했다.

크라이슬러 그룹은 2010년 기준으로 매출 1,481억 달러로, 독일 내 3위, 세계 21위의 기업이며 종업원 수는 25만 6천 명이다.

벤츠는 엔지니어 한 명이 처음부터 끝까지 손으로 직접 엔진 조립을 전담하는 '원 맨, 원 엔진 시스템'을 46년째 고수하고 있다. 완성된 엔진은 조립을 맡았던 엔지니어의 이름과 벤츠 로고가 함께 새겨진 문장을 붙여 품질을 전담 보증한다. 현재 벤츠의 엔진 공장에는 1,100여 명의 직원이 개발, 영업, 마케팅 등 관련 업무

를 하고 있으며, 그중 엔진 조립 라인에 투입된 엔지니어는 총 63명이다. 400개 정도의 부품이 25단계의 공정을 거쳐야 엔진 하나가 만들어지게 된다. 엔지니어 1명이 8기통 엔진 하나를 조립하는데 4시간 정도 걸리고, 12기통 엔진의 경우는 5시간 정도 걸린다. 따라서 엔지니어 한 명이 수작업으로 하루에 조립하는 엔진은 단 2개밖에 되지 않는다. 이럴 경우 총 63명의 엔진 제작 전문가가 연간 생산해 낼 수 있는 엔진의 양은 2만 대 정도이다.

"Das beste, odernicht(최고가 아니면 만들지 않는다)."

이것은 벤츠의 사훈이다. 그만큼 고품질의 자동차를 만든다는 뜻으로 벤츠의 프라이드를 알 수 있다.

11) BMW

"Joy is BMW(BMW는 기쁨이다)."

이것은 BMW의 슬로건이다. 즐거움에 대한 추구, 그것이 BMW 자동차를 운전하는 소비자에게 주는 목표이다. BMW 역시 독일을 대표하는 자동차 회사이다. 1917년 설립된 BMW는 2010년 기준 956억 달러의 판매고를 올려 세계 69위, 종업원 9만 5천 명을 거느린 대기업이다. 본사는 뮌헨에 있다. 본래 설립은 구스타프 오토가 1916년 항공기 엔진 제작 회사로서 바이에른 주의 부르크즈

오이쿠 베르케 주식 회사라는 사명으로 설립했다. 그 이듬해 회사 명을 BMW로 바꾸고 엔지니어 막스 프리츠를 고용, BMW의 설계를 맡기면서 최초로 항공기 엔진 TYPE-3A를 생산하였다. 말하자면 초기에는 자동차가 아닌 항공기 엔진 회사였던 것이다. 1920년부터는 오토바이용 엔진을 만들기 시작했고, 1922년 항공기 제조가 금지된 이후 줄곧 오토바이 엔진 생산에 주력하게 된다. 자동차를 생산하기 시작한 것은 1929년으로, 영국의 오스틴 사로부터 OEM으로 오스틴 세븐이라는 자동차를 주문받아 만들기 시작했다.

1932년부터는 스스로 개발한 자동차 AM1을 발매했는데 이것이 BMW의 첫 자동차 상품이 되었다. 그러나 1939년 2차 세계대전의 발발 조짐이 보이자 독일 정부의 요청에 따라 세계 최초의 제트기 메사 슈미트(Me262) 모델의 제트엔진 BMW003을 개발하는 것을 시작으로 줄곧 제트기 엔진을 생산하였다. 1945년 독일이 패망하면서 연합국 정부는 독일의 항공기와 로케트 생산을 전면 중단시켰고, BMW 공장도 소련에 접수되었다. 1948년부터 다시 오토바이를 생산하기 시작하여 그때부터 BMW라는 브랜드의 자동차가 생산되기 시작했다.

1959년 경영 악화로 도산 위기를 맞은 이 회사는 한때 다임러 벤츠 사에 흡수 합병될 뻔했으나, 스스로 회생하기로 경영 전략을 수립하여 3년간 각고의 노력을 하게 된다. 1962년 소형 승용차 1500을 만들기 시작했고, 이 모델의 성공에 힘입어 경영 상태가 좋아지면서 판매 시장을 확대해 갔다. 이어 BMW 사는 다양한 기종의 자동차 시리즈를 발매하면서 내구성과 독특한 디자인으로 인기를 끌었고, 1990년에는 영국의 롤스로이스 사와 항공 부문을 제휴, BMW 롤스로이스 사를 설립하면서 다시 항공기 엔진 생산 사업을 재개하였다. 1994년 영국의 로버 그룹을 사들이면서 롤스로이스의 승용차 생산 부문과 제휴 자동차 엔진 공급을 개시했고, 같은 해 미국 사우스 캐롤라이나주에 수퍼덴버그 공장을 창업하게 된다.

"당장 수익을 내는 것뿐 아니라 장기적으로 가치를 높이는데 집중하라."

이것이 BMW의 경영 철학이다. 2001년 BMW는 신제품인 미니를 발매하여 세계적으로 선풍적인 인기를 끌게 된다. 2004년에는 중국 심양에 생산 공장을 세우고 조업을 시작하여 BMW3 시리즈, BMW5 시리즈를 생산하기 시작했다. 2007년에는 파키스탄의 카라치에도 공장을 세우는 등 글로벌 기업으로서 회사의 면모를 확장해 나갔다.

BMW 자동차는 300미터 전방에서도 그 차가 BMW임을 쉽게 알아챌 수 있다. 벤츠도 마찬가지이다. 그 이유는 BMW와 벤츠 모두 키드니 그릴이 확연하게 구분되기 때문이다. 반면에 한국의 승용차는 전방 300미터에서 달려올 경우 특히 SUV 자동차는 어느 회사의 제품인지 잘 구분이 되지 않는다. 키드니 그릴에서 차별화가 되어 있지 않기 때문이다. BMW는 지난 80년간 수많은 모델의 자동차를 생산해 왔지만 키드니 그릴만은 단 한 번도 바꾼 적이 없이 늘 같은 모양을 고집해 왔다. 엠블럼 또한 그렇다. 1933년 베를린 모터쇼에 BMW를 전시하면서부터 BMW의 엠블럼과 키드니 그릴은 현재까지 고수하고 있다.

12) 포르쉐

람보르기니와 더불어 세계에서 가장 빠른 차 포르쉐 자동차도 독일의 기업이다. 포르쉐는 스포츠카로서 맵시 있고 날씬하며 예술적인 디자인으로 정평이 나 있다. 오늘날에도 포르쉐는 아우디, 폭스바겐, GM 대우, 오펠, 스바루 등에 자동차 디자인을 판매할 정도로 세계적인 명성을 가지고 있는 기업이다. 폭스바겐 TYPE-1의 설계를 맡은 페르디난트 포르쉐가 1931년 슈투트가르트에 자동차 설계와 조립 사무실을 설립한 것이 그 시작이다. 1948년 그의 아들이었던 페리 포르쉐가 자동차를 만들면서 포르쉐가 탄생했다. 그러나 포르쉐의 친족들은 1971년 모두 경영에서 손을 떼었고, 지금은 포르쉐의 기술자였던 포르쉐 박사의 손녀딸인 페르디난트 베히와, 같은 직계 손녀인 디자이너 피 포르쉐가 함께 회사를 경영하고 있다.

1990년대 전반 최대의 시장이었던 미국에서 판매가 부진하여 적자를 거듭하자 경영난에 빠진 포르쉐는 1996년 저가인 로드스타, 포르쉐 폭스타를 발매했고, 그다음 해에는 디자인과 설계를 전면 개선한 포르쉐 911을 투입, 판매의 일대 전기를 맞았다. 이어 포르쉐 SUV인 포르쉐 카이엔을 발매했고 이에 힘입어 2008년에는 판매량이 연간 9만 7천 대에 이르렀다. 1980년대 이후 미국에서의 판매는 전체 생산량의 60퍼센트를 점하고 있지만, 현재는 러시아, 중국, 인도, 중동 등 이머징마켓에서 많이 팔리고 있다. 이에 따라 2007년 이후에는 미국에서의 판매 비율이 10.3퍼센트까지 떨어지기도 하였다.

　　현재 독일 국내의 포르쉐 생산 거점은 주펜하우젠 공장으로 1940년대 이후 줄곧 포르쉐를 생산해 온 주력 공장이다. 과거 포르쉐 폭스타를 핀란드 공장에 위탁 생산하기 이전까지는 대부분의 포르쉐 자동차가 여기에서 생산되었다. 라이프치히 공장 또한 독일 내의 생산 거점 중의 하나이다. 생산 설비 증대로 인해 과거 동독에 있었던 라이프치히에 새로운 공장을 건설했고, 2002년 8월부터 가동되고 있다. 현재 연간 3만 대 정도의 생산 설비를 갖추고 있으며 지금 가장 잘 팔리는 카이엔과 바나메라의 생산 거점이기도 하다. 2006년부터는 카레라 GT가 여기서 생산되고 있다. 해외 생산 거점으로서는 핀란드, 슬로바키아 등이 있다.

　　포르쉐는 2010년 9만 5,529대의 자동차를 생산, 자동차 메이커로서는 전 세계 44위이다. 2009년 12월 폭스바겐 사가 포르쉐의 지분 49.9퍼센트를 인수함으로써 지금은 폭스바겐 그룹에 속해 있다.

13) 폭스바겐

아우디와 포르쉐를 사실상 소유하고 있는 폭스바겐 그룹은 독일 국민차의 대명사이다. 1938년에 창업했으며 작센 주의 볼프스부르크에 그 본사가 있다. 2011년 매출은 2,215억 달러로 독일 내 1위의 자동차 기업이며 세계 12위의 대기업이다.

폭스바겐의 슬로건은 "The Original German, Volkswagen(진정한 독일 차, 폭스바겐)"이다. 즉, 폭스바겐이야말로 진정한 독일 장인 정신을 보여 준다는 뜻이다. 최근에는 "Das Auto(이것이 차)"라는 말로 폭스바겐은 장인 정신을 넘어 진정한 차를 생산한다는 뜻을 담고 있다.

최근 폭스바겐 골프는 제6세대의 제품을 출시했다. 6세대의 경우 디젤 엔진을 채용했는데도 불구하고 가솔린 엔진과 비교하여 차이가 없을 정도로 엔진 소음이 적다. 6세대 골프 Tdi의 경우 리터당 17.9킬로미터로 동급 최대의 연비를 자랑한다. 연비뿐만 아니라 엔진음 자체가 조용하다는 것은 엔진의 성능이 그만큼 진화하였다는 것이다. 폭스바겐 골프는 폭스바겐의 모델 중 가장 폭발적인 성장세를 누리고 있는 베스트셀러이다.

"독일 장인의 혼이 만든 완벽"이라는 수식어가 붙은 자동차가 폭스바겐이며 특히 작년부터 생산되고 있는 폭스바겐의 대표주자 페이톤은 폭스바겐 기종 중 가장 럭셔리한 승용차이다. 폭스바겐 사는 최고급 세단인 페이톤을 독일 경제부 장관의 의전차량으로 제공하고 있다. 최고급 세단으로서 폭스바겐의 이미지를 홍보하기 위해서이다. 폭스바겐 페이톤의 특징은 주요한 과정이 모두 기계가 아닌 사람의 손으로 만들어진다는 점이다. 수공으로 하다 보니 하루 생산량이 30대가 되지 않는다. 현재 V6 3.0, V8 4.2 노멀 휠베이스, V8 4.2 롱 휠베이스 등 세 종류의 제품이 생산되고 있으며 가격은 모두 1억 원 대 수준이다.

14) 아우디

독일을 대표하는 또 하나의 자동차 회사인 아우디는 1909년에 설립된 자동차 회사로 2009년 298억 4천만 유로의 매출에 순이익 13억 4,700만 유로를 냈으며, 종업원 수는 6만 명에 달하는 대기업이다. 그러나 아우디 주식의 99퍼센트는 폭스바겐 사가 보유하고 있다. 본사는 바이에른주의 잉골슈타트에 있다.

15) 오펠

오펠 또한 독일의 자동차 메이커이다. 1862년에 설립된 기업으로 1929년 이후부터는 미국 제너럴 모터스의 자회사가 되었다. 창업주는 아담 오펠(1837~1895)인데 이 사람은 본래 재봉틀을 만들다 이후 자전거를 제조하던 기술자였고, 그가 사망한 후 5명의 자식이 1899년부터 자동차를 생산한 것이 그 시작이다. 오펠가는 "재봉틀에서 세계 최초로 로켓 자동차를 만든 것은 장인 정신이다"라는 유명한 말을 만들었다.

독일은 2011년 벤츠, BMW, 폭스바겐, 아우디, 오펠 사 등이 총 631만 대의 자동차를 생산, 세계 4위의 자동차 생산 대국이며 한국은 466만 대를 생산, 세계 5위를 기록하고 있다.

16) 바스프 화학

바스프 화학은 독일 루트비히스하펜에 있는 세계적인 화학품 제조 판매 회사이다. 창업은 1865년으로 주요 생산 제품은 플라스틱, 합성 섬유, 염료, 화공 약품, 농약, 영양 식품 재료, 석유 제품, 가스 등 다양하다. 또한 의약 산업에도 진출했었으나 미국의 아보트 레보러토리스 제약에 매각하였다. 현재 이 회사는 세계에서 가장 이미지가 좋은 기업 1위로서 화학 업계에서도 단연 1위다.

바스프는 1997년 한국에 외한 위기가 발생했을 때, 모든 외국 자본이 철수하고 있는 상황에서도 한국의 기업에 거꾸로 1백만 달러 이상을 투자한 기업이다. 바스프뿐만 아니라 독일의 약 50여 개 사에 달하는 대기업들이 한국에 투자를 1백만 달러 이상 늘려 주었다. 신뢰를 생명으로 하는 독일 기업인들은 위기에 빠진 협력사들을 위해 거꾸로 투자를 감행했던 것이다.

「포춘 지의 글로벌 500」에서 뽑은 전 세계 글로벌 기업의 순위에서는 2011년 매출액이 1,021억 달러, 세계 62위이며 종업원은 약 10만 5천 명이다.

17) 베링거 잉겔하임 제약

"종업원이 우리의 가장 큰 자산이다"라는 철학을 가지고 경영을 해 온 베링거 잉겔하임 제약은 독일의 빙거에서 1885년에 설립된 세계 최대 규모의 제약 회사이다. 생산 제품은 주로 의약이며, 2010년 매출은 137억 달러, 종업원 수는 4만 1,300명에 달한다. 현재 주식을 공개하지 않은 제약 회사 중에서는 세계 최대이다. 이 회사는 크리스챤 프리들리히 베링거의 아들이 슈투트가르트에서 베링거 운트 진사를 설립한 것이 그 시작이다. 처음에는 시약을 주로 생산하다가 1885년 독일의 라인란드 주에서 화학 공장을 설립했고, 그때부터 주식을 공개하지 않는 기업 형태를 유지해 왔다. 이 회사는 설립 초기부터 장기적으로 착실하게 성장한다는 목표를 세웠고, 1885년 설립 이후 제약 기업으로서 크게 성장해 왔다. 현재는 글로벌 바이오 의약품 기업이다. 주요 생산 제품은 의료용 의약품, 일반용 의약품, 동물 약품 등이다.

18) 바이엘 약품

"보다 나은 삶을 위한 과학, 바이엘." 이것은 바이엘 약품의 슬로건이다. 바이엘 약품은 1863년에 창업한 제약 회사로 2011년 기준으로 매출 507억 달러에 글로벌 500대 기업 중 187위이고, 종업원은 10만 8천 명이다. 창업주는 프리드리히 바이어와 요한 프리드리히 베스코트 두 사람이다. 바이엘 최초의 생산 약품으로는 오늘날에도 유명한 아스피린이 있다. 본래 독일에서는 열이 날 때 해열 진통제로 버드나무 껍질을 달여 먹었는데, 그 부작용이 적지 않았다. 그러다가 1899년 바이엘 약품이 부작용이 없는 아스피린을 발매하면서 그 효과가 입증되자 이것을 세계적 의약 기관에 상품으로 등록하려 시도하였다. 미국에서는 상표 등록에 실패하였으나 여타의 나라에서는 성공하여 지금까지도 널리 알려진 브랜드가 되었다. 현재 바이엘 약품은 아스피린의 성공을 바탕으로 순환기 약품, 피부과·부인과·안과 등의 헬스 케어 상품 같은 의약품과 원예용 살충제 등 농약 부문, 소재과학 부문 등으로 나뉘어져 있다. 소재과학 부문은 폴리우레탄을 재료로 하는 폴리우레탄 폼, 폴리 카보네이드, 도료, 접착제 등이 주요 상품이다.

19) 머크 제약

머크 제약은 1668년 독일의 다름슈타트에서 창업한 340년의 역사를 가진 유서 깊은 제약 기업으로 2009년 77억 유로의 매출에, 전 세계 67개국에 4만 명의 종업원을 거느리고 있다. 의약품과 화학 약품을 생산하는 세계적인 기업으로 그 외에 인쇄, 도료, 화장품, 식품, 바이오 테크놀로지 산업 등도 관여하고 있다. 이 회사는 현존하는 의약품 회사로서는 세계에서 가장 긴 역사를 가지고 있다. 오늘날에도 창업주인 머크의 자손들이 자본의 70퍼센트 이상을 소유하고 있고, 일반 투자자들이 가지고 있는 주식은 30퍼센트도 채 안 된다. 이 회사는 미국 유타 주에 있는 세계적인 제약 기업 머크(MERCK&Co)와는 별개의 회사이지만 그 뿌리는 같다.

창업주는 프리드리히 야콥 머크로 처음에는 이타르무슈타트에서 천사 약국을 경영하면서 사업을 시작했다. 이후 그 후손들이 계속 약국을 경영해 오다가 19세기 전반에 알카로이드의 조합에 성공하면서 연구 개발을 시작하였고, 제약 기업으로 발전했다. 1880년부터 1900년까지 약 20년간 독일 외에 런던, 뉴욕, 모스크바 등지에 지점을 내기 시작하면서 세계적으로 사업을 확장했다. 이후 머크는 1차 세계대전 때에는 독일 외에 있는 모든 사업 거점들이 연합국 정부에 의해 접수되었고, 미국에 있는 머크는 새로운 독립 기업으로 떨어져 나갔다. 이후 머크 제약은 세계적인 제약 회사로 거듭나게 된다.

머크 제약의 CEO인 칼 루드비히 클레이는 경영자로서의 자신의 역할에 대해 다음과 같이 말한 바 있다.

"혁신이란 새 사업을 하거나 새 프로세스를 도입한다고 해서 얻어지는 게 아니다. 직원들이 혁신할 수 있도록 여유를 줘야 하고, 또한 자유를 주어야 한다. 경영자로서의 나의 역할, 또 조직으로서 회사의 역할은 직원들의 자유를 잘 관리하는 일이다."

또한 다음과 같은 말로 현재 세계 경제 위기에 대처하는 자세를 보여 주었다.

"내가 가장 싫어하는 말은 '지금이 역사상 가장 어려운 시기'라는 말이다. 340년이 넘는 머크의 역사에서 모든 세대에는 그 나름의 특별한 도전이 있었을 것이다. 그리고 매 세대 그걸 극

복하고 배웠다. 기업도 마찬가지다. 기업이 극복하지 못할 도전
은 없다."

5. 뚝심 있는 독일의 강소기업

1) 오스람

　형광 램프와 백열 램프 등으로 유명한 오스람도 독일 기업이다. 본사는 독일의 뮌헨에 있으나 지금은 미국의 전기 메이커인 실바니아의 계열사가 되었다. 따라서 미국에서는 실바니아 램프라는 브랜드로 판매되고 있다. 모듈, 자동차용 램프, 실내 루미나리에 및 행사 루미나리에 등도 판매하고 있으며, 조명 관리 유지 시스템, 라이팅 솔루션, 전기 콘트롤 기어박스 등의 토털 솔루션 상품도 판매하고 있다. 2009년 기준으로 전 세계에 3만 9천 명의 종업원을 거느리고 있으며, 40억 유로의 매출을 올리고 있다. 매출의 70퍼센트 이상이 에너지 효율 상품이다. 이 회사의 주력 비즈니스는 역시 조명 사업이고, 과거 100년간도 조명에 주력해 왔다. 향후 오스람은 LED에 기반을 둔 제품 생산을 25퍼센트 이상 판매한다는 목표를 가지고 있다.

회사의 슬로건은 "인생의 한 걸음, 한 걸음을 위한 빛"이다.

2) SAP

SAP는 한국에 잘 알려지지 않았지만 미국의 마이크로소프트, 오라클에 이은 세계 3위의 소프트웨어 전문 기업이다. SAP의 제품으로는 ERP(전사적 자원 관리)와 관계된 비즈니스 어플리케이션을 들 수 있다. 가장 유명한 제품이 SAP R-3로 여기서 R은 리얼타임이란 의미이고, 3은 3층 구조로 된 아키텍쳐(데이터베이스 서버, 어플리케이션 서버, 클라이언트)를 채용하고 있다는 표시이다. 2004년 이후 나온 신제품으로는 SAP ERP 2004 외에 2005, 2006 등의 시리즈가 유명하다. 2010년 5월에는 데이터베이스 시스템의 소프트웨어 벤더인 Sybase를 58억 달러에 매수하기도 했다. 현재 SAP의 제품은 전 세계에서 5만 개 이상 공급되고 있는데 약 120개국 1천 2백만 명 이상의 유저가 사용하고 있는 것으로 집계되고 있다.

3) 헨켈

"최고가 되려면 열정을 쏟아부어 매일 혁신하라."

이것은 헨켈의 슬로건이다. 전 세계의 식당 주방장들이나 가정집에서 가장 많이 쓰고 있는 칼이 독일의 헨켈이다. 헨켈 칼의 특징은 평생 칼날을 갈지 않아도 언제나 잘 썰린다는 것과 식당의 주방장 등이 하루 종일 사용해도 손목에 무리가 가지 않는다는 점이다. 그만큼 인체공학적으로 제품을 개발해 왔기 때문이다. 그러나 헨켈은 본래 주방용 칼을 만들던 회사가 아니고, 합성 세제를 만들던 회사였다. 오늘날에도 헨켈이 만든 합성 세제로 가장 유명한 것이 퍼실이다. 헨켈은 주방용 세제 외에 샴푸, 치약, 머리 염색약, 구강 위생용품, 공업용 표면 광택제 등 다양한 제품을 생산하는 기업이다. 현재 전 세계 125개국에 제품을 판매하고 있다.

1731년 당시 26세의 상인이었던 헨켈이 과학에 흥미를 느끼고 두 사람의 과학자를 고용하여 독일의 아헨에 공장을 차린 것이 헨켈의 출발이다. 그들이 만든 최초의 상품은 물에 녹는 일종의 소다, 즉 탄산나트륨이었다. 그러다가 1878년 수출의 기회가 찾아왔다. 당시 독일의 공장들은 주로 뒤셀도르프에 모여 있었는데 뒤셀도르프는 라인 강가에 있었으므로 수출에 용이했다. 헨켈은 공장을 라인 강변의 뒤셀도르프로 옮기고 거기서 만든 소다를 생산해 수출했다. 소다가 얼마나 잘 팔렸는지 1년 만에 그가 임대했던 공장에서 나와 새 공장을 만들 정도였다. 1883년 자금이 풍부해진 그는 좀 더 다양한 제품을 생산하기로 하고 주방용 액체 세제를 만들기로 결심한다. 주방용 액체 세제는 그 이듬해부터 팔았고, 그 외에 머리에 바르는 기름인 포마드 등도 함께 만들어 팔았다. 바로 이 액체 세척제가 국제적으로 알려지면서 1886년에는 오스트리아에 최초로 해외 지점을 내게 된다. 이어 1893년에는 영국과 이탈리아에서도 판매를 개시하였다. 이렇게 시작한 헨켈은 1960년대부터는 유기화학 분야로 사업 영역을 넓혔고, 미국의 화학 제품 시장에 진출했다. 1983년에는 화장품 사업에도 진출했으며 접착제, 전자 재료 등의 사업도 벌이고 있다. 2011년 연간 매출은 23조 원이며 영업이익은 3조 원이다.

헨켈은 좀 특이한 행사를 하는 기업이다. 예컨대 2008년부터 시작한 헨켈 이노베이션 챌린지 대회를 들 수 있다. 말 그대로 혁신에 대한 도전인 이 대회는 세계 각국의 젊은 인재들이 2인 1조가 되어 2050년에 사람들의 생활에서 필요하다고 생각하는 자신들의 아이디어가 실제 비즈니스에 적용될 수 있는지 그 효율성을 겨루는 대회다. 2013년 3월 초 한국에서도 지역 본선이 열렸는데 여기서 우승을 차지한 한국 팀은 유럽, 남미, 북미 및 아태지역 27개 국가의 우승 팀과 중국 상하이에서 열리는 국제 결선에서 승부를 겨룬다. 여기서 우승한 세 팀에게는 헨켈 본사 방문 및 CEO 카스퍼 로스테드와의 면담 기회와 1만 유로 상당의 세계일주 티켓을, 준우

승 팀에게는 4천 유로, 3위 팀에게는 2천 유로를 각각 수여한다.

4) 마이센 도자기와 로젠탈 도자기

독일은 유럽에서는 드물게 도자기 강국이다. 마이센은 1710년 유럽에서 최초로 도자기를 구워 냈는데 세계 최초로 심볼 마크를 도입하기도 했다. 작센 주의 황제였던 아우구스투스 2세는 1600년 대 말 일본과 중국으로부터 수입되는 도자기의 양이 너무 많아 수입 대금으로 막대한 양의 금화를 지불하고 있었다. 따라서 그는 일본산 도자기와 같은 품질의 도자기를 생산하기로 결심하고, 1702년 작센 주의 수도였던 드레스덴에 최초로 공방을 설립하여 일본 도자기 연구소를 만들게 된다. 당시 일본 도자기는 당대 최고 수준의 품질이었으므로 그것을 벤치마킹하여 동일한 품질의 도자기를 생산하려 했던 것이다. 항간에는 마이센 도자기가 청나라의 오채자기(五彩磁器)를 모방한 것으로 알려져 있으나, 사실은 임진왜란 때 끌려간 조선 도공들의 작품을 모방한 것이었다. 아우구스투스 2세는 뷔트거라는 도자기 장인에게 일본 도자기와 똑같은 상품을 생산하라고 지시하고 약 7년간에 걸친 실패 끝에 결국 일본 도자기와 거의 같은 품질의 도자기를 생산하는 데 성공한다. 이것이 바로 오늘날 '꿈의 도자기'라고 불리는 독일 마이센 도자기의 출발이다.

마이센 도자기 중 가장 비싼 작품은 장인 요한 켄들러가 1730년에 만든 실물 크기의 왜가리 한 쌍으로 2005년 파리 크리스티 경매장에서 560만 유로(약 112억 원)에 팔렸다. 이처럼 앤티크로서 인정받고 있는 마이센 도자기는 영국의 본 차이나와 더불어 세계적인 명품 도자기로서 그 명성을 떨치고 있다. 마이센 도자기는 독일의 가정집에 한 세트씩은 모두 비치하고 있는 명품 도자기이다. 가격이 워낙 고가이므로 평상시에는 쓰지 않다가 특별한 손님이 왔을 때만 내놓는 도자기로 유명하다. 독일 속담에 "도자기는 백금과 같다"라는 말이 있다. 즉, 마이센 도자기를 가리키는 말로 마이센 도자기가 그처럼 비싸다는 의미이다. 마이센 도자기가 비싼 이유는 전 과정을 모두 수작업으로 하기 때문이다.

로젠탈 도자기는 마이센 도자기보다 170년이 늦은 1879년에 설립한 도자기 회사로 마이센 도자기와는 또 다른 올 컬러의 도자기를 생산해 내는 독일의 대표적인 도자기 회사이다.

5) 만년필의 몽블랑

"남자의 펜은 신뢰감과 감각을 보여 주는 무기이다."
이것은 최고급 만년필 제조 업체로서의 몽블랑의 긍지를 보여 주는 제임스 토마스 시아노 몽블랑 아태지역 총괄 CEO의 말이다. 몽블랑 만년필은 단연 세계 최고의 품질을 인정받고 있다. 이 몽블랑 만년필도 독일에서 생산되는 제품이다. 1906년 독일 함부르크에서 금융인이었던 알프레드 네헤미아스와 문구상인 클라우스 요하네스 포스, 기술자 아우구스트 에버스타인이 함께 모여 만년필을 생산하기 시작한 것이 몽블랑의 시초이다. 인문학자, 경영학자, 공학자 세 사람이 뜻을 모은 것이다. 1909년 몽블랑 만년필을 만들어 팔기 시작하면서 회사명을 몽블랑으로 사용하였는데, 이것은 유럽에서 가장 높은 몽블랑처럼 가장 좋은 제품의 만년필을 만들겠다는 의미를 담고 있다. 몽블랑 만년필의 뚜껑에 그려져 있는 눈 덮인 산의 풍경은 바로 몽블랑의 산정을 의미하며, 1929년부터 생산된 펜촉에는 몽블랑 산의 높이인 4,810이라는 숫자를 새겨 넣고 있다. 1935년부터는 가죽 제품 생산 공장을 인수하여 데스크 액세서리 등도 생산하고 있다. 몽블랑 만년필은 한 자루를 생산하는 데 6주 이상이 걸리며 모두 150여 과정의 엄격한 공정을 거치는 것으로 유명하다. 펜촉은 18K 금으로 만들어진다. 또한 몽블랑 만년필은 '베를린 장벽을 무너뜨린 만년필'로도 유명하다. 서독과 동독 총리가 통일하기로 결의하고 조인서에 서명을 할 때 바로 몽블랑 만년필을 썼기 때문이다. 또한 케네디 미국 대통령, 영국의 엘리자베스 여왕, 교황 요한 바오로 2세 등도 국가의 중요한 문서에 몽블랑으로 서명했다.

한국의 연간 몽블랑 수입액은 약 6백억 원 이상이며 매년 5~7퍼센트의 성장을 보이고 있는 가장 인기가 높은 제품이다. 우리나라의 하나은행에서는 행장이 바뀔 때 신임 행장에게 몽블랑 만년필을 물려주는 전통을 만들기도 했다. 이 전통은 하나은행의 초대 행장인 윤병철 행장이 서류에 결재할 때 쓰던 자신의 만년필을 1997년 김승유 행장에게 물려주면서 시작되었다. 몽블랑은 2006년 창사 100주년을 맞이하여 미켈란젤로, 라파엘로 등 예술가를 후원한 교황 율리우스 2세를 '예술 후원자 펜'의 주인공으로 선정했으며, 소설 돈키호테를 쓴 작가 세르반테스에게 헌정하는 '세계적인 작가를 기념하는 펜', 헝가리 출신의 지휘자 게오르그 솔티에게는 '세계적인 음악가를 기념하는 펜' 등을 헌정해서 제작, 판매하기도 했다.

몽블랑은 2011년 1조 4천억 원의 매출을 올렸는데, 매출액의 60퍼센트는 시계와 보석이 차지하고 있다. 시계 회사로서 자리 잡은 것은 2008년에 출시된 브랜드명 니콜라스 뤼섹 시계로부터 비롯되었다. 이 제품은 그간 몽블랑이 만년필을 생산하면서 지켜 낸 장인 정신과 기술력이 탄생시킨 제품이다. 몽블랑이 단순한 필기구 회사에서 패션 브랜드로 진화한 것이다. 최근 몽블랑은 감성마케팅에 치중하고 있다. 신제품을 출시할 때마다 모나코 왕비인 그레이스 켈리 등을 비롯한 특정한 인물의 이야기를 내세워 스토리텔링 마케팅을 하고 있는 것이다. 2012년에 출시된 만년필의 이름은 요제프 2세 펜이었는데 그는 오스트리아의 황제로서 모차르트의 열렬한 후원자였다. 이처럼 유명인사의 이야기를 담아 글을 쓰는 즐거움과 아름다움을 이미지 메이킹하는 방식으로 고객에게 몽블랑의 가치를 어필하고 있다.

6) 라이카 카메라

2011년 오스트리아 빈의 베스트 리흐트 갤러리에 한 대의 카메라가 출시되었다. 그 카메라는 1955년에 출시된 라이카 M3D 기종이었다. 유명한 사진작가였던 데이비드 더글라스 던컨이 사용하던 이 제품은 당일 경매에서 23억 6,500만 원에 낙찰되었다. 역사상 두 번째로 높은 가격이었다. 다 낡은 라이카 카메라가 이처럼 고가에 낙찰된 것은 그 카메라의 소유주가 세계적인 사진작가였기 때문만은 아니다. 당대 최고의 렌즈와 기능을 갖춘 최고급 카메라로서 생산 대수가 단 4대밖에 안 되는 희귀품이었기 때문이기도 하고, 카메라의 품질이 그만큼 뛰어났기 때문이기도 하다.

"영원 불멸의 가치"가 라이카가 지향하는 목표이다. 그만큼 품질에 정성을 들였고 자신 있다는 얘기이다. 라이카 카메라는 고품질의 카메라를 많이 생산해 왔다. 2011에 출시한 라이카 M9-P의 판매 가격도 1천만 원이 넘는다. 과거에 판매된 라이카 M-7 에르메스는 6천만 원 선이다. 70년 전에 생산된 라이카의 초기 제품인 M3는 수리를 맡겨 다시 복원한 후 사진 촬영을 해 보면 믿기지 않을 정도로 놀라운 색조와 질감을 보여 준다. 이것이 라이카 카메라의 기능이며 브랜드 파워이다.

디지털 카메라가 발매되기 전에 세계 최고의 카메라는 단연 독일의 라이카였다. 1849년 독일의 에른스트 라이츠에서 창립된 라이카는 초기에 현미경을 만들던 가내 수공업이었다. 그러다가 1925년 특기를 살려 카메라 산업에 진출하였다. 그해 첫 번째 제품인 A형 카메라를 시판했고, 1953년에는 M3의 성능이 탑재된 35밀리 카메라를 시판하였다. M3 카메라는 현재까지도 전설적인 카메라로 명성을 떨치고 있는데, 이것이 35밀리 카메라의 원형이다. 라이카 카메라는 렌즈의 품질이 단연 세계 최고였기 때문에 전설적인 사진작가 까르띠에 브레송을 비롯한 유명한 사진작가들이 주로 사진을 찍었던 카메라로도 유명하다. 그러다가 1990년대 후반 일본의 캐논, 올림푸스, 한국의 삼성 등에서 디지털 카메라를 발매하기 시작하면서 한때 위기를 겪다가 최근에는 다시 예술 사진 전문 카메라로서의 명성을 되찾아가고 있으며, 1998년부터 디지털 카메라도 판매하고 있다. 또한 주력 제품은 본래 출발했던 대로 현미경 산업으로 이동했다.

7) 칼 자이스 렌즈

독일제 카메라가 유명한 배경에는 뛰어난 품질의 렌즈가 있기 때문이다. 독일제 렌즈의 대표 주자는 역시 칼 자이스 렌즈이다. 166년의 역사를 가진 칼 자이스 렌즈의 경우 현재까지 렌즈 부문에 있어서는 타의 추종을 불허하는 세계적인 기업이다. 지금은 디지털 카메라가 생산되면서 빛을 많이 잃었지만 아직도 칼 자이스 렌즈에 대한 니즈는 많다. 현재 칼 자이스 렌즈는 일반 광학 현미경은 물론이고 3차원 산업 측정기 렌즈, 카메라 렌즈, 쌍안경, 안경 렌즈, 의료 기기용 렌즈, 반도체 등에서 여전히 많이 사용되고 있다. 칼 자이스라는 상호는 독일의 예나에서 광학 기계 제조소를 운영하던 칼 자이스(1816~1888)의 이름을 딴 것이다. 그가 본격적으로 이름을 떨치게 된 것은 예나 대학에서 물리학을 가르치던 에른스트 아베(1840~1905) 교수가 찾아온 것으로 비롯되었다. 물리학자였던 그는 원자를 확인하기 위한 고도로 정밀한 현미경이 필요해서 칼 자이스를 찾아왔던 것인데, 두 사람은 의기투합하여 철저한 과학적 논리에 입각한 현미경을 만들게 되었다. 그 이후 칼 자이스는 오늘날까지 전 세계 45개국의 제조 공장과 산학협동을 해나가고 있다. 모든 사업부가 독일 방식 그대로 해당 국가의 유명 대학과 연구 기관에 자금을 제공하고 프로젝트를 공동 수행해 나가고 있다. 이렇게 해서 새로운 시대의 산업 아이템을 창조하는 것이다.

"직원이 직원을 훈련시킨다." 이것은 칼 자이스 렌즈의 도제 방식 시스템을 설명하는 말이다. 아무리 유능한 직원을 입사시켰다 하더라도 제대로 교육하지 않으면 빛을 발할 수 없다는 것이다. 데이터 프로세싱, 물리학, 전기 전자, 렌즈 광택, 리더십, 경영학 등 칼 자이스 회사 내에는 무려 200개가 넘는 기술과 경영 전반에 필요한 교육 커리큘럼이 있고 이를 통해 직원들의 능력을 개발해 나가고 있다.

8) 파버카스텔

파버카스텔은 1761년 뉘른베르크 근처의 슈타인에서 설립되었는데, 오늘날 세계에서 가장 품질이 좋고 비싼 연필로 알려져 있다. 화가 빈센트 반 고흐도 파버카스텔 색연필로 그림을 스케치하였다. 당시 그는 "나무의 두께가 이상적이며 품질이 뛰어나고 연필심이 부드럽다"고 말하기도 했다. 또한 1999년 노벨문학상을 수상한 귄터 그라스는 "파버카스텔은 너무 딱딱하지도, 너무 무르지도 않아 젊은 날의 영감을 불러일으키는 데 좋다"고 칭찬했다.

파버카스텔은 매년 18억 개의 연필을 생산하는데, 이는 한 줄로 늘어놓으면 지구에서 달까지 닿을 수 있는 길이이다. 현재 8대째 가업을 잇고 있는 가족 회사로 생산 제품으로는 볼펜, 만년필, 지

우개, 색연필, 그림 물감, 파스텔 등이 있다. 파버카스텔의 연필심은 부드럽게 글씨가 잘 쓰이면서도 3킬로그램의 무게를 견딜 수 있는 강도를 가지고 있는 것이 특징이다. 이 회사가 이처럼 좋은 연필을 만들 수 있었던 것은 종업원의 행복 추구에 있다. 4대째 경영자인 로타르 파버는 회사 근처의 슈타인에 현

파버카스텔은 1761년 슈타인에서 설립되었으며 오늘날 볼펜, 만년필, 색연필 등을 생산하고 있다. 1999년 노벨문학상을 수상한 귄터 그라스는 "파버카스텔은 너무 딱딱하지도, 너무 무르지도 않아 젊은 날의 영감을 불러일으키는 데 좋다"고 칭찬하기도 했다.

대식 사택을 지어 직원들에게 무료로 제공하였으며, 독일 최초로 근로자 복지 보험을 만들어 종업원들을 가입시켰고, 임금 또한 업계 최상위 수준을 유지하고 있다.

"종업원이 행복하지 않으면 아무리 좋은 흑연을 사용해도 좋은 연필을 만들 수 없다."

이것이 파버카스텔의 사훈이다. 직원을 최대한 행복하게 해 준다는 이러한 경영 방침으로 파버카스텔은 전 세계 120개국에서 판매되어 2010년 처음으로 매출 7억 유로, 즉 1조 원을 돌파하였다.

9) 휘슬러

한국에는 잘 알려지지 않은 상표이지만 압력밥솥으로 유명한 브랜드로 휘슬러가 있다. 휘슬러는 1845년 독일의 발명가 칼 필립 휘슬러가 만든 주방용품 회사로 세계 최초로 압력 밥솥을 만들었다. 1960년대 중반 한국에서 간호사와 광부들이 독일로 외화를 벌기 위해 떠났을 때 현지에서 밥을 지어 먹었는데 어느 날 휘슬러가 만든 돼지찜 전용 솥이 한국의 가마솥과 같은 효과가 있다는 것을 알게 되었다고 한다. 이후 광부와 간호사들이 독일을 떠나올 때 가족이나 친지들에게 선물로 그 밥솥을 선물하면서 휘슬러의 명성이 한국에까지 알려지게 된다.

오늘날 휘슬러 밥솥은 한국에서 개당 40~50만 원이라는 고가에 판매되고 있는데, 독일 다음으로 소비가 많은 국가가 바로 한국이다. 일본의 코끼리 밥통보다 더 판매량이 많은 것이다. 그 이유는 독일 광부와 간호사의 입소문 때문이었다. 휘슬러 밥솥은 한 번 사면 3대에 걸쳐 쓸 수 있을 정도로 내구성이 강하다고 한다. 값이 다소 비싸긴 하지만 워낙 오랫동안 쓸 수 있기 때문에 비싸게 인식되지 않는다.

휘슬러 밥솥을 그처럼 오래 사용할 수 있는 것은 뛰어난 제품 생산 공정 때문이다. 휘슬러 제품은 무려 1만 5천 번의 실험을 거치는 손잡이 중량 테스트, 3.5기압의 압력에서 5분간 견뎌야 하는 압력 솥 변형 테스트, 폭발 압력 테스트 등 매우 까다로운 각종 테스트를 통과해야 한다. 여기에 바닥에 균일하게 열전달이 되는 스테인리스 용접 기술, 손잡이 부분의 단열 처리 등 세심한 노하우를 가지고 있다. 이러한 노하우들은 모두 연간 매출 약 2천억 원 중에서 6~8퍼센트를 R&D에 투자하는 데에서 비롯되었으며 보다 나은 품질을 생산하기 위해 생산 공정 분야의 특허만 200개 이상을 가지고 있다.

"소비자가 원하면 반드시 생산해 낸다"는 소비자 제일주의가 휘슬러의 목표이다. 휘슬러는 OEM 브랜드를 생산하지 않는다. 자신의 명성에 조금이라도 손상이 갈 만한 어떠한 마케팅 행위도 거부하는 것이다. 이러한 정신은 1845년 칼 필립 휘슬러가 창업한 이후 지금까지도 지켜지고 있다.

"퍼펙션, 프로펙션, 패션(완벽, 전문화, 열정)"은 최근 휘슬러가 추구하고 있는 세 가지 중점 라인이다. 이 라인으로 완성한 제품이 프리미엄 라이프 칼이다. 이 제품은 몰리브덴의 함유량을 높여 스테인리스 스틸에 적용하여 절삭력이 섬세하고 정교한 것이 특징이다. 나노 커팅(1천 분의 1밀리미터)까지 가능할 정도이다. 칼날을 자주 갈지 않아도 되며 쉽게 무뎌지지 않아 칼날의 예리함을 오래도록 유지할 수 있다. 이 칼 한 자루를 만들기 위해서는 30년 경력의 독일 장인이 35단계의 공정을 거쳐 총 120시간 동안 수작업을 해야 한다.

10) 휴고 보스

"강한 남성미가 가미된 절제된 우아함"은 휴고 보스의 디자인 철학이다. 휴고 보스(1885~1948)는 1924년 독일의 메칭겐에 패션 회사를 설립하였다. 처음에 그는 레인코트와 오버 등을 만드는 양복장이었다. 당시 그는 독일과 세계 경제 불황으로 인하여 파산 지경에 이르게 된다. 1931년 휴고 보스는 히틀러에 동화되어 나치 당에 가입했다. 그것이 계기가 되어 1933년에 히틀러가 독일의 패션 디자이너인 휴고 보스를 만난다. 그리고 그에게 영국군이나 프랑스군의 제복보다 훨씬 더 멋있는 독일 군복을 디자인하라고 지시했다. 당시 히틀러는 휴고 보스에게 디자인료는 원하는 대로 주겠다고 제안했다. 휴고 보스가 푸대 자루와 같은 영국, 프랑스 군인의 제복보다 훨씬 품위 있고, 활동하기에 편한 제복을 만든 것이 바로 당시의 독일군 나치 친위대와 나치 돌격대, 히틀러 유겐트의 제복이었다. 전쟁 초기 독일군이 전투에서 승승장구한 것도 독일군의 제복이 영국이나 프랑스 군복보다 훨씬 멋있고 품위가 있어서 프라이드에서 앞서 있었기 때문이라는 분석도 있다. 이러한 군납 사업으로 휴고 보스는 떼돈을 벌게 된다. 그러나 2차 세계대전에서 독일이 패망하면서 휴고 보스는 나치에 협력한 혐의로 사업권을 박탈당하게 된다. 이후 기업은 점차 쇠락의 길을 걸었고 1967년 유에, 조엔 홀리 형제가 경영권을 인수해서 1970년대 이후부터는 남성복 생산에 집중하여 고급 정장을 생산해 내는 브랜드로 탈바꿈했다. 이렇게 시작된 휴고 보스 사는 1980년대에 들어 향수와 구두, 와이셔츠, 넥타이 등 바디웨어 전반의 제품으로 사업 영역을 다각화하는 한편 프랑스 F-1 자동차 경연 대회의 챔피언인 오스트라인 니키 라우더와 독일 레이서들의 유니폼을 공급하기도 했다. 이어 1992년에는 일본 산토리 사에서 자신의 이름을 딴 보스 커피 등이 판매되어 유명세를 올렸고, 1996년에는 여성용 패션 사업에도 진출했다. 현재는 스포츠웨어, 가죽 제품, 향수에 이르는 토털 패션 브랜드 회사가 되었다. 현재 휴고 보스 사의 제품은 전 세계 100개국 이상에서 판매되고 있다. 2012년 휴고 보스는 경영권의 상당 부분이 이탈리아의 의류 업체인 마르조토로 넘어갔으나 여전히 그 본사는 독일에 있다. 현재 전 세계 110여 개국에 6천 개 이상의 매장을 운영하고 있다.

11) 아디다스

아디다스 사의 창업은 1924년으로 오래된 역사를 가지고 있으며 스포츠용 운동화를 비롯하여 스포츠 용품 전반을 판매하고 있는 세계적인 그룹이다. 아디다스 외에 리복과 골프채로 유명한 테일러 메이드 또한 이 회사의 소유이다. 뜻밖에 두 회사의 창업주는 형제지간이다. 형 루돌프 다슬러와 동생인 아돌프 다슬러가 세운 게브뤼더 다슬러 슈파브릭(Gebruder Dassler Schuhfa brik, 다슬러 형제 신발 공장)을 모체로 탄생한 것이 푸마와 아디다스인 것이다. 그들은 1936년 베를린 올림픽 당시 미국의 전설적 스프린터였던 제시 오언스에게 스포츠화를 기증함으로써 일약 세계적인 명성을 떨치게 된다. 그들은 제시 오언스가 신기록을 깰 것으로 예상하고 직접 차를 몰아 선수촌으로 찾아가 그에게 운동화를 주었다. 오언스는 아디다스의 신발을 신고 육상에서 무려 4개의 금메달을 따내는 기염을 토해 냈다. 이로 인해 그들의 명성이 일약 세계적으로 알려졌고, 주문이 쏟아졌다.

1948년 형인 루돌프 다슬러와 동생 아돌프 다슬러는 서로 경영에 대한 의견이 맞지 않자 헤어지기로 결심하였다. 동생인 아돌프는 최고 품질만을 생산해야 한다고 고집했고, 형인 루돌프는 대중성 있는 제품을 생산하려 했기 때문이다. 결국 1948년에 루돌프는 푸마 슈파브릭 루돌프 다슬러(PUMA Schuhfabrik Rudolf Dassler)를 설립했고, 이어 아돌프는 1949년에 회사명을 게브뤼더 다슬러 슈파브릭에서 아디다스(Adidas)로 변경했다.

아디다스는 3색의 선이 들어간 운동화이다. 3색의 선을 넣은 것은 운동화의 디자인 때문이 아니라 옆면이 늘어지는 것을 방지하기 위해 세 번 끈을 둘러 박은 것이 그 이유이다. 아돌프 다슬러는 그처럼 기능과 관련된 제품의 우수성에 늘 관심을 기울였다.

그만큼 당대 최고의 제품만을 고집했다. 그러나 당시 세계 시장에서는 최고의 제품, 즉 값이 비싼 제품이 인기를 끌지 못했고, 그는 늘 2위에 머물러야 했다. 그러다가 자신의 생전에 아디다스가 1위에 오르는 것을 보지 못하고 죽었다. 그의 사후 회사는 급격히 경영이 나빠졌다. 임원진들은 회사 재생을 위해 새로운 방법을 찾았다. 그러던 어느 날 그들은 아돌프 사장이 평소에 드나들던 비밀 창고에서 아직 판매되지 않은 시제품의 샘플이 있는 것을 발견하게 된다. 그들은 그 운동화를 테스트해 보고 놀라움을 금치 못했다. 그동안에 한 번도 보지 못한 베스트 오브 베스트 제품이었던 것이다. 임원진들은 다시 한 번 창고에서 발견한 신제품을 통해 회사 재건에 나섰다. 그들은 곧 이 큅먼트라는 새로운 라인을 만들고 제품을 발매했다. 그것이 아디다스를 위기에서 탈출시킨 제품이 된다. 당대 최고의 품질만을 고집하던 아돌프의 집념이 결국 아디다스를 회생시킨 것이다.

2010년 매출은 119억 9천만 유로이며 영업이익은 8억 9,400만 유로이고, 종업원 수는 4만 2,540명에 달한다. 아디다스 경영의 특징은 "어려울 때일수록 마케팅에 투자해야 한다"는 것이다. 경기가 나빠지면 마케팅 비용을 줄이는 것이 일반적인 통례인데, 거꾸로 마케팅에 더 많은 돈을 쏟아부어 마켓 쉐어를 늘리는 경영 전략을 구사하는 것이다. 그러나 마케팅이 아무리 훌륭해도 제품 자체가 뛰어나지 않으면 소용이 없으므로 매일 제품 혁신에 매진하고 있다. 아디다스가 가진 762개의 특허가 그것을 말해 준다.

6. 독일의 노포들

독일에는 현재까지 100년 이상 된 기업이나 오래된 가게가 1,500개 이상 영업을 하고 있는 것으로 알려져 있다.

그중 가장 오래된 기업으로는 862년에 창업한 스타펠터 호프 사로 초창기에는 교회 수도원에 속했던 양조장으로 당시 벨기에의 류티흐에 있었다. 그러다가 훗날 독일의 영토로 편입되었다. 모젤 와인으로 유명한 모젤 벨리에 위치해 있으며, 1773년 페터 슈나이더가 포도밭을 사들인 이후 7대 동안 경작하고 있다. 현재는 와인 생산을 하는 양조장을 하면서 네 개의 더블 룸과 여섯 개의 아파트먼트를 가지고 민박을 겸하고 있다. 현대식 양조장으로 변모한 것은 1890년부터이며, 와인 외에 체리, 사과, 배, 자두, 미라벨, 마르크 등 과실을 재배하여 판매하고 있다. 또한 이 과실들을 가지고 증류주를 만들기도 한다. 전체 면적은 9헥타르(약 2만 7천 평) 정도이다.

2006년에는 크뤠프 스테펜버그 와인으로 세계에서 가장 향기로운 와인에게 수여하는 영국 디켄터 상을 수상했으며, 같은 해 베스트 독일 위즐링으로 캐피탈 비르샤프트 잡지가 주는 상을 수상했다. 이후 2007년에는 와인 매거진인 바인벨트가 수여하는 세미 드라이 리즐링 최고상, 베스트 5로 인정받아 독일 위즐링 와인 메이커상, 바인 플러스 인터넷 바인 퓰러상을 98점의 성적으로 수상했다. 2008년에는 베스트 와인 메이커에게 주는 데어 클라이네 존슨 상, 골트 밀러상, 2009년에는 3성급 와인에게 수여하는 아이첼만 와인 가이드 상을 수상하는 등 수십 개의 상을 수상한 명망 있는 와인 제조 메이커이다.

1040 Weihenstephan Germany Brewery

1318 Rats Germany Pharmacy

1380 Roter Hahn Germany Hotel

1418 Krumbad Germany Bathing

1419 Barbarossa Hotel Germany Hotel

1426 Mühle Sting Germany Mill

1472 Stamm Germany Knives

1517 Salzbergwerk Berchtesgaden Germany Salt

1520 Hof auf der Lieth Germany Farm

1521 Spiegelau Germany Glass

1530 Prym Germany Metalworking

1584 Hahnemühle Germany Paper

1590 Weichselbaum Germany Metal working

1596 Ed Meier Germany Shoes

1596 Osiander Germany Bookstore

1607 Ammerndorfer Germany Mill

1613 Sauerländer's Germany Publisher

1623 Avedis Zildjian Company Turkey Musical Instruments

1635 NHA Germany Nickel

1635 RegenfußGermany Nursery

1638 Einbecker Blaudruck Germany Linen

1642 Bilsener Germany Insurance

1669 Hof Roxin Germany Butcher

1703 Delbrück Germany Bank

1705 Hildesheimer Allgemeine Germany Newspaper

1706 Hofbauer Germany Stairs

1706 Kess Germany Wood

1709 Farina Germany Perfume

1710 Meissen porcelain Germany Porcelain

1743 Brahmfeld&Gutruf Germany Jewelry

1744 Müller Germany Candles
1752 Beck Germany Funerals
1753 Johannes Hessel Germany Coffee
1758 Amandus Kaufmann Germany Construction
1758 MAN Germany Engineering
1760 Krafft Lorenzen Germany Clothing
1761 Faber-Castell Germany Writing Equipment
1764 Schmalz Germany Carpentry
1764 Tee-Bakker Germany Tea
1769 Baumgartner Germany Catering
1775 Krauth Germany Warehouse
1777 Pott Körner Germany Shipping
1779 Gröditz Germany Steel
1779 Kurtz Germany Machinery
1779 Weimar Germany Theater
1794 Ibach Germany Pianos
1796 Krüss Germany Optics
1797 Kipp Germany Shoes
1805 Dierig Germany Textile
1807 Schlüter Germany Coachbuilder
1808 Jehmlich Germany Organs
1810 Meinl-Weston Germany Musical instruments
1811 Krupp Germany Steel
1822 Rossbach-Bäcker Germany Gardening
1824 Gleistein Germany Rope
1846 Zeiss Germany Optics
1851 Schmetz Germany Needles

부록 : 유럽의 상도 100계명

1. "독립, 전통, 혁신, 질, 희소성, 가치, 심미, 서비스, 정서"라는 우리의 가치로 살아간다. —파텍 필립

2. 우리는 특별하다. —닉 하이예크(스와치 그룹 2대 회장)

3. 모든 사람들을 잠재 고객으로 끌어 안아라. —니콜라스 하이예크(스와치 그룹 창업주)

4. 전세계 어디에서나 네슬레라는 이름은 안전하고 높은 수준의 제품을 제공한다는 고객과의 약속을 의미한다. —네슬레

5. 우리는 고객 여러분들의 인생의 동반자이다. —빅토리녹스

6. 고객이 제기한 문제점은 바로 내 문제이다. 그것은 우리가 개선할 수 있는 찬스이다. —리츠호텔

7. 최고가 아니면 만들지 않는다. —발리 구두

8. 디자인을 위한 디자인이 아닌, 기능을 위한 디자인을 추구하라. —뱅앤오로룝슨

9. 전 직원이 잠재력을 발휘할 수 있도록 기회를 주라. —노보지메스 제약

10. 직원이 직원을 훈련시킨다. —칼 자이스 렌즈

11. BMW는 기쁨이다. —BMW

12. 순간의 이익을 위해 미래를 팔지 마라. —지멘스 가전

13. 20년 앞을 내다보고, 그때까지 통하는 디자인의 제품을 만들라. —밀레 가전

14. 최고가 아니면 만들지 마라. —벤츠

15. 진정한 독일 차. —폭스바겐

16. 재봉틀에서 세계 최초로 로켓 자동차를 만든 것은 장인 정신이다. —오펠

17. 강한 남성미가 가미된 절제된 우아함. —휴고 보스

18. 종업원이 우리의 가장 큰 자산이다. —베링거 잉겔하임 제약

19. 언제나 빠른 길, 크기에 제한 없음. —DHL

20. CEO는 최고 에너지 책임자(Chief Energy Officer). —DHL 프랑크 아펠 회장

21. 월화수목금금금은 잘못됐다. 일주일에 7일을 일한다고 생각하면, 금세 내 일이 싫어지지 않을까요? 아내, 아이들, 친구와 보낼 시간이 없다면 얼마나 불행할까요? —프랑크 아펠(도이치포스트 DHL 회장)

22. 마음속에서부터 혁신을 시작하라. —페스토

23. 인생의 한 걸음, 한 걸음을 위한 빛. —오스람 전구

24. 내일의 시작은 오늘입니다. 지금 혁신하십시오. —로버트 보쉬

25. 신뢰를 잃는 것보다 돈을 잃는 것이 낫다. —로버트 보쉬

26. 언제나 최상, 'Forever Better'. —밀레 가전 창업주

27. 최고가 되려면 열정을 쏟아부어라. —헨켈

28. 영혼을 만들어 온 100년의 장인, 우리는 도전을 사랑한다. —몽블랑 만년필

29. 인생 설계를 위한 비즈니스의 시작. —도이체 방크

30. 보다 나은 삶은 위한 과학, 바이엘. —바이엘 약품

31. 인간의 마음에 매일 우리의 스포츠 마인드를 불어넣어라. —아디다스

32. People First, 오티콘의 역사는 자신의 부인이 더 나은 삶을 살 수 있도록 도와주고 싶었던 한 남자의 사랑에서 시작되었습니다. —오티콘 보청기

33. 평범한 물건이 비범해지는 것은 상상력 때문이다. 상상력을 실현하라. 그것이 첫걸음이다. —레고

34. 오늘날 청소년들이 직면하게 되는 상황은 100년 전 남극을 향한 도전만큼이나 힘들고 어렵습니다. 버버리가 지난날의 탐험가들에게 옷을 제공하고 격려했던 것처럼 버버리 재단은 청소년들이 그 시기에 겪을 수 있는 불안감을 극복하고 방향을 잡아 앞으로 나아갈 수 있도록 돕고 있습니다. —버버리 재단

35. 우리의 가죽 가방에 사람들이 거액의 돈을 지불하는 이유는 허영심이 아니라 디자인과 품질에 대한 확신 때문이다. —루이뷔통

36. 좋은 디자인이란 어머니가 들던 샤넬 백을, 딸이 들어도 촌스럽거나 어색하지 않은 것이다. 좋은 디자인은 그 정도의 세월은 견뎌야 한다. —샤넬

37. 럭셔리의 기본 창조 원리는 앞과 뒤가 모두 아름다워야 한다는 것이다. 럭셔리는 모든 심플함의 상위 가치이다. —크리스티앙 디오르

38. 패션은 프로의 일이다. 나는 아틀리에가 아닌 백화점에서 출발했다. 내가 고객들을 위해 뭔가 다른 것을 해 볼 수 있겠다는 생각이 들었을 때 나는 옷에 대한 새로운 방식을 찾을 수 있었고, 이것이 나의 인생이 될 것임을 깨달았다. —조르조 아르마니

39. 나는 구두 제작자가 되기 위해 태어났다. 예순이 넘은 지금 긴 인생 여정을 되돌아보니, 온갖 장애물로 점철된 외길을 쉬지 않고 달릴 수 있게 해 준 것은 내 안의 지칠 줄 모르는 강렬한 열정이었다는 것을 분명히 알겠다. —살바토레 페라가모

40. 나는 패션디자이너이다. 내가 하는 일은 예술적이지만, 예술가는 아니다. 왜냐하면 나는 팔리고, 마케팅되고, 사용되고, 궁극적으로는 폐기될 것을 만들어 왔기 때문이다. —톰 포드(90년대 구찌의 디자이너)

41. 누구나 따라 할 수 있지만, 누구도 똑같이 만들 수 없는 제품을 만들어야 한다. —아 테스토니

42. 혁신을 통해 가치를 창조합니다. —더크 밴 니커크(한국 베링거 잉겔하임 CEO)

43. 아름다운 자동차는, 아름다운 여인과 같이 언제나 아름답습니다. —세르지오 피닌파리나

44. 우리는 위대함에 목마르다. —칼스버그 맥주

45. 안전, 존중, 탁월, 용기, 협동이 우리의 핵심 가치입니다. —BP

46. 직원들의 창의성을 발휘할 수 있도록 해 줍니다. —요헨 자이츠(푸마 CEO)

47. 모두가 이해하는 명확한 전략이 필요합니다. —카를로

스 곤(르노-닛산 CEO)

48. 문제를 명쾌하고 간결하게 만들어야 진짜 프로다. —카
   를로스 곤 (르노-닛산 CEO)

49. 위대한 이야기가 없이는 전설이 될 수 없다. —리츠 호텔

50. "할 수 있다"고 말하다 보면, 결국 실천하게 된다. —사
   이먼 쿠퍼(리츠칼튼 사장 겸 COO)

51. 더 적은 씨앗으로 더 많은 수확을. —신젠타 농약

52. 혁신을 통해 해결해야 하는 의학적 과제에 대한 답을
   찾아갑니다. —로슈

53. 위기를 기회로 만들어라. —얀 티머(필립스 전 회장)

54. 큰 변화와 군살 빼기를 두려워하지 않는다. —얀 호먼
   (ING 그룹 CEO)

55. 우리는 저가의 제품을 생산함으로써 최대한 많은 가정
   에 우리 가구를 공급한다. —이케아 가구

56. 획기적인 방안, 창조적인 발전. —아반티움

57. 어려울 때일수록 마케팅에 투자해야 한다. —아디다스

58. 신의를 지킨다. 개방된 자세로 사업에 임한다. 한번 한
   약속은 반드시 지킨다. 돈을 벌면 그 돈으로 사회 봉
   사를 한다. 사회, 경제 질서 유지에 책임을 다하며 매
   점 매석, 폭리 등 상인으로서 어긋난 행위를 하지 않

는다. —함부르크 600년 상인 클럽 디 한세(Die Hanse)

59. 가족 경영이냐 아니냐는 기업 경영의 본질이 아니다. 그 기업의 역사와 사업 특성에 맞게 장기적인 이익을 낼 수만 있다면 경영 형태는 문제가 되지 않는다. 가족 경영은 기업의 단기적인 이익보다는 장기적인 성장을 더욱 추구하는 특징을 갖고 있을뿐더러 강력한 주인 의식을 기반으로 기업가 정신을 구현하는 데도 유리하다. —마르쿠스 밀레(밀레 가전 공동 회장)

60. 환자를 위한 최고의 약은 이노베이션. —노바티스 제약

61. 쉰들러는 단순한 엘리베이터 제조 회사가 아닌, 전 세계 5개 대륙에서 매일 9억 명의 열정과 감정까지 수송하는 회사이다. —쉰들러 엘리베이터

62. 좋은 리더는 숙련도, 열정, 진실성으로 결정된다. —ABB

63. 직원들의 다양성이 회사, 환자, 고객들에게 더 많은 가치를 가져다준다. —노바티스 제약

64. 시계를 정밀 기계가 아닌 패션으로 만들어 판다. —스와치 그룹

65. 우리가 과거와 현재에 이룩한 업적들도 자랑스럽지만, 우리를 더욱 흥분시키는 것은 미래입니다. —로슈 제약

66. 나는 항상 재능이 승리한다고 확신합니다. 만약 재능이 가치를 이루어낼 수만 있다면, 자유로이 창조하도

록 놓아주어야 하지요. —알랭 도미니크 페랭(리치몬드 그 룹 전 회장)

67. 고객의 소리에 끊임없이 귀 기울여라. 고객은 변한다. 만약 여러분이 고객을 완벽하게 만족시켰다면 고객에 게 더욱 귀 기울이고, 그들이 변하는지를 확인하라. 만 약 고객의 기대가 바뀌었다면 여러분도 그들처럼 바뀌 어라. —허스트 슐츠(리츠 호텔 초대 사장)

68. 우리는 정직한 상품을 통하여 고객의 신뢰를 얻는 데 집중한다. —ING 그룹

69. 미래를 위하여 저축하고 투자하라. —ING 그룹

70. 회사의 평판은 직원들의 고객을 대하는 태도에서뿐만 아니라, 지역 사회에서 그들의 행동을 통해 만들어진 다. —KPMG

71. 더 나은 선택, 더 나은 가치, 더 나은 삶. —로열 어홀드

72. 조직이 너무 크면 복잡하고 의사 진행 및 결정 과정이 비효율적이다. 불필요한 비용은 줄이고 큰 프로젝트를 효과적으로 수행하기 위해서는 조직을 단순화해야 한 다. —피터 보서(로열 더치 쉘 CEO)

73. 오직 열정만이 우리의 명성과 가치를 더 넓게 펼쳐 줄 것이다. —댄포스 그룹

74. 가족 기업에서 가장 중요한 것은 기업의 비전과 교육

이다. ─요르겐 클라우젠(댄포스 그룹 회장)

75. 뉴욕에서 파리까지, 도쿄에서 두바이까지 전 세계에 최고의 벨기에산 초콜릿을 제공한다. 이것이 우리의 자부심이다. ─고디바

76. 우리는 자동차 발전사에 수많은 공을 세웠지만, 여전히 앞으로의 성공만을 보고 달린다. ─복스홀

77. 신형 모델, 세련미 향상, 기술 혁신, 효율 향상 및 배출량 감소라는 '혁신 문화'를 통해 우리는 계속 발전해 왔다. ─랜드로버

78. 과거로부터 지금까지 우리는 성장하는 곳에서 고객과 기회를 연결시켜 주는 다리 역할을 해 왔다. ─HSBC

79. 19세기 말 세계 자동차 산업의 태동부터 현재까지 피아트가 자동차 산업의 주역이 될 수 있었던 것은 '혁신' 덕분이었다. ─피아트

80. 200년의 오랜 혁신의 역사를 보내 온 푸조는, 앞으로 다가올 200년간의 더 많은 도전과 변화를 여전히 기대하고 있다. ─푸조

81. 종업원이 행복하지 않으면 아무리 좋은 흑연을 사용해도 좋은 연필을 만들 수 없다. ─파버카스텔

82. 소비자가 원하면 반드시 생산해 낸다. ─휘슬러

83. 발명에 대한 열정은 결코 잠들지 않는다. ─칼 벤츠(벤

츠 창업자)

84. 중요한 것은 아이디어가 아니라, 그 아이디어를 실현하는 것이다. —고틀립 다임러

85. 당장 수익을 내는 것뿐 아니라 장기적으로 가치를 높이는 데 집중하라. —BMW

86. 우리의 핵심 가치는 최상의 신선도, 친절한 고객 만족 서비스, 지역 사회의 요구 충족이다. —스파(SPAR)

87. 혁신이란 새 사업을 하거나 새 프로세스를 도입한다고 해서 얻어지는 게 아니다. 직원들이 혁신할 수 있도록 여유를 줘야 하고, 또한 자유를 주어야 한다. 경영자로서의 나의 역할, 또 조직으로서 회사의 역할은 직원들의 자유를 잘 관리하는 일이다. —칼 루드비히 클레이(독일 머크 제약 CEO)

88. 내가 가장 싫어하는 말은 '지금이 역사상 가장 어려운 시기'라는 말이다. 340년이 넘는 머크의 역사에서 모든 세대에는 그 나름의 특별한 위기가 있었다. 그리고 매 세대 그걸 극복하고 배웠다. 다른 기업도 마찬가지이다. 기업이 극복하지 못할 위기는 없다. —칼 루드비히 클레이(독일 머크 제약 CEO)

89. 나는 부사티를 위해서 일하는 것이 아니고 부사티와 함께 일하고 있다. —부사티

90. 수요보다 한 대 적게 팔아라. —페라리

91. 단순하게 어울리게. —피닌파리나

92. 의상의 완전한 침묵. —이브 생 로랑

93. 그저 매장에 서 있었을 뿐이에요. 30년 동안 하루도 빠지지 않고 매일. —벨기에 드간 매장

94. 손목에 차고 있는 시계가 그 사람에 대해 말해 준다. —까르띠에

95. 우리는 에르메스 브랜드를 상품 표면에 절대 노출시키지 않는다. 우리는 고객들이 에르메스 가방이기 때문이 아닌 '그 가방을 좋아하기 때문에' 상품을 사길 원한다. —페치니(에르메스의 수석 디자이너)

96. 인간이 무언가를 갖고 싶게 만들려면 그것을 손에 넣기 어렵게 만들면 된다. —마크 트웨인

97. 연습이 대가를 만든다. —독일식 도제 교육

98. 하나, 원료는 공동으로 구입하고, 선매(先買)를 금지한다. 둘, 주인이 고용할 수 있는 직인(職人)과 도제(徒弟)는 일정한 제한(1~3명)을 넘을 수없다. 셋, 사용하는 도구의 종류 수를 규제한다. 넷, 노동 시간을 정하고 조조(早朝) 및 야간의 노동을 금지한다. 다섯, 제품을 시장에 반출하기 전, 반드시 품질 검사를 받아야 하고 스탬프가 찍혀 있지 않은 물건은 판매할 수 없다. 여

섯, 반드시 공정가격으로 판매해야 한다. —춘프트 상
인 규정

99. 공식적인 자리에서는 항상 몸을 낮춰라. 겸손과 신용
이 제일이다. —메디치 가문

100. 한번 키톤을 입으면 반드시 키톤의 단골 고객이 되도
록 만들라. —키톤 양복